本书得到国家社科基金项目（编号17BKS048）、安徽师范大学学术出版基金项目（编号2021xjxm109）资助

中国道路的新时代之思

胡安全 著

安徽师范大学出版社
ANHUI NORMAL UNIVERSITY PRESS
·芜湖·

图书在版编目(CIP)数据

中国道路的新时代之思 / 胡安全著 . -- 芜湖 : 安徽师范大学出版社, 2025. 7. -- ISBN 978-7-5676-7226-0

Ⅰ. D616

中国国家版本馆CIP数据核字第202575T2P9号

中国道路的新时代之思 胡安全◎著

ZHONGGUO DAOLU DE XINSHIDAI ZHI SI

责任编辑: 陈 艳 责任校对: 刘 翠

装帧设计: 王晴晴 冯君君 责任印制: 桑国磊

出版发行: 安徽师范大学出版社

芜湖市北京中路2号安徽师范大学赭山校区

网 址: https://press.ahnu.edu.cn

发 行 部: 0553-3883578 5910327 5910310(传真)

印 刷: 江苏凤凰数码印务有限公司

版 次: 2025年7月第1版

印 次: 2025年7月第1次印刷

规 格: 700 mm × 1000 mm 1/16

印 张: 18.25

字 数: 256千字

书 号: 978-7-5676-7226-0

定 价: 56.00元

序　言

选题的价值决定于它所要破解的问题的难度和它能够破解问题的程度。关于习近平总书记对中国道路重要论述的研究，在国家社科基金项目立项时面临的主要问题是，习近平总书记在关于中国道路的理论和实践上，到底提出了什么新的重要命题，他破解新的重要命题的核心观点是什么，他关于中国道路论述的独特性在哪里，是什么样的背景和条件促成了这一新论述的产生，这一新论述对坚持和发展中国特色社会主义的历史性贡献是什么，等等。《中国道路的新时代之思》为回答上述问题作出了努力。论著主要是以习近平总书记关于中国特色社会主义道路问题重要论述的文本为研究对象，分析和概括中国道路新时代之思生成的背景和条件、发展的脉络及逻辑、丰富内涵和核心观点、鲜明特征和突出贡献等。这有助于我们深刻认识中国道路新时代之思形成发展的必然性和合理性，准确理解中国道路新时代之思的基本内涵和主要特征，正确把握以习近平同志为核心的党中央坚持和发展中国特色社会主义道路的坚定性和自信心。

论著努力创新研究内容和研究方法，希冀在三个方面有所建树。

第一，研究视角上注重历史、理论、实践三大逻辑的结合和统一。探讨中国道路的新时代之思，须深刻理解和准确把握其生成的历史逻辑、内在的理论逻辑、丰富发展的实践逻辑，注重三大逻辑的结合和统一。论著对三大逻辑结合的注重主要表现在：一是关于中国道路新时代之思的生成条件问题，论著从时代背景、理论渊源、实践基础三方面进行了分析，这体现了三个逻辑的统一；二是关于中国道路新时代之思的生成脉络、主要内容、鲜明特征、突出贡献问题，论著的分析和概括实际上也体现了历史逻辑（生成脉络）、理论逻辑（主要内容和鲜明特征）、实践逻辑（突出贡献）三者的统一；三是关于最后的结论，论著同样是从历史逻辑、理论逻辑和实践逻辑三者统一的角度进行了阐述。论著的这一努力得到了专家的肯定。如一位专家说：本成果“围绕习近平总书记关于中国道路的论述，从历史与现实、理论与实践、现在与未来、中国与世界等多个视角，进行了系统而又深入、客观而又科学、正确而又有效的阐述，表现出强烈的创新意识。本成果的主要学术价值和理论价值表现在：其研究所获成果和结论，可以帮助我们更加系统而又深入地理解习近平总书记关于中国特色社会主义道路问题论述的核心要义、思想特征和价值意义，更加全面而整体地理解这一论述在马克思主义中国化进程中的地位和作用，更加全面而整体地理解中国特色社会主义道路的历史逻辑、理论逻辑和实践逻辑”。

第二，内容建构上注重思想阐释的全面性、完整性和系统性。论著以习近平总书记关于中国特色社会主义道路重要论述文本为对象，梳理和分析了论述的心路、思路、理路，重点阐述了中国道路新时代之思的“为什么、是什么、怎么样”三个问题及其逻辑关系。围绕“为什么、是什么、怎么样”三个问题，论著建构了包括五个方面内容在内的较为完整的研究框架：一是中国道路新时代之思产生的背景和条件是什么；二是中国道路新时代之思的生成脉络及逻辑是什么；三是中国道路新时代之思的丰富内涵和核心要义是什么；四是中国道路新时代之思的独特性表现在哪里；五是中国道路新时代之思的理论价值和实践意义是什么。这五个方面既相互区别又相互联系。正如几位专家所说：“该成果的主要优点是搭建了研究习近平总书记关于中国道路重要论述的基本逻辑框架，全面而系统地就这一课题的背景、发展脉络、主要内容、特征和贡献进行了梳理和阐述，有助于推动这一领域的研究；该成果从目标引领、发展战略设计和思维方法等三个方面概括了习近平总书记关于中国道路重要论述的特征也很有新意；该成果尝试总结这一重要论述的贡献，认为是对中国共产党人关于中国道路思想的发展，指引着中国复兴的新征程，并为发展中国家道路选择提供了中国智慧，这种概括很有见地。书稿观点正确，研究规范，资料翔实，文字流畅，是这一领域研究的优秀的作品。”“成果阐述全面精当、知识结构系统完整；概念明确、逻辑严密、资料准确充实；引证规范、资料丰富、观点来源清楚。”该成果“是对习近平总书记关于中国道路重要论述的一次系统整理、归纳和总结，有许多可圈可点之处，特别是对‘道路’的阐释，将其界定为“发展之道”和“实现路径”的统一，有新意”。“从基本观点看，作者对中国道路在新时代的发展脉络梳理清晰，言之有据，论证有较强的说服力。从学术规范看，全文引文规范，参考文献相关性强，关于中国道路的相关资料搜集全面、系统。”

第三，研究方法上注重运用语境、语因、语义和语意“四语解读法”。解读和阐释中国道路新时代之思文本，要注意文本的语境、语因、语义、语意，即“四语解读法”。一是注重解读和阐释文本的“语境”，即文本阐述的情境，习近平总书记是在什么样的场合和情境中阐述关于中国道路的重要论述的；二是注重解读和阐释文本的“语因”，即文本阐述的原因，习近平总书记阐述关于中国道路重要论述的主要缘由是什么；三是注重解读和阐释文本的“语义”，即文本阐述的含义，习近平总书记阐述关于中国道路重要论述的主要内涵是什么。语义又包括两个方面，既指单篇、单个语句论断的含义，也指各个语句论断之间的相互联系及其整体的含义；四是注重解读和阐释文本的“语意”，即文本阐述的意图，习近平总书记阐述关于中国道路重要论述的主要目的是什么。只有从语境、语因、语义和语意四个方面来综合解读文本，才有可能准确地完整地理解和把握习近平总书记关于中国道路的重要论述。

是为序。

胡安全

2025年5月

目　录

contents

绪 论

道路问题是一个政党、民族和国家首要的根本的问题。“中国道路”在习近平总书记重要讲话的语境里指的就是“中国特色社会主义道路”。这一道路是中国这样一个历史悠久的东方大国实现社会主义现代化的道路，是将马克思主义关于人类社会发展和寻求自身解放的基本原理、科学社会主义的方向和原则，与中国的历史、文化和实践的具体实际相结合，开辟和拓展的中国社会实现现代化、中华民族实现伟大复兴、中国人民实现美好生活的道路。党的十八大以后，习近平总书记关于中国特色社会主义道路的重要论述，内涵丰富、意义重大，在新的历史起点上发展了中国特色社会主义道路的理论和实践，在新的广度和深度上进一步推进了马克思主义中国化时代化，彰显了21世纪马克思主义的时代价值和世界意义。

一、选题缘由和文献综述

1.选题缘由

关注和研究中国道路这一课题，其缘由主要有两个方面：一是中国道路问题研讨进一步深化和拓展的必然；二是笔者的学术经历、旨趣和思考使然。

中国道路问题一段时间以来，尤其是党的十八大以来，是学术界研究的一大热点。在改革开放进程中开辟和拓展的中国特色社会主义道路，极大地提升了中国人民的生活水平、中华民族的自信心、中华人民共和国的综合国力和国际地位。国内外学者从哲学、历史学、政治学、马克思主义理论等不同的学科视角和视域，以不同的思路和方法，对中国道路问题进行了广泛的讨论，取得了较为丰硕的成果。党的十八大以来，以习近平同志为核心的党中央勇敢地担当起历史重任和历史使命，将中国特色社会主义事业推进到了一个崭新的时代。进入新时代，中国道路在继续坚持原有的基本原则的同时，得到了全面而深入的发展。习近平总书记关于中国道路的重要论述作为新时代中国特色社会主义道路实践的理论成果，既以新时代中国道路的实践为理论源泉，又指引着新时代中国道路的实践进一步前进。对习近平总书记关于中国道路的重要论述开展研究，有助于深化对中国道路内涵和实质的认识，有助于促进对新时代坚持和拓展中国道路问题的讨论，有助于进一步加强和创新中国道路问题的研究。因为，党的十八大以后，研究中国道路问题必然要探讨新时代中国道路问题，而要探讨新时代中国道路问题，就必须研究习近平总书记关于中国道路问题的系列论述和重要思想。

从学术经历、旨趣和思考来说，源于大学本科历史学专业的理论学习和实地考察，笔者对中国的历史、文化和传统抱有浓厚的兴趣。在三十多年的学术研究中，笔者曾先后对孔子的大同和小康思想、西周周公政治体制的形成和特征、春秋战国时期的区域发展、西晋帝国的崩溃与古典文明传统的终结和裂变、北宋祖宗之法与体制之争等中国古代的历史文化，特别是对体制变革问题进行过系统研究并发表相关论文。2001年以后，由于工作需要，笔者进入了中国共产党执政史、中华人民共和国史、中国改革开放史等研究领域，先后在中国共产党过渡时期的文化政策、中共关于新时期若干发展阶段问题的理论与实践、新时期中华人民共和国历史的分期、新时期中共的历史总结文献、改革开放初期中国社会意识的嬗变与中共的思想建设、新时期中国社会利益关系的演变与中共社会建设理论的创新、中共关于改革思想演进的内在逻辑、新时期中共党内教育活动的历史、当代中国农民家庭承包的历史逻辑、动力生成视域下当代中国改革尝试波折的原因、中共八届三中全会与经济体制改进等问题上发表过专题论文。在这些研究成果的基础上，笔者提出了关于中国改革开放的历史起源问题。2009年开始的一段时间，笔者以获得国家社科基金一般项目为契机，较为集中地探讨了“中国改革开放的历史起源”并出版了同名的学术专著。正是在关于中国古代体制变革历史和当代中国改革开放历史起源的研究过程中，笔者对中国文明发展道路问题产生了极大的学术兴趣。2014年将“中国改革开放的历史起源”国家课题顺利结题以后，我就开始了关于中国道路问题的思考。论文《中国道路生成的历史合理性》是思考的第一个成果。该文获得了当年省社科联第十届学术年会优秀论文一等奖。笔者在写作这篇论文时自然而然地接触和阅读了习近平总书记关于中国道路问题的一系列重要论述，尤其是关于中国道路“四个走出来”等重要论断，对习近平总书记关于中国道路的重要论述产生了学习和钻研的渴望。

2. 文献综述

学术界关于中国道路问题的讨论时间较长、成果也多，而对习近平总书记关于中国道路问题重要论述的研究，从党的十八大闭幕至今，也取得了较为丰硕的成果。概括起来，这一研究主要是从两个维度逐步展开的：一个是从实践性维度，结合以习近平同志为核心的党中央坚持和拓展中国道路的实际进程，先后重点阐释了习近平总书记关于中国梦、道路自信、“五位一体”总体布局、“四个全面”战略布局、“四个伟大”总方略、五大新发展理念、国家治理体系和治理能力现代化、全球治理体系改革、“一带一路”倡议、构建人类命运共同体、构建对外宣传话语体系等问题的重要论述对拓展中国特色社会主义道路的实践意义；另一个是从学理性维度，立足于当代中国马克思主义、

21世纪马克思主义的研究视域，分析和概括了习近平总书记关于中国道路的基本内涵、精神特质、理论根基、内在逻辑、辩证思维、历史思维和文化底蕴等问题的重要论述对丰富和发展中国特色社会主义道路思想的理论价值。

近年来，学者们沿着这两个维度主要讨论了三个方面的问题：

第一，关于习近平总书记对中国道路历史文化底蕴的阐发。

中国道路的历史文化底蕴问题是有关中国道路的根基和由来的问题，是有关这一道路要不要被坚持和发展的问题。习近平总书记对中国道路历史文化底蕴的阐发，在改革开放以来党的主要领导人中较为突出，引起了学术界的关注和讨论。

学者们注意到习近平总书记不再限于从改革开放历程来阐释中国道路的形成，而是将这一道路的产生看成是一个漫长的连续的历史过程。中共中央党史和文献研究院王香平认为，习近平总书记用“四个走出来”概括了中国道路的由来，用“三个无比”揭示了走中国道路有着无比广阔的舞台、深厚的历史底蕴和强大的前进动力，凸显了中国道路的历史文化价值。[①]北京大学的孙代尧认为，习近平总书记从五千多年中华文明和五百年世界社会主义两个维度考察中国特色社会主义，表明中国道路是这一文明发展进程的结晶，对世界文明进步具有重大贡献，这赋予了中国道路前所未有的历史和文化意涵。[②]北京大学郭建宁进一步认为，习近平总书记关于中国道路“四个走出来”的重要论断将中国道路与中华文化、中华文明打通了。讲三十多年的中国道路要连着五千多年的中华文明。三十多年的中国道路和五千多年的中华文明有着内在的联系，两者是有机结合、辩证统一的文明发展的整体。三十多年的中国道路是从五千多年的中华文明里面走出来的，

---

① 王香平：《习近平总书记“中国道路”论述站得高看得远》，2014年6月25日。来源：人民网—理论频道。

② 孙代尧：《习近平文明史论述与中国道路的话语建构》，《北京大学学报》（哲学社会科学版），2016年第53卷第1期，第13—17页。

没有五千多年的中华文明就绝对不会有三十多年的中国道路。中华文明是中国道路的根本、根脉和根基，是中国道路的底蕴、底色和底细。[①]这一分析应该说是较为透彻地阐释了习近平总书记关于中国道路历史底蕴的论述。

注重历史经验、在总结历史经验中开拓中国道路，被学者们认为是习近平总书记的一个重要思想和科学方法。中国人民大学陶文昭认为，习近平总书记在阐发中国道路等重大战略中，都融入了历史思维。他十分重视历史，认为历史是宝贵的财富，我们要在总结历史经验、汲取历史智慧、把握历史规律中不断前进。[②]中国社会科学院当代中国研究所吴超认为，回顾历史是为了准确把握历史规律，增强中国道路开拓前进的勇气和力量，不是躺在历史的功劳簿上为回避今天面临的困难和问题寻找什么借口。[③]

中华优秀传统文化与中国道路的关系是习近平总书记论述比较多的一个问题。当代中国研究所的刘仓针对有人说党的十八大以来中国共产党把弘扬中华优秀传统文化提到国家战略的高度是搞所谓“儒家社会主义宪政”“中共第三套话语系统”，认为，习近平总书记全面挖掘中华优秀传统文化的当代价值，全面提升中华优秀传统文化的战略地位、全面展示中华优秀传统文化的独特魅力，全面总结对待中华优秀传统文化的科学方法，实质是要回答中国现在应走什么路和建设什么文明，在世界文明的格局里中国文明能占什么样的地位等重要问题。[④]北京大学李翔海说，习近平总书记充分肯定了中华优秀传统文化

① 郭建宁：《文化自信是中国道路的根基》，2017年11月10日。来源：求是网访谈。

② 陶文昭：《治国理政的历史思维》，《科学社会主义》，2015年第3期，第72—76页。

③ 吴超：《在总结中国经验中开拓中国发展道路——习近平总结历史经验的重要思想和科学方法》，《当代中国史研究》，2016年第23卷第4期，第26—32页。

④ 刘仓：《习近平论中华优秀传统文化的当代价值》，《高校马克思主义理论研究》，2015年第1期，第78—86页。

作为中国道路“根基”“命脉”的价值，凸显了中国化马克思主义与中华文化传统之间的“传承发展”关系，为推进两者的深度结合进一步指明了基本路向。这改变了过去从时代视角把握传统文化的思维习惯，畅通了中华优秀传统文化的精神生命。[①]北京大学黄晓丹、孙代尧认为，习近平总书记围绕如何处理传统文化与现代化、传统文化与马克思主义的关系，提出了“肯定—调适—融合—主体”的传统文化实现当代价值的途径，体现了其探索与回答该问题的全面性、现代性和超越现代性的特点。[②]国务院参事室的耿识博进一步指出，习近平总书记用诸如“基因”“文化基因”“精神基因”“精神命脉”“精神标识”“坚实根基”“‘根’和‘魂’”等概念阐明了中华优秀传统文化的价值，实际上是形成了以“文化基因”为核心的关于中华传统文化与中国道路之间关系的系统论说，深刻揭示了中华传统文化和文化发展演变规律，其理论价值、实践意义极为深远。[③]上海交通大学的刘伟认为，习近平总书记有关传统文化的讲话，深刻揭示了国家治理现代化背景下传统文化的科学内涵、历史作用、当代价值和发展方向，其深刻思考和独特观点构成了习近平传统文化观。对中国文明发展道路的历史自觉、国家治理的问题研判、民族复兴的价值追求，表明了习近平传统文化观形成的历史逻辑、现实起点和发展取向。[④]清华大学的肖贵清认为，习近平总书记强调培育和弘扬社会主义核心价值观必须立足于中华优秀传统文化，使其成为涵养核心价值观的重要源泉和丰厚

---

① 李翔海：《从延续民族文化血脉中开拓前进——论习近平中国传统文化观的时代意义》，《中共中央党校学报》，2015年第19卷第6期，第22—28页。

② 黄晓丹、孙代尧：《传统文化当代价值实现路径探析——学习习近平关于中国传统文化的重要论述》，《中国特色社会主义研究》，2016年第1期，第73—77页。

③ 耿识博：《习近平“文化基因”论的内涵探析》，《中共中央党校学报》，2016年第20卷第3期，第5—12页。

④ 刘伟：《论习近平传统文化观的形成根据与实践要求》，《理论与改革》，2016年第5期，第43—49页。

滋养。[1]中共中央党史和文献研究院高长武认为，习近平总书记从八个方面概括了优秀传统文化的价值，包括中华民族的“根”和“魂”、文化基因和精神家园、生生不息的丰厚滋养、在世界文化激荡中坚定文化自信的坚实根基和突出优势、中国道路植根的文化沃土、实现民族复兴的精神支撑等。[2]应该说这一概括是比较全面、准确的。

中国道路的自信、坚持和拓展与中华文化自信有着密切的关系。中国社会科学院邓纯东明确指出，中国道路的自信、坚持和拓展与中华文化自信之间存在着良性互动。中国道路为文化自信提供了优质的文化基因、精神内核和思想动力，为生成文化自信提供了丰富的文化素材和现实基础，其成功必会催生民族的文化自信。文化自信则充分体现了中国道路的正确及其带来的国家实力的提升，是中国道路不断发展和向前推进的逻辑必然。[3]东北师范大学郭凤志、冯诗琪认为，文化自信的提出是中华民族在精神独立性上的自觉诉求，是中国成长为世界大国在精神上成熟的标志。文化自信承载着建构“中华文明新形态”的文化使命。阐释中国道路，要注意几个结合：中国道路是中国特色的现代化道路与中国特色社会主义道路的结合；中国道路的意义是对发展中国家的现代化具有示范作用与一种不同于西方资本主义模式的成功的社会主义道路的结合；中华民族伟大复兴是经济硬实力的增强与马克思主义意识形态和政治价值观吸引力、社会主义发展道路和制度模式吸引力增强的结合。[4]

---

① 肖贵清：《中华优秀传统文化与社会主义核心价值观的内在联系——学习习近平系列重要讲话精神》，《南京师大学报》（社会科学版），2015年第6期，第5—12页。

② 高长武：《中国优秀传统文化的价值定位》，《光明日报》2016年9月5日第16版。

③ 邓纯东：《文化自信与中国道路的文化基因探讨》，《探索》，2018年第5期，第31—36页。

④ 郭凤志、冯诗琪：《文化自信思想的理论蕴涵和实践要求》，《红旗文稿》，2017年第9期，第12—14页。

第二，关于习近平总书记对中国道路含义、意蕴和实质的揭示。

中国道路的含义、意蕴和实质问题是有关中国道路是什么的问题，是有关我们要坚持和发展什么样的道路的问题。习近平总书记关于这一问题有许多重要论述，阐述了中国道路的深刻内涵，揭示了中国道路的特质和实质。学术界对此进行了热烈的讨论。

中国人民大学郝立新认为，习近平总书记对中国道路的辩证特质进行了深刻阐述。中国道路体现了理论逻辑和历史逻辑的统一，体现了民族性与世界性的统一，体现了前进性与曲折性的统一，体现了守正与创新、连续与飞跃、传承与借鉴的统一。准确理解上述辩证特质的每一个方面，对我们来说，有助于科学认识中国道路的内在要素，有助于完整地阐释中国道路和讲好中国故事。[①]山西大学程永峰认为，习近平总书记运用科学社会主义的世界观和方法论阐释了中国道路的实质，即坚持和发展了促进生产力发展、生产资料公有制、马克思主义统治地位和人的自由全面发展等原则，从而正确预示了中国道路的未来方向。[②]东北师范大学的冯昆认为，习近平总书记关于中国道路的论述有四重根基，即历史渊源的追溯、理论根基的阐释、人民主体性的价值诉求及社会实践的坚实基础。[③]这实际上是说，习近平总书记从历史、理论、人民和实践四个方面阐释了中国道路的基本含义。浙江大学刘同舫从比较视角在分析中国道路优越性中阐述了对习近平总书记关于中国道路内涵论述的理解，他认为，中国特色社会主义道路的优越性体现为：在与资本主义国家的比较中，人民主体地位愈发彰显；在与其他社会主义国家的比较中，马克思主义基本原理与中国实际相结合的成效愈加彰显；在与积贫积弱的旧中国的比较中，当代中国在

① 郝立新：《中国道路的辩证特质》，《光明日报》2019年9月23日第15版。

② 程永峰：《科学社会主义视域下中国道路思想探析》，《山西高等学校社会科学学报》，2016年第28卷第8期，第3—6、12页；《科学社会主义视域下“中国道路”思想探析》，《延安大学学报》（社会科学版），2016年第38卷第5期，第47—50页。

③ 冯昆：《“中国道路”的四重根基——关于习近平“中国道路”论述的理论解读》，《天津行政学院学报》，2015年第1期，第84—89页。

经济与思想观念层面实现的质的飞跃愈益彰显。[①]苏州大学任平认为，以习近平同志为核心的党中央全面审视百年未有之大变局、新全球化浪潮汹涌澎湃、新科技革命潮流充分涌流的时代机遇，比较世界多元现代性发展之路，回望新中国现代性发展之路，在前瞻未来之路的基础上，党的十九大不仅全面明确了中国新现代性目标即“富强民主文明和谐美丽”，同时对中国发展道路基本内容、本质向度和重大意义作了全面阐释，更对新时代发展道路2020、2035、2050三个重要时间节点构成新的“三步走”蓝图进行了全面布展。[②]复旦大学的吴晓明认为，党的十九大报告中的“大道之行，天下为公”意味着中国道路发展的一个基本定向。中国道路的当代意义与此种定向本质相关，其当代意义在于：它在积极地占有现代性成果的同时，正在开启一种新的文明类型的可能性。这种新的文明类型是对现代性的“积极扬弃”，超出了现代性范围，是对资本主义文明的扬弃。[③]

道路自信中蕴含着对中国道路意蕴的深刻理解和准确把握。济南大学刘建成说，中国道路蕴藏着强烈的历史使命感、共产党人和人民群众开拓创新的实践精神、对优秀传统文化的自信精神和远大理想等精神特质。中国道路的这些精神特质从不同方面发力，促使中国“道路自信”得以生成。同时，中国特色社会主义道路包含实践形态的“中国道路”和理论形态的“中国道路”两种道路形态，它们的相互作用为建立“道路自信”奠定根基，既服从于社会历史发展的客观规律，又服务于中国式现代化建设实践所展现出的精神特质，从而汇聚成“道路自信”的生成发展源流。以“道路自信”坚守“中国道路”，一定要以“实践自信”提供深厚实践基础，以“历史自信”提供历史传

① 刘同舫：《在比较中彰显中国特色社会主义道路的优越性》，《思想理论教育导刊》，2020年第4期，第57—62页。

② 任平：《新中国70年：新现代性的中国发展道路及其世界意义》，《武汉大学学报》（哲学社会科学版），2019年第72卷第6期，第5—21页。

③ 吴晓明：《中国道路的世界历史意义》，《江海学刊》，2020年第2期，第43—45页。

统基础，以“文化自信”提供心理文化基础。[①]中国社会科学院马克思主义研究院刘志明说，坚定中国道路自信的根本原因在于习近平总书记坚信中国道路不是照搬照抄和主观臆想的产物，而是党和人民长期实践取得的根本成就，是稳定和发展中国的必由之路。坚定道路自信，就是要坚定不移走中国道路不动摇、与时俱进地不断拓展中国道路，要做好应对具有新的历史特点的伟大斗争的准备。[②]因此，道路自信源于道路创新，源于道路特质，源于道路“特色”。国家税务总局党校的肖泳冰、中国社会科学院党校的夏春涛分析了习近平总书记对社会主义“中国特色”的阐释，认为这一阐释遵循了自主探索中国道路的基本精神和科学社会主义基本原则，阐述了党的领导是中国特色社会主义最本质的特征、改革开放是新时期中国最鲜明特色、社会主义根植于中国传统文化基因等一系列新观点，这些标志着中国共产党对社会主义“中国特色”的认识提升到了一个新高度。[③]南京师范大学王永贵、路媛认为，中国道路是适合中国国情的发展道路，可以从历史—现实中予以科学审视和把握，不断夯实中国道路的凝聚力。中国共产党带领人民历经革命、建设和改革的一环环考验才选择了社会主义道路，这生动体现了中国历史的接续发展和中国人民的自主选择；与其他国家的发展道路相比，中国道路坚持马克思主义和科学社会主义不动摇，坚持国家独立自主发展不依附，坚持实事求是不唯心等特征，呈现出越来越明显的前进优势。通过历史接续探索与现实国际比较，

① 刘建成：《习近平关于中国道路精神特质的当代审视》，《理论学刊》，2016年第2期，第11—17页。

② 刘志明：《坚定不移走中国特色社会主义道路——学习和理解习近平关于坚定道路自信的论述》，《党的文献》，2016年第3期，第26—31页。

③ 肖泳冰、夏春涛：《习近平对社会主义“中国特色”的深刻解读及其重大意义》，《中州学刊》，2016年第9期，第1—6页。

彰显出中国特色社会主义内蕴的道路自信和前进发展的独特优势。[①]

有学者进一步从哲学智慧、历史使命等视角来分析习近平对中国道路含义的论述。中共中央党校（国家行政学院）韩庆祥根据习近平总书记的重要论述认为，中国道路有四个方面的哲学智慧：它注重从实际出发，坚持价值维度和历史维度的统一；它具有问题意识，注重运用辩证思维的方法来破解影响中国发展的根本问题；它注重历史思维，遵循历史发展的逻辑；它坚持与时代同步，注重创新思维，在融合各种发展要素中推进自主创新。中国道路内蕴着“动力—平衡—治理”机制，理解和把握这三种机制，是解决问题、做好工作的重要方法论。[②]中国社会科学院贺新元和江西警察学院左小白认为，中国道路是承载着一定历史使命的载体。它不仅是实现民族复兴、不断满足全体中国人民日益增长的美好生活需要的必由之路，也是推进世界和平发展、不断推动构建人类命运共同体的必由之路。新时代中国道路承载着双重历史使命：在全面建成社会主义现代化强国的进程中实现中华民族伟大复兴的中国梦，在与世界的相互联通中推进人类命运共同体的构建。[③]

第三，关于习近平总书记对中国道路坚持和发展的论述。

关于如何坚持和拓展中国道路的问题，习近平总书记阐述了一系列重要的理念、思想和战略，正确地引领了坚持和拓展中国道路的新的伟大实践。

中共中央党校（国家行政学院）何毅亭认为，习近平总书记运用马克思主义的理论武器，科学回答了“中国向何处去、世界向何处去”

---

① 王永贵、路媛：《论中国特色社会主义道路自信和独特优势——学习习近平关于中国特色社会主义道路新理念的重要论述》，《理论探讨》，2016年第6期，第5—9页。

② 韩庆祥：《中国道路的哲学智慧》，《光明日报》2019年9月23日第15版。

③ 贺新元、左小白：《新时代中国特色社会主义道路承载历史使命的六维探析》，《江西师范大学学报》（哲学社会科学版），2018年第51卷第3期，第20—26页。

的新时代之问，为中国和世界的新发展指明了前进航向。[①]中共中央党校（国家行政学院）谢春涛强调指出，以习近平同志为核心的党中央通过抓作风、反腐败、选干部、扬正气、净生态、立规矩等六个方面全面从严治党的战略思路和具体举措，已经走出成功治党新路，中国共产党一定能够担当起领导中华民族实现伟大复兴的责任。[②]中共中央党校（国家行政学院）陈曙光认为，中国道路是中国新现代性的实践成果。21世纪中国马克思主义的出场代表着这种新现代性已日渐成熟，正在发展为能够与西方比肩、有着原创性意义的人类新文明和现代性理论的新形态。[③]中国延安干部学院李后东认为，习近平总书记对坚持和发展中国道路的重要贡献，是进一步从理论上廓清了中国特色社会主义的现实镜像、历史基因和未来旨归的内在联结，在历史维度上进一步描绘了中国特色社会主义的“基因谱”，在现实维度上紧紧抓住了坚持和发展中国特色社会主义这一“牛鼻子”，在未来维度上科学明确了中华民族伟大复兴百年梦想与中国特色社会主义伟大事业“公倍数”。[④]天津大学的颜晓峰认为，党的十八大以来，以习近平同志为核心的党中央面对第一个百年奋斗目标和第二个百年奋斗目标的历史交汇期，在社会主义现代化道路上夯实了坚实基础、明确了战略安排、完善了基本内涵、把握了战略布局、提供了精神指引、塑造了安全环境，赋予了中国道路新的时代内涵，开启了全面建设社会主义现代化国家新征程，可以相信，一定能够创建新伟业、产生新经验、实现新跃升，进一步深化党对社会主义现代化规律的认识，进一步拓展社会

---

① 何毅亭：《习近平新时代中国特色社会主义思想是21世纪马克思主义》，《学习时报》2018年5月18日第A1版。

② 《中共中央党校副校长谢春涛教授为北京大学学生作“形势与政策”报告》，2019年5月18日。来源：北京大学马克思主义学院网站。

③ 陈曙光：《现代性建构的中国道路与中国话语》，《哲学研究》，2019年第11期，第22—28、126页。

④ 李后东：《习近平坚持和发展中国特色社会主义的三维视野》，《社会主义研究》，2016年第3期，第11—15页。

主义现代化道路。[①]韩庆祥认为，习近平治国理政思想具有历史基础、现实基础、理论基础、政治基础，拓展了中国道路。[②]上海师范大学汪青松认为，习近平治国理政思想从中国特色社会主义与中国梦两个主题上，回答了社会主义是什么、怎样建设，实现什么样的民族复兴、怎样实现民族复兴两大问题，构建起坚持和拓展中国道路与实现中国梦的两个理论体系。[③]

"四个全面"战略布局是党的十八大以后习近平总书记全面拓展中国道路的重大战略思想。华南师范大学陈金龙认为，"四个全面"集中表达和理性升华了中国道路，它表明，中国道路是中国的现代化之路、协调发展之路、内涵发展之路、人民幸福之路。"四个全面"在国家形象建构和话语表达上有着重要价值和意义，它为中国的国家形象注入了新元素、展示了新内涵、形成了新路径；它作为话语表达，既彰显了中国特色，也适应了世界潮流、赢得了国际社会认同，为中国进一步融入国际社会赢得了新的机遇。[④]南京师范大学王永贵认为，"四个全面"是以习近平同志为核心的党中央面对国内外环境持续深刻"裂变"、经济社会发展进入新常态的时代背景，审慎研判和科学把握党和国家的发展愿景，从不同的战略层面，科学回答了在新的历史起点上坚持和拓展中国道路这一重大理论和实践问题，它是马克思主义中国化的新飞跃和新的时代航标。[⑤]中国社会科学院辛向阳认为，"四个全

① 颜晓峰：《改革开放开创社会主义现代化道路》，《人民日报》2018年7月24日第7版。

② 韩庆祥：《论习近平治国理政思想》，《中共福建省委党校学报》，2016年第1期，第4—14页。

③ 汪青松：《习近平治国理政思想的双重主题及体系架构》，《观察与思考》，2016年第8期，第5—12页。

④ 陈金龙：《"四个全面"战略布局的价值解读》，《学术研究》，2015年第12期，第30—35页。

⑤ 王永贵：《"四个全面"：坚持和发展中国特色社会主义的时代航标》，《学海》，2015年第5期，第5—9页。

面”战略布局包含着历史逻辑、现实逻辑、未来逻辑三大逻辑。历史逻辑体现在它在邓小平、江泽民和胡锦涛理论贡献的基础上继续回答了怎样建设社会主义、怎样建设党、怎样发展等重大的理论和实践的问题；现实逻辑体现在它是从新时代继续发展的现实要求、人民群众的热切期盼中得出的；未来逻辑体现为在基本规律的基础上把握中国未来的发展。[①]中国社会科学院张福军、程恩富认为，落实“四个全面”是完善中国道路、中国模式的关键。[②]中共中央党史研究室石仲泉认为：“四个全面”是习近平总书记治国理政新的理念、思想和战略的重中之重，是属于顶层设计的“纲中之纲”。它的实施标志着彻底改变国家贫困面貌、经济社会发展、民主政治建设和党的建设都进入新阶段。[③]山东大学马原认为，它是习近平总书记治国理政总体方略的战略思想和顶层设计，是实现中国梦的关键所在。[④]《求是》杂志社李文阁认为，理解和把握“四个全面”战略布局要从中国特色社会主义全局进行。它是这一全局下的一个战略布局，是这一全局的总任务中的一个阶段性任务，它提出的意图是完成中国特色社会主义的总任务，坚持和发展中国特色社会主义。[⑤]

统揽“四个伟大”是党的十九大报告正式提出的，是习近平总书记关于中国道路重要论述的重要内容。韩庆祥认为：“四个伟大”使我们能够更好地把握十八大以来以习近平同志为核心的党中央推进理论

① 辛向阳：《“四个全面”战略布局思想的三大逻辑》，《南京师大学报》（社会科学版），2015年第5期，第13—19页。

② 张福军、程恩富：《在落实“四个全面”中完善中国道路与中国模式》，《思想理论教育导刊》，2015年第4期，第50—54页。

③ 石仲泉：《“四个全面”与十八大以来党和国家历史的新发展——学习习近平关于治国理政的新论断》，《毛泽东邓小平理论研究》，2016年第5期，第10—16、91页。

④ 马原：《论“四个全面”战略思想的理论方位》，《淮海工学院学报》（人文社会科学版），2015年第11期，第4—7页。

⑤ 李文阁：《“四个全面”与中国特色社会主义》，《光明日报》2015年6月21日第8版。

创新的总体思路、实践创新的基本线索和总体方略，把握党中央进行理论创新和实践创新的总体框架。[①]“四个伟大”构成了一个有机整体，是坚持和拓展中国道路的一个大逻辑。从整体上看，“伟大复兴”是奋斗目标，着眼于“达到什么目的”；“伟大事业”是必由之路，着眼于“如何达到目标”；“伟大斗争”是精神状态，着眼于“以什么样的精神状态达到目标”；“伟大工程”是领导力量，着眼于“谁来推进伟大事业、实现伟大复兴和进行伟大斗争”。“四个伟大”是中国共产党在新的历史条件下治国理政的总体框架，应围绕这一总体框架谋篇布局；是大国成为强国的总体框架，沿着这一总体框架，大国必然走向强国；是中国为世界作出贡献的总体方案，按照这一总体方案持续努力，中国一定能够为世界发展作出贡献。[②]北京大学顾海良认为，“四个伟大”对中国特色社会主义的发展方向、基本立场、主要原则、奋斗目标、行动路径和根本保证进行了整体阐释，展现了新中国成立以来马克思主义中国化新的境界。[③]

构建“人类命运共同体”是习近平总书记提出的人类社会发展的方向。山东大学徐艳玲、李聪认为，其价值意蕴具有历史、现实和未来三重维度。它是一种新型文明观、一种正确义利观、一种新型国际秩序观；它摒弃了极端“国族”认同和传统“帝国”体制，扬弃了欧美国家所谓“正义论”和继承中华优秀传统文化，超越了“均势”和“霸权”两种国际秩序观。它昭示着中国作为一种新型“文明型”国家的崛起。[④]中国人民大学梁树发认为，认识人类命运共同体可以从共同

---

① 韩庆祥：《为中国特色社会主义进入新的发展阶段做理论准备》，《学习时报》2017年8月4日第A1版。

② 韩庆祥：《从实现强起来的历史起点上思考坚持和发展中国特色社会主义》，《中国党政干部论坛》，2017年第10期，第7—11页。

③ 顾海良：《新中国70年马克思主义中国化的思想历程和历史主题》，《红旗文稿》，2019年第21期，第4—8、1页。

④ 徐艳玲、李聪：《“人类命运共同体”价值意蕴的三重维度》，《科学社会主义》，2016年第3期，第108—113页。

体建构与人的解放、哲学基础、与社会主义的关系三个维度来进行。整体说来，人类命运共同体虽然还不是一种现实，但在中国的引领和带动下，国际社会已进入建构的实际过程；人类命运共同体以对文明多样性及其历史进步意义的确认这一辩证的历史进步动力观为哲学基础；人类命运共同体和科学社会主义两者之间的辩证统一，决定了它们在历史发展进程中的互动、互补的关系，决定了它们两者的同行。①

关于共商共建共享“一带一路”，中共中央党史和文献研究院张宏志认为，它是在世界处于艰难调整期、中国处于痛苦转型期、中国与世界的关系处于复杂磨合期“三期叠加”的背景下提出的，对于实现中国的均衡和持续发展具有全局性的战略突破作用，将推动和引领下一轮新型全球化浪潮，开启中国主动塑造周边、影响世界的历史。②国家发展改革委范恒山进一步认为，“一带一路”共建顺应了全球治理体系变革和世界发展的客观要求，彰显了全球权责共担和同舟共济的命运共同体意识，提供了推动构建更加公正、更加合理、更加均衡的全球治理体系新的思路和方案。“一带一路”的共商共建共享，得到了很多国家，尤其是发展中国家的积极响应和参与。③

关于“推进国家治理体系和治理能力现代化”和“推进全球治理更加公平合理”的思想，中共中央党校（国家行政学院）胡振良认为，“两个治理”思想反映了世界潮流、中国要求，是新时代中国共产党关于治国理政基本问题的系统观点；它对道路能坚定自信、对问题能深刻洞察、对大势能准确把握，丰富了中国经验、拓展了中国道路。④中

① 梁树发：《认识人类命运共同体的三个维度》，《思想理论教育导刊》，2018年第3期，第59—63页。

② 张宏志：《古路新生与民族复兴——从“一带一路”建设看中华民族伟大复兴的新征程》，《党的文献》，2016年第6期，第3—11页。

③ 范恒山：《推动共建一带一路向高质量发展转变》，《人民日报》2018年10月29日第7版。

④ 胡振良：《论习近平“两个治理”重要思想》，《中国特色社会主义研究》，2016年第2期，第16—21页。

共中央党校（国家行政学院）常青说，“国家治理体系”和“全球治理体系”两个治理体系没有本质上的区别。党的十八届三中全会决定全面深化改革，这标志着中国的“国家治理体系”进入了一个剧烈变化、极其关键、改变世界的重要时期。基于“国家治理体系”和“全球治理体系”演进的历史事实，根据线形、进步的社会历史观，世界已经进入了从强大民族国家经联合国，到全球治理体系的新阶段。[①]

习近平总书记关于中国道路问题的重要论述博大精深，需要进一步从学术上、学理上加强研究。中共中央党校（国家行政学院）成立专家工作室，由韩庆祥教授牵头研究中国道路课题。韩庆祥认为，中国道路是中国奇迹的发源地、中国理论的源头活水、中国话语的厚实基础。读懂了中国道路，就能够真正地读懂中国奇迹、中国理论和中国话语。现在理论界的一个迫切的任务，是实现中国道路话语体系的转化，将中国道路的话语体系从“政治话语”转化为“学术话语”，从“熟知”成为“真知”，从“知其然”发展为“知其所以然”，以深刻理解和准确把握中国道路的本质内涵和精髓要义。[②]中共中央党校（国家行政学院）李海青强调了中国道路的话语建构问题，认为已存在的各种话语在阐述中国道路方面都没有抓住问题的要害。中国话语是以中国道路为载体、基础与依托的，其建构应该着力于发现和阐释中国道路之所以成功的重要条件的那些独特因素。发现和阐释这些独特因素是成功构建中国话语的关键。从宏观上来说，这些独特因素包括三个方面：一是中国共产党领导现代化；二是渐进式的总体可控的现代化策略；三是治理现代化的改革目标。可以说，既然中国道路是开放的，那么中国话语的建构也是开放的。[③]中共中央党校（国家行政学院）唐

---

① 常青：《中国“国家治理体系”与“全球治理体系”统一问题研究导言——中国道路的哲学基础和世界意义》，《延边大学学报》（社会科学版），2015年第5期，第22—36页。

② 孙敏：《探究中国道路的本源意义》，《新华日报》2019年6月18日第11版。

③ 李海青：《理解中国道路：有效建构中国话语的前提》，《理论视野》，2015年第6期，第11—16页。

爱军认为，学术界的一项刻不容缓的任务是真正阐释好中国道路。学界虽然有了不少阐释方法，但基本上可以说是缺少了唯物史观的视域。唯物史观是观照中国道路的科学方法，可以准确地阐释中国道路，也可以真正避免陷入“中国道路、西方话语”的陷阱。[①]构建中国道路的话语权是意识形态领导权建设的紧迫议题。[②]

国外的中国研究者由于学术话语体系不同等原因，很少直接解读习近平总书记关于中国道路的重要论述，主要是通过分析中国现象来表达自己对中国道路的观点。2014年，世界银行和国际货币基金组织推算和认定，中国GDP按购买力平价计算，该年正式超过美国。面对中国的迅速崛起，国外学界出现了不同的声音。

第一种是肯定并阐发其意义。哥伦比亚大学J.斯蒂格利茨在发表的《中国世纪》文章中认为，中国现在终于恢复到了它在人类文明发展历史上曾经长期占有的地位（Joseph E. Stiglitz，2014年）。哈佛大学的裴宜理教授肯定了中国改革开放以后“令人叹为观止的崛起过程和极富生命力的制度韧性”，认为它现在所面临的挑战与困境实际上可以视作“一个政权在走向成熟过程中所不得不承受的增长的痛楚”，研究中国共产党和中国政府正在推进的政策实践的路径与方式，需要使用更加实际且宽广的视角（Elizabeth J. Perry，2014年）。福山修改了他原来所谓“历史终结论”，认为，那些不断预言中国将会崩溃的声音无法阻止中国的迅速崛起，中国已经越过所谓“民主建设”的旋涡，全力以赴地在“国家建设”的征途上前进（Francis Fukuyama，2015年）。彭慕兰指出，中国模式相对于西方模式是“不同的模式”（Kenneth Pomeranz，2015年）。荷兰莱顿大学彭轲肯定了中国共产党作为执政党在市场经济条件下改变了中国的社会结构和社会生态情况下的社会治

① 唐爱军：《唯物史观视野中的中国道路》，《教学与研究》，2019年第3期，第14—22页。

② 唐爱军：《意识形态领导权建设的三重阐释》，《南京师大学报》（社会科学版），2019年第6期，第93—102页。

理做法，认为民间人士参与决策过程、影响决策者，是中国道路的重要组成部分（Frank Pieke，2014年）。有学者明确指出，“一带一路”倡议完全有利于促进新丝绸之路上各个国家之间的联系和合作，也有利于促进中国与一些有冲突和争端的国家之间的合作（Lingjie Kong，2015年）。担任联合国副秘书长的阿希姆·施泰纳对中国“一带一路”倡议给予了充分肯定和高度赞赏，认为这一倡议是过去70年至半个世纪内由一国提出、在多国投资建设的最大的单一项目。他强调，联合国开发计划署要从这一倡议中学习经验，愿同中国继续开展合作。中国和世界正在一起探索未来一个全新的时代发展。中国问题观察家英国的休·佩曼指出，中国共产党适应了不断变化的形势和需要，历经晚清衰败、频繁内战和抗日战争等摧残之后，是唯一一个能重建中国经济的政党。中国共产党近百年的历史形成了许多战略经验，这些经验有的与传统思维有关，有的与新时代有关。中国共产党最突出的影响力是它能够在经历挫折失败以后正确地分析问题、设计调整方案和创新组合。没有一种模式适合所有国家，但可以向他人学习借鉴。任何国家都可以看看中国，挑选适合自己文化和发展阶段的模式（休·佩曼，2018年）。英国学者马丁·雅克发现，中国实际上是一个文明体系，一直以来都不是单一的民族国家。中国人自认为是中国人的原因，是他们对自己几千年文明成果的认同。这就解释了西方帝国衰败后就再也无法崛起，而中国总是能不断地复兴人类文明这一历史现象背后的原因。现在，中国在经济、文化等很多方面对世界产生了巨大的影响力，正在以比两百多年来西方崛起更大的影响改变世界。世界如今也因此而步入一个所谓“中国化”的时代（Martin Jacques，2012年）。

第二种是冷静地分析问题，助推中国发展。新加坡国立大学郑永年认为，中国模式具有一定的历史合理性，不过要想实现社会从中等收入到高收入的提升并不容易。他善意提醒中国执政党重视一些官员腐败、社会的一些分化、极端思想的出现、犯罪率、生态环境危机等可能使中国陷入中等收入陷阱国家的现象，同时还要高度防范外部环境的不确定性可能引发的重大危机（郑永年，2014年）。基辛格2018年11月6日在新加坡彭博创新经济论坛回答该新闻社总编辑米思伟提问时认为，在历史上中国人从未体验过与另一个国家处于实力平衡的状态，现在他们需要意识到有一个实力能与其平衡的国家，需要理解这一转变的意义（基辛格，2018年）。

国内外学者们从各自的学术背景和研究视域出发，对习近平总书记关于中国道路问题的系列重要论述，尤其是关于如何坚持和发展中国道路等问题的系列重要论述进行了多方面的探讨，丰富和拓展了对这一重要论述的认识，为继续研究奠定了坚实基础。学者们的探讨表明：一方面，习近平总书记的论述确实极大地拓展了中国道路的认识视域和实践空间；另一方面，已取得的学术成果为继续研究习近平总书记关于中国道路的重要论述奠定了坚实的学术基础。但是，对习近平总书记关于中国道路的重要论述还需要更加全面、系统、深入的阐释，这样可以帮助我们廓清在中国道路问题上的迷雾。

3.课题价值

课题的价值决定于它所要破解的问题的难度和它能够破解问题的程度。关于习近平总书记对中国道路重要论述的研究现在面临的主要问题是，习近平总书记在关于中国道路的理论和实践上，到底提出了什么新的重要命题，他破解新的重要命题的核心观点是什么，他关于中国道路论述的独特性在哪里，是什么样的背景和条件促成了这一重要论述中新思想观点的产生，这一重要论述中的新思想新观点对坚持和发展中国特色社会主义的历史性贡献是什么，等等。对这些问题我们还需要更加清晰明确的答案。

本课题价值，从学术上来说，可以使我们更加系统而深入地理解习近平总书记关于中国特色社会主义道路问题论述的核心要义、思想特质和价值意义，更加准确而深刻地理解这一论述与习近平新时代中国特色社会主义思想的逻辑联系，更加全面而整体地理解这一论述在马克思主义中国化进程中的地位和作用，更加全面而整体地理解中国特色社会主义道路的历史逻辑、理论逻辑和实践逻辑，理解和把握新时代坚持和拓展中国道路的背景、意图、内涵、实质和价值；从实际意义上说，本课题的研究成果希望能够有助于我们更好地坚定新时代中国特色社会主义道路、理论、制度、文化自信，更好地推进新时代中国特色社会主义道路的坚持和创新，更好地构建关于中国道路的学术话语、宣传话语等话语体系，为讲好“中国故事”提供更为切实的学理支撑。

二、研究对象和主要目标

习近平总书记关于中国道路的重要论述，是马克思主义关于人类社会演变的基本原理与中华文明的悠久传承相融合、与中国共产党变革和发展中国社会的伟大历程相统一、与新时代坚持和发展中国特色社会主义的崭新实践相结合的理论产物。这些重要论述从理论与实践、历史与现实、现实与未来、中国与世界等结合上，科学地解答了关于在新起点上为什么要坚持和拓展中国道路、坚持和拓展什么样的中国道路、怎么样坚持和拓展中国道路、如何着眼于全球视野坚持和拓展中国道路，以及新时代坚持和拓展中国道路迫切需要回答和解决的时代课题、基本命题、发展方向、发展目标、发展内涵、发展实质、发展特征、发展路径和新时代中国道路的渊源、基础、价值和意义等关乎中国道路的一系列全局性、战略性和长远性的基本理论问题。

1.研究对象

本课题主要是以习近平总书记关于中国特色社会主义道路问题重要论述的文本为研究对象，分析和概括习近平总书记关于中国特色社会主义道路的重要论述形成和发展的背景及条件、形成和发展的基本脉络及历史逻辑、丰富内涵和核心观点、鲜明特征和独特贡献等。

习近平总书记关于中国道路的重要论述主要反映在他的讲话、谈话、演讲、批示中。这些著作文本的查阅，主要有两个渠道：一是《人民日报》《求是》等重要报刊及其网站公开发表的习近平总书记重要论述的全文和摘要。人民网和中国共产党新闻网建立和开放了“习近平总书记系列重要讲话数据库”，发布了习近平总书记的讲话、会议、考察、出访等资料，还提供了搜索功能。二是已经出版发行的习近平总书记的文献选编。例如，中共中央宣传部（国务院新闻办公室）会同中共中央文献研究室（从第三卷开始是中共中央党史和文献研究院）和中国外文出版发行事业局编辑的《习近平谈治国理政》第一、二、三卷。中共中央文献研究室（2018年党和国家机构改革以后是中共中央党史和文献研究院）编的习近平关于实现中华民族伟大复兴的中国梦，关于协调推进“四个全面”战略布局，关于坚持推动构建人类命运共同体，关于社会主义经济建设、政治建设、文化建设、社会建设和生态文明建设，关于防范风险挑战应对突发事件，关于统筹疫情防控和经济社会发展等一系列重要问题的“论述摘编”。中共中央文献研究室（中共中央党史和文献研究院）编的习近平论坚持全面深化改革、论坚持推动构建人类命运共同体、论“一带一路”、论坚持党对一切工作的领导等文集。中共中央文献研究室（《十八大以来重要文献选编》下册开始是中共中央党史和文献研究院）编辑的《十八大以来重要文献选编》上、中、下三册和《十九大以来重要文献选编》上册也收录了习近平总书记的一些重要著作。这些文献的发布和出版，为研究习近平总书记关于中国道路的重要论述提供了丰富的资料和可靠的依据。

本书研究的中国道路文本的范围主要是自党的十八届一中全会至十九届五中全会期间。需要注意的是，关于中国道路重要论述文本的发布，有全文与摘要、初始文本与修订文本等的区别。一般来说，《人民日报》即时发布的文本是习近平总书记重要讲话的初始文本，《十八大以来重要文献选编》《十九大以来重要文献选编》的文本也接近于初始文本，而系列“论述摘编”文本和《求是》非即时发布的文本，有的可能会有一些对初始文本的改动。解读习近平总书记关于中国道路的重要论述，特别是梳理习近平总书记关于中国道路的重要论述形成发展的基本脉络时，因为思想观点及其表述可能会存在一些发展变化，所以最好使用《人民日报》即时发布的文本或《十八大以来重要文献选编》《十九大以来重要文献选编》等初始文本。

2.总体框架

围绕研究主题，主要分五个部分展开论述。

第一部分，习近平总书记关于中国道路重要论述的生成条件。这些生成条件包括时代背景、理论渊源和实践基础等三个方面。时代背景主要有两点：一是人类处于大的发展变革调整期，世界面临百年未有之大变局，大国博弈及道路、制度和文化的竞争空前激烈；二是中国道路经历了探索、开辟和发展的艰难曲折的历史过程。中国正处于中华民族伟大复兴的关键期，面临具有许多新的历史特点的伟大斗争。理论渊源是马克思主义的人民立场和所揭示的人类解放道路的基本原理，列宁关于探索俄国社会主义道路的经验教训，毛泽东关于中国道路初步探索的理论原则，邓小平关于中国道路成功开辟的理论成果，江泽民、胡锦涛关于中国道路丰富和发展的理论。实践基础是十八大以来坚持和拓展中国道路的新实践，习近平的政治成长道路和地方治理经验等。

第二部分，习近平总书记关于中国道路重要论述的思想脉络。习近平总书记提出当代中国“从哪里来、现在在哪里、到哪里去”的基本命题，围绕中国道路这一基本命题，习近平总书记关于中国道路重要论述蕴含的思想经历了初步形成、正式形成和丰富发展等三个阶段。初步形成阶段，2012年11月党的十八大以后至2013年11月党的十八届三中全会之前。这一阶段他在国家博物馆纵论昨天、今天、明天和中国梦，在中共中央政治局第二次集体学习时指出历史、现实、未来是相通的，全面论述中国道路的“两个逻辑”、“四个走出来”、科学性与真理性、中共救国兴国强国进而复兴中国的奋斗史，提出关于“一带一路”倡议等。正式形成阶段，2013年11月中共十八届三中全会至2017年10月中共十九大前夕。这一阶段他围绕中国共产党成立100周年提出全面建成小康社会目标，2014年底形成了协调推进“四个全面”战略布局，2015年提出“五大新发展理念”，关于构建“人类命运共同体”思想，2016年提出“中国方案”等。丰富拓展阶段，2017年10月中共十九大以后。这一阶段他阐述了关于统揽“四个伟大”强国方略、关于世界面临百年未有之大变局的判断等。概括起来说，从提出和阐述实现中国梦，到阐述协调推进“四个全面”战略布局，再到阐述统揽“四个伟大”强国方略，是习近平总书记关于中国道路重要论述蕴含的思想形成和发展的主要脉络和主要标志。

第三部分，习近平总书记关于中国道路重要论述的思想内涵。其思想内涵主要包括四个方面：一是关于为什么要坚持和拓展中国道路，因为中国道路有着深厚的历史渊源，它是在对中华文明传承、近代以来发展历程深刻总结、新中国持续探索和改革开放伟大实践中走出来的；中国道路有着深刻的历史必然性，它的开辟决定于中国独特的文化传统、历史命运和基本国情；它是实现中国社会的现代化、中华民族的伟大复兴和中国人民的美好生活的必由之路。二是关于坚持和拓展什么样的中国道路，中国道路实质上是科学社会主义理论逻辑与中国社会发展历史逻辑两个逻辑的有机统一，是价值性和科学性的有机统一；中国道路在诸如政治建设、文化建设、经济建设、社会建设、生态文明建设、海峡两岸关系和外交等领域和层面有着具体的展开和体现；中国道路的关键是中国特色社会主义政治发展道路，中国道路的核心是坚持中国共产党的领导。三是关于怎么样坚持和拓展中国道路，坚持和拓展中国道路必须坚持一切从实际出发，认识和把握中国社会演变的新阶段的内涵和特征，直面新时代面临的矛盾问题，勇于开路架桥，坚持党对一切工作的领导，坚持以人民为中心的发展思想，坚持党的基本路线，制定正确有效的基本方略、战略布局、方针政策和行动纲领，在化解矛盾的过程中推动社会发展，不断地打开中国特色社会主义事业的新局面。四是关于如何着眼于全球视野坚持和拓展中国道路，中国道路为人类文明发展面临的课题提供了中国智慧和中国方案，也在全球范围内进一步推动了自己的发展和创新。这四个方面的思想观点既相互区别又相互联系，共同构成了习近平总书记关于中国道路重要论述的完整的思想体系。

第四部分，习近平总书记关于中国道路重要论述的鲜明特征。习近平总书记关于中国道路的重要论述是中国共产党关于中国特色社会主义道路形成的理论成果的重要组成部分，与邓小平、江泽民和胡锦涛等关于开辟和发展中国特色社会主义道路的理论成果，既一脉相承又与时俱进，在指引道路方向、确定目标任务、明确实现路径、运用思维方法等方面具有鲜明的特征。在发展方向和目标任务的引领上具有更浓郁的人民性，在发展思路和实现路径的设计上具有更突出的战略性，在理论思维和论证方法的运用上具有更鲜明的辩证性。这三个方面的主要特征是帮助我们准确理解和全面把握习近平总书记关于中国道路重要论述的关键。

第五部分，习近平总书记关于中国道路重要论述的突出贡献。习近平总书记关于中国道路的重要论述坚持和拓展了中国特色社会主义道路的理论体系，指引了实现中华民族伟大复兴的新征程，贡献了发展中国家关于现代化道路选择的中国智慧，有着独特的理论价值和实践意义。

3.主要目标

通过课题研究，试图重点解决五个方面的疑问：一是习近平总书记关于中国特色社会主义道路重要论述产生的背景和条件是什么；二是习近平总书记关于中国特色社会主义道路重要论述的生成脉络及逻辑是什么；三是习近平总书记关于中国特色社会主义道路重要论述的丰富内涵和核心要义如何理解；四是习近平总书记关于中国特色社会主义道路重要论述的独特性表现在哪里；五是习近平总书记关于中国特色社会主义道路的重要论述对坚持和发展中国特色社会主义的理论贡献和实践意义是什么。

需要说明的是，由于专业知识结构等原因，本书确定的研究目标、设计的研究内容和框架、全书的行文写作，对国防和军队建设道路着墨不多，这是非常遗憾也是需要理解的地方。之所以说非常遗憾，是因为党的十八大以后，习近平总书记在领导和推进国防和军队的体制改革和现代化建设上大刀阔斧，走出了一条新时代中国特色强军之路、中国特色国家安全道路，其成绩和成效举世瞩目；之所以需要理解，是因为国防和军队建设的专业性特别强，笔者没有打算在这一领域班门弄斧。

三、基本思路和研究方法

合理的研究思路和科学的研究方法是实现课题研究目标和完成课题研究任务的正确路径。合理的研究思路实际上是科学认识的逻辑理路和逻辑关系的集中反映和准确概括。科学的研究方法则是破解难题的有效理论工具。

1. 基本思路

以习近平总书记关于中国特色社会主义道路的重要论述为文本，仔细梳理和认真分析系列重要论述的心路、思路、理路，重点围绕习近平总书记关于中国道路重要论述“为什么、是什么和怎么样”三个方面的问题及其相互关系进行阐述。关于“为什么”问题，主要从时代、理论和实践等方面分析习近平总书记关于中国道路重要论述生成的背景和条件，阐述这些重要论述是历史逻辑、理论逻辑、实践逻辑发展演变的必然结果；关于“是什么”问题，主要从为什么要坚持和拓展中国道路、坚持和拓展什么样的中国道路、怎么样坚持和拓展中国道路、如何着眼于全球视野坚持和拓展中国道路等四个方面论述习近平总书记关于中国道路重要论述的思想内涵和核心要义；关于“怎么样”问题，主要从鲜明特征和突出贡献等方面分析习近平总书记关于中国道路重要论述的独特性和价值意义。通过分析和概括，深刻认识习近平总书记关于中国特色社会主义道路重要论述蕴含的必然性和合理性，准确理解习近平总书记关于中国特色社会主义道路重要论述的内涵和特征，正确把握以习近平同志为核心的党中央坚持和发展中国特色社会主义实践的自信心和坚定性。

2.研究方法

本课题的研究方法主要有三种。

一是辩证唯物主义和历史唯物主义的研究方法。这是哲学社会科学学科最基本的研究方法。辩证唯物主义和历史唯物主义研究方法的核心是唯物辩证法。唯物辩证法作为马克思主义认识世界的根本方法，当然也是研究所有思想理论的根本方法。习近平总书记关于中国道路的重要论述作为中国化的马克思主义最新成果的重要内容，只有运用唯物辩证法来分析和阐释，其内涵和价值才能被科学认识。本课题运用辩证唯物主义和历史唯物主义的理论和方法，以全面、整体、系统、发展的视角来探讨习近平总书记关于中国道路的重要论述。

二是文献解读法。解读文献就是分析和阐释文献文本的含义，分析和阐释文献文本所表述观点的内涵和价值。作为一种方法，对文献文本的解读、分析、阐释，必须将文献文本所表述的思想观点置于历史、现实、未来的时间框架中，置于中国、世界的地域框架中，置于理论、实践的认识框架中来进行；必须以历史逻辑、理论逻辑、实践逻辑相结合的视角和思路来解读、分析、阐释文献文本所表述的思想观点。因为任何思想观点都不会无缘无故地出现、孤立地存在。本课题从历史与现实、现实与未来、中国与世界、理论与实践等相结合上，从历史逻辑、理论逻辑和实践逻辑相统一上，研读习近平总书记自觉的十八大以来关于中国特色社会主义道路重要论述的文本资料，解读、分析、阐释习近平总书记关于中国道路重要论述的深刻内涵和丰富价值。

对习近平总书记关于中国道路重要论述文本的解读，要注意语境、语因、语义和语意四点。这可以称为“四语解读法”。具体说来：第一，要注重解读和阐释文本的“语境”，即文本阐述的情境，习近平总书记是在什么样的场合和情境中阐述关于中国道路的观点的。第二，要注重解读和阐释文本的“语因”，即文本阐述的原因，习近平总书记阐述关于中国道路的观点的主要缘由是什么。第三，要注重解读和阐释文本的“语义”，即文本阐述的含义，习近平总书记阐述关于中国道路重要论述的思想内涵是什么。语义又包括两个方面，既指单篇、单个语句论断的含义，也指各个语句论断之间的相互联系及其整体的含义。第四，要注重解读和阐释文本的“语意”，即文本阐述的意图，习近平总书记阐述关于中国道路的观点的主要目的是什么。只有从语境、语因、语义和语意四个方面来综合理解和解读文本，才有可能准确完整地理解和把握习近平总书记关于中国道路的重要论述。当然，“四语解读法”是文献文本解读的一个基本要求，本书不敢说已经很好地运用了这一方法，在这一方面还需要持续努力。

三是比较分析法。比较分析习近平总书记关于中国道路的重要论述与毛泽东、邓小平、江泽民、胡锦涛等历代中国共产党人关于中国道路重要论述的共同点和创新点，比较分析习近平总书记关于中国道路的重要论述与美国、俄国、印度等其他大国发展道路的差异及缘由。综合运用纵向和横向比较的视野和方法，将习近平总书记关于中国道路的重要论述放在马克思主义中国化时代化的历史进程和世界大国发展道路的全球视域中进行探讨。

3.核心概念

本课题的核心概念是“习近平总书记关于中国道路的重要论述”（本书仅此一处对此概念使用双引号，其他地方不再使用双引号）。这一核心概念的含义是什么？它与“习近平新时代中国特色社会主义思想”概念是什么关系？这是本课题研究的逻辑前提，需要界说清楚。

习近平总书记关于中国道路的重要论述，是指习近平总书记关于中国特色社会主义道路重要问题的系统阐述及思想观点。“道路”从汉语言文字学来说是“道”①与“路”②的统一，也就是“发展之道”和“实现路径”的统一，是应然与实然的统一，是价值性追求与规律性要求的统一，是理论逻辑与实践逻辑的统一。道是路的核心和灵魂，是指方向、目的、目标和任务等，有正确性的要求，体现的是应然的理论逻辑和价值性追求；路是道的实现途径，有科学性、合理性、可行性等要求，体现的是实然的实践逻辑和规律性要求。道和路两者之间具有一种辩证关系。道指引着路（正确方向），路制约了道（不能好高骛远、旁门左道、歪门邪道）。道路思想，从一定意义上说实际上就是“明道”和“指路”的思想，或者说是“寻道”和“觅径”的思想。中国特色社会主义道路是中国特色社会主义的发展之道和实现路径的有机统一。习近平总书记关于中国道路的重要论述，实际上就是阐述坚

① 老子曰：“人法地，地法天，天法道，道法自然。”道是一切之母。《尔雅》曰：“道，直也。”徐朝华注：“道：道理，规律。引申为直。”《尔雅》又曰：“一达谓之道路，二达谓之歧旁……”徐朝华注：“达：通，至。”“歧旁，两岔的道路。”先后见徐朝华注：《尔雅今注》，南开大学出版社1987年版，第51、173页。张岱年认为：“普遍的规律即所谓道。”见张岱年：《中国哲学大纲》，中国社会科学出版社1982年版，第20页。据此可知，道路的道，本义为规律、本质，可以理解为道路的本质和实质。

② 《尔雅》曰：“路、场、猷、行，道也。”徐朝华注：“道：道路。又道术，方法。”见徐朝华注：《尔雅今注》，南开大学出版社1987年版，第173页。据此可知，道路的路，本义为方法、途径、路径，可以理解为道路的形式，道的实现途径。

持和拓展中国特色社会主义的发展之道和实现路径相统一的重要思想，就是阐述党的十八大以后在新的历史起点上如何以科学、合理、可行的基本路径来继续实现中国特色社会主义的正确发展之道的重要思想。

习近平总书记关于中国道路的重要论述是习近平新时代中国特色社会主义思想的重要组成部分。正如习近平总书记所说，道路问题是革命、建设、改革的第一位问题。同时，道路问题与经济、政治和文化等之间有着很明显的区分度，关于道路的论述与中国共产党革命、建设、改革思想中的其他思想成果之间不可能泾渭分明。所以，习近平总书记关于中国道路的重要论述与习近平新时代中国特色社会主义思想在本课题的研究论述中存在着不少相互交叉之处，这也是难以完全避免的——当然，两者在论述中的侧重点不同。与习近平新时代中国特色社会主义思想不同，习近平总书记关于中国道路的重要论述侧重于坚持和拓展中国特色社会主义的发展之道和实现路径。

第一章　中国道路新时代之思的生成条件

人类对发展道路思想的需求，根源于自身对发展方向和发展路径的迷茫和困惑。每当发展到了一个新的时代的十字路口，人类就需要能够把握大势、顺应规律、举旗定向、指明出路、指点路径的思想理论和政治力量。习近平总书记关于中国道路重要论述的生成，根源于在新的历史起点上中国的发展对进一步明确方向和路径的需要，有着深厚的时代背景、理论渊源和实践基础。

一、时代背景

时代与历史息息相关。历史演变的过程是由一个个时代构成的。时代是历史演变的结果和新的起点。时代发展的状况决定于对历史演变规律的认识和把握。时代课题的产生取决于历史演变的方向和大势。因此，时代背景关乎历史条件。从思想产生的大视域来看，时代背景和历史条件密切相连，它们提出和明确了思想形成发展的时代课题和必要性，提供和生成了思想形成发展的客观条件和可能性。世界面临百年未有之大变局，中国处于民族复兴的关键期，这两者共同构成了习近平总书记关于中国道路重要论述形成的时代背景和历史逻辑。

1.世界面临百年未有之大变局

当今世界正面临大变革、大调整、大发展，世界正经历百年未有之大变局，这是习近平总书记关于中国道路重要论述的时代背景。世界百年未有之大变局，归根到底，其根源和实质是人类社会的生产关系与生产力、上层建筑与经济基础这两对基本矛盾的演化运动出现了百年不遇的大变动。人类社会又一次来到了十字路口，需要新的理论的指引。

首先，全球生产力特别是世界科技和产业变革百年未有。人类是以能够认识和改造世界立足于地球的。从生产力的角度来说，人类的发展经历了三个文明时代：几百万年的游牧和狩猎文明时代、一万多年的耕作和农业文明时代、三百年左右的工业文明时代。工业文明产生以来，整个世界已经发生和经历了18世纪中叶、19世纪中后叶、20世纪中叶三次科技革命和产业革命。这三轮生产力革命给人类社会带来了巨大的财富和进步。进入21世纪以来，第四次科技革命和产业革命正酝酿着巨大的突破。数字化、智能化等第四次科技革命，新能源、自动化等第四次产业革命，以及依托高速移动互联网的新的产业形态、生产方式、生活方式和思维方式等方兴未艾。如何推动新一轮科技革命和产业革命取得整体突破和快速发展，如何占领其制高点以引领人类文明的新变革和新进步，成为世界各国特别是大国关注和竞争的焦点。如果说，18世纪第一次科技革命和产业革命是在英国发生并由英国领先于世界，19世纪第二次科技革命和产业革命是在德国和美国发生并由德国和美国领先于世界，20世纪第三次科技革命和产业革命是在美国发生并由美国领先于世界；那么，21世纪第四次科技革命和产业革命正在中国、美国等国家发生并可能由中国、美国等国家领先于世界。人类历史上第一次出现了一个非资本主义的共产党领导和执政的社会主义国家在科技和产业某些关键领域和重要环节正在逐步领先于世界的历史性事件，这对人类社会的发展具有极其重大而深远的影响。这一历史性事件及其深远影响确实是百年未有的。新一轮科技革命和产业变革是世界发生百年未有之大变局的根本动因和核心内容。它既深刻影响和促进了国际社会、国际关系、国际治理的百年之变，又成为世界百年之变的最核心的组成部分。

其次，全球生产关系变革百年未有。从生产关系的角度来说，正如农业文明时代的主要生产关系是劳动与土地的关系一样，劳动与资本的关系是工业文明时代的主要生产关系，是现代社会制度所要规范的主要生产关系。劳动与资本关系的演变，在一段历史时期内，一方面顺应和推动了生产力的不断发展进步，体现了资本的逐利性、创造性；另一方面又蕴含着并逐步暴露出新的矛盾和冲突，体现了资本的剥削性、破坏性。这种矛盾和冲突既发生在一个国家内部，表现为资本主义社会的阶级关系和阶级矛盾；也发生在若干个国家之间，表现为资本主义时代的资本帝国主义、殖民主义和霸凌主义等不平等的国际关系和国际矛盾。作为对资本主义制度的反抗和必然替代物，主张劳动光荣和人民当家作主的科学社会主义及其制度应运而生。自俄国十月革命以来，社会主义制度已经存在了一百多年，虽然历经坎坷、挫折和反复，但以中国特色社会主义为代表的社会主义仍然继续保持着强劲的发展势头和旺盛的生命力。中国特色社会主义制度正在不断地发展和完善。而随着美国等西方国家综合国力的相对下降和内外政策的调整，资本主义制度越来越暴露出其固有的弊端，尤其是在面对各种社会矛盾、社会危机时的无力感。资本主义制度过去那种所谓“终结人类文明历史”“人类最后最好的社会制度”的神话，现在实际上已经破灭。如果说一百年前社会主义制度在俄国的初步诞生曾经极大地影响到中国、东欧等广大地区，那么现在中国特色社会主义制度不断发展的优越性必将对世界产生更广泛而深刻的影响。这也确实是第一次世界大战和俄国十月革命以来百年未有之大变局。

最后，全球国际关系的变化和全球治理体系的变革同样是百年未有。从民族关系、国际关系的角度来说，人类已经由原来各个部落、种族、民族和国家的相互隔绝、各自为政、各自发展变迁，由于贸易、战争、文化交流等因素的作用，逐步发育、形成和发展出了一个统一的、完整的、复杂的人类社会，并先后建立了以英国、美国等国家为主导的国际关系体系。从某种程度上说，英国通过战争和贸易建立的殖民主义体系，是第一个真正全球意义上的国际关系体系，标志着一个统一的完整的“人类社会”开始形成。第二次世界大战及战后逐步建立的联合国及其安全理事会、国际货币基金组织、世界银行、关税贸易总协定（即现在的世界贸易组织）等国际组织，是全球第二个也是以美国为主导的国际关系体系，标志着“人类社会”正式形成。美国为主导的国际关系体系不断发展，随着20世纪90年代初德国统一、海湾战争和苏联东欧发生剧变而登峰造极。但是，进入21世纪以后，随着2001年美国“9·11”事件、2008年金融危机和二十国集团作用的突显、2010年中国成为世界第二大经济体、2016年人民币被正式纳入国际货币基金组织特别提款权（SDR）的货币篮子（与美元、欧元、英镑和日元等四大货币并列，成为世界第三大可储备货币）等，美国主导的国际关系体系开始出现了一种历史性变化。随着世界经济的全球化、社会的信息化、政治的多极化、文化的多样化在曲折动荡中深入发展，国际关系、民族关系等日益复杂，各国相互联系和相互依存日益加深，国际秩序变革正加速推进，全球整个治理体系确实越来越无法适应国际社会变化发展的要求。同时，世界发展面临的不确定性不稳定性日益突出，世界经济增长动能由于新一轮科技革命尚未出现决定性突破而仍然不足，贫富分化在劳动与资本的矛盾日益恶化的情况下愈益严重，一些地区热点问题此起彼伏，恐怖主义、气候变化、病毒传染等人类共同的威胁持续蔓延，全球治理体系和国际秩序变革的复杂性、艰巨性史无前例。世界各国之间，特别是一些主要大国之间，围绕着发展道路、社会制度、意识形态的竞争和博弈愈演愈烈，人类社会又一次进入了一个百年不遇的剧烈动荡时期，又一次处在了一个大十字路口。

面对世界百年未有之大变局带来的新的发展机遇和挑战，党的十八大以来，中国共产党科学分析和准确把握世界发展演变的大势和特点，提出了自己的思考和判断。2018年上半年，中国提出了关于世界正处于百年未有之大变局的新论断。[①]2018年6月，习近平总书记在中央外事工作会议上正式提出："当前，我国处于近代以来最好的发展时期，世界处于百年未有之大变局，两者同步交织、相互激荡。"[②]一个月以后，他在金砖国家工商论坛上指出："当今世界正面临百年未有之大变局。对广大新兴市场国家和发展中国家而言，这个世界既充满机遇，也存在挑战。"[③]2018年11月17日，习近平在亚太经合组织工商领导人峰会上发表演讲，分析了世界大发展大变革大调整的四个主要特征：保护主义、单边主义等为经济全球化和世界经济增长蒙上了阴影；经济增长的新旧动能转换因为新一轮科技革命和产业变革正蓄势待发而没有完成；发展失衡状况在国际格局深刻演变过程中没有发生根本改观；治理滞后在全球治理体系变革加快的同时仍然是突出的挑战。习近平总书记因此强调指出："当今世界的变局百年未有。"变局、变革既催生了新机遇，也往往充满着风险和挑战，所以，"人类又一次站在了十字路口"，面临着合作与对抗、开放与封闭、互利共赢与零和博弈的艰难选择。能否正确回答这一系列选择的问题，"关乎各国利益，关乎人类前途命运"[④]。2018年11月30日，习近平总书记在二十国集团领导人峰会第一阶段会议上发言指出："新一轮科技革命和产业变革引发深刻变化，贫富差距和社会矛盾压力不断增加。世界经济再一次面临历史性的选择。""世界经济数字化转型是大势所趋，新的工业革

---

① 《习近平将同印度总理莫迪举行非正式会晤》，《人民日报》2018年4月25日第1版。

② 《习近平在中央外事工作会议上强调 坚持以新时代中国特色社会主义外交思想为指导 努力开创中国特色大国外交新局面》，《人民日报》2018年6月24日第1版。

③ 习近平：《顺应时代潮流 实现共同发展——在金砖国家工商论坛上的讲话》，《人民日报》2018年7月26日第2版。

④ 习近平：《同舟共济创造美好未来——在亚太经合组织工商领导人峰会上的主旨演讲》，《人民日报》2018年11月18日第2版。

命将深刻重塑人类社会。”[①]习近平总书记2018年发表的这一系列重要讲话，分析了包括中国在内的人类社会正在发生的历史性变化，提出了人类社会必须共同应对的新课题，为中国在这场百年未有之大变局形成的机遇和挑战面前指明了正确的应对方向。说到底，对中国特色社会主义保持坚定的信心和信念，是我们赢得竞争、继续前进的制胜法宝。国际关系及其矛盾，说到底实质上就是各个国家之间道路、制度、文化的关系和矛盾。在世界发生百年未有之大变局情况下，大国博弈及其道路、制度和文化的竞争愈演愈烈，人类正处于围绕国家发展道路、制度变革、全球治理体系调整等问题相互博弈的关键时期。

纵观人类发展史，贸易（竞争合作）和战争（零和博弈）是沟通世界各国、构建人类社会的两条主要渠道、两个主要方式（贸易战也是一种战争、对抗和零和博弈），体现的是两种截然不同的发展思想、发展理念、发展方向和发展路径。当然，贸易和战争，贸易史和战争史，两者并不是截然分开的，有时是相互联系的。人类在经历了两次世界大战之后，痛定思痛，力图避免战争，以和平贸易以及文化交流等来推动世界的发展和文明的进步。但是战争的危险并没有远去，贸易战等零和博弈不时发生。中国所处的国际环境仍然面临着很大的不确定性。

随着中国的快速发展，随着中华人民共和国的迅速崛起、中华民族的伟大复兴、中国特色社会主义的不断前进、中国人民的逐步富裕和中国对世界影响力的日益扩大，中国与世界各国的关系越来越紧密，也越来越复杂。中国与美国的关系——作为世界上最大的发展中国家与最大的发达国家的关系，作为世界经济体中第二大国与第一大国的关系——它们之间的关系对世界也越来越具有重要性和影响力。中国崛起、中华民族实现伟大复兴的道路绝对不可能一帆风顺。能否实现世界各国的合作共赢，建立一个真正持久和平和共同发展的新世界，

① 习近平：《登高望远，牢牢把握世界经济正确方向——在二十国集团领导人峰会第一阶段会议上的发言》，《人民日报》2018年12月1日第2版。

对中国来说，这确实是一个需要大智慧大手笔应对和破解的新的时代课题。

2. 中国处于民族复兴的关键期

党的十八大以后，习近平总书记多次指出，中华民族伟大复兴已经进入了关键期。中国特色社会主义道路的艰辛探索、成功开辟和不断发展，中华民族的伟大复兴进入关键期，是习近平总书记关于中国道路重要论述的历史基础和又一时代背景。

中华民族是世界上最伟大的民族之一，早在五千多年前就创建了华夏文明，与古代两河流域文明、古埃及文明、古印度文明、古希腊文明等一道创造了人类历史上最早的一批古典文明。自那以后，其他古典文明未能延续下来，只有中华民族的文明生生不息、绵延不绝、从未中断，历经秦皇汉武、唐宗宋祖、成吉思汗、明祖清帝等励精图治，创造了汉唐盛世、康乾盛世等辉煌历史。中华民族在农耕、手工、科技、人文、艺术、语言文字、国家治理等各方面为人类社会的文化发展作出了不可磨灭的巨大贡献，形成了优良的中华文化传统和独特的中华文明发展道路。中华文明的历程和成就记载在《尚书》《春秋》《左传》《国语》《战国策》《史记》《汉书》《后汉书》《三国志》《资治通鉴》等浩瀚的历史典籍里，也为历次考古发现所证明。鸦片战争以后，实现民族复兴是中国一代代仁人志士和人民群众的梦想，这一梦想激励着一代代仁人志士和人民群众坚持不懈地奋力拼搏。

民族复兴的关键——近现代史表明——是一定要找到正确的道路的。中国共产党成立以后一百多年间，领导和推动中国开展了新民主主义革命、社会主义改造和社会主义改革；历经新民主主义革命道路、社会主义革命道路等，成功地开辟和发展了中国特色社会主义道路。在中国共产党领导下，民族复兴愈益呈现出灿烂光明的前景。正如习近平总书记所说的那样，中国历史和中国人民选择中国共产党“领导中华民族伟大复兴的事业是正确的”[①]。正是在中国共产党的正确领导下，复兴中华民族的伟大进程开启了，复兴中华民族的正确道路找到了，复兴中华民族征程中一个又一个关卡经过艰苦奋斗成功地闯过去了。七十多年前中华人民共和国成立，开启了中华民族伟大复兴新的伟大征程，开启了探索、开辟和发展中国特色社会主义道路的实践进程。新中国的发展史是一部为民族复兴而不断创新发展道路的历史，是在揭示和回答民族复兴重大时代课题的过程中不断创新道路的历史。“社会主义”是中华民族伟大复兴的理论和实践的主题，也是民族复兴的时代课题演进的核心要义。新中国成立以后至党的十八大之前，时代课题的形成和提出围绕着社会主义这一核心和主题经历了“要不要社会主义、怎样建立社会主义”向“什么是社会主义、怎样建设社会主义”转换，推动了新中国的发展实现了重大的道路创新，即探索、开辟和发展了中国特色社会主义道路，迎来了中华民族伟大复兴的光明前景。

中国特色社会主义道路是在选择工业化道路的过程中开始探索的。工业化是新中国发展生产力的主要目标。问题是如何实现工业化？走什么样的工业化道路？是英美资本主义工业化道路，还是苏联社会主义工业化道路？于是，“要不要社会主义、怎样建立社会主义”成为新中国第一个重大的时代课题。换句话说，新中国发展特别是实现工业化的方向和路径到底是什么？中国共产党的纲领就是要实现社会主义、共产主义，这本来一直是非常明确的，并不存在“要不要”的道路选择问题。真正的难题是，新中国如何通过建立社会主义制度来完成工业化。毛泽东虽然在《中国革命和中国共产党》《新民主主义论》等宏文中已较为系统地分析论证了中国革命分新民主主义革命、社会主义革命“两步走”，通过中国特色的民主主义迈向社会主义的科学理论，

① 习近平：《在庆祝中国共产党成立95周年大会上的讲话》，《人民日报》2016年7月2日第2版。

科学回答了“中国向何处去的问题”[①]；但应该怎样开展社会主义革命、建立社会主义制度，还是需要刚刚在全国范围内执政的中国共产党在实践中予以思考和正确破解的重大课题。以毛泽东同志为核心的中共中央在着力探索建立社会主义制度的科学路径上，“创造性地开辟了一条适合中国特点的社会主义改造的道路”[②]。这条道路就是对资本主义工商业通过从低级到高级形式的国家资本主义进行和平赎买，对资本主义工商业者实行团结、教育和改造；对个体农民和个体手工业者通过从初级到高级形式的合作社进行教育和引导，使他们成为合作社集体生产的劳动者，在中国终于建立了以国营经济和集体经济为主要内容的社会主义经济制度。这条道路的“中国特点”，最突出的是，中国共产党以非暴力革命而是和平转变、非动荡混乱而是平稳有序、既改造个体私营经济的实体也教育改造个体私营经济的人的方式（个体农民、个体手工业者和私营工商业者），顺利地实现了中国有史以来最为伟大、复杂和艰巨的社会变革。这条社会主义改造道路科学地破解了“要不要社会主义、怎样建立社会主义”第一个重大时代课题，使中国进入了通过社会主义实现工业化的历史时期，为开辟中国特色社会主义道路奠定了根本的制度基础和政治前提。

中国特色社会主义道路是在改革开放过程中成功开辟和发展的。“什么是社会主义、怎样建设社会主义”的课题，在确立了社会主义基本制度以后就客观地产生了。以毛泽东同志为核心的中共中央对这一课题进行了认真的思考和艰辛的探索，但还是没有找到正确的道路。党的十一届三中全会实现伟大的历史性转折以后，邓小平经过思考将这一课题鲜明地提了出来。他首次提出“什么叫社会主义”[③]问题是

---

① 《毛泽东年谱（1893—1949）修订本》中卷，中央文献出版社2013年版，第159页。

② 中共中央文献研究室编：《三中全会以来重要文献选编》下，人民出版社1982年版，第800页。

③ 《邓小平文选》第3卷，人民出版社1993年版，第227页。

1980年4月。一个月左右以后，他又进一步提出了“要充分研究如何搞社会主义建设的问题”[①]。80年代中叶，经过几年的对内搞活、对外开放的实践，他明确提出：“什么是社会主义，如何建设社会主义。我们的经验教训有许多条，最重要的一条，就是要搞清楚这个问题。”[②]这样，新时期的重大时代课题就完整地被提出来了。新时期重大时代课题是新中国第二个重大时代课题，它提出的背景和原因是中国共产党又一次处在了重大历史转折关头，处在了中国社会主义几乎无路可走，处在了“老路”和“邪路”都是死路的实践困境。因此，这一重大时代课题是有关“文革”结束后中国共产党带领中国人民向何处去、如何去的重大道路问题，也是实现中华民族复兴的重大道路课题。以邓小平同志为主要代表的中国共产党人成功地找到了破解这一重大时代课题的答案，就是改革开放。1985年4月，邓小平说：党的十一届三中全会开始，“我们探索了中国怎么搞社会主义。归根结底，就是要发展生产力，逐步发展中国的经济”[③]。要发展生产力、发展经济，只能尊重中国经济的发展规律，“搞两个开放，一个对外开放，一个对内开放”[④]。三年以后，他明确地指出：三中全会通过制定一系列政策使我们“走上了新的道路。这些政策概括起来，就是改革和开放”[⑤]。邓小平正是通过领导改革开放逐步地科学破解了新中国第二个重大时代课题。他非常重视总结和概括改革开放的实践经验。他称赞《中共中央关于经济体制改革的决定》是中国马克思主义的政治经济学。他要求十三大报告“要在理论上阐述什么是社会主义，讲清楚我们的改革是不是社会主义”[⑥]。东欧剧变、苏联解体以后，邓小平到深圳等地视

① 《邓小平文选》第2卷，人民出版社1994年版，第312页。
② 《邓小平文选》第3卷，人民出版社1993年版，第116页。
③ 《邓小平文选》第3卷，人民出版社1993年版，第117页。
④ 《邓小平文选》第3卷，人民出版社1993年版，第117页。
⑤ 《邓小平文选》第3卷，人民出版社1993年版，第266页。
⑥ 《邓小平文选》第3卷，人民出版社1993年版，第203页。

察，阐明了社会主义本质，[1]全面地回答了新时期重大时代课题；他特别强调了党的十一届三中全会开辟中国特色社会主义道路的重要性，如果我们不能坚持社会主义、改革开放、发展经济和改善人民生活，那就“只能是死路一条”[2]。可以说，改革开放是成功破解新时期重大时代课题的唯一途径。在不断推进改革开放的进程中，党建立和发展了社会主义市场经济体制及其他方面体制，极大地解放和发展了中国社会的生产力，极大地增强了社会主义中国的综合国力，极大地提升了全体人民的生活水平，从而开辟了中国特色社会主义道路。

中国特色社会主义道路的开辟和展开，使中国实现了从贫穷落后国家到中等收入大国的跨越，使中华民族实现了从站起来到富起来的跨越，使中华民族伟大复兴进入了一个极为重要的关键期。所谓民族复兴关键期，就是经过新中国成立以来的道路创新，特别是经过改革开放新的革命和中国特色社会主义道路的开辟和发展，我们处在了一个既接近又有信心和能力实现民族复兴目标的最后阶段的历史时期。习近平担任总书记以后2012年11月参观国家博物馆《复兴之路》基本陈列时明确指出：现在，我们比历史上任何时期都更接近中华民族伟大复兴的目标，比历史上任何时期都更有信心、有能力实现这个目标。这一重要论断实际上已经表明，我们现在进入了实现中华民族伟大复兴的最后关键期。历史经验表明，行百里者半九十，虽然只剩十里，但需要付出与前九十里同样的气力甚至更多气力，需要更加警觉、更加吃劲用劲。可以肯定地说，中华民族伟大复兴进入关键期，必然会面临一系列新的课题和挑战，必然会面临许多难以想象、难以预料的具有新的历史特点的伟大斗争，因而亟须新的理论来正确指引处于民族复兴关键期的中国的前进的方向和路径，以最终实现中华民族伟大复兴的中国梦。

---

① 《邓小平文选》第3卷，人民出版社1993年版，第373页。

② 《邓小平文选》第3卷，人民出版社1993年版，第370—371页。

二、理论渊源

马克思主义是一个随着时代的发展而不断丰富的理论宝库。习近平总书记关于中国道路的重要论述有着厚重的马克思主义理论基石。它建立在马克思恩格斯关于人类社会发展规律和寻求自身解放道路的基本原理，列宁关于探索俄国社会主义道路的经验，毛泽东关于探索中国式社会主义建设道路正确的理论原则和经验总结，邓小平成功开辟中国特色社会主义道路的科学理论和江泽民、胡锦涛丰富和发展中国特色社会主义道路的理论的基础上，有深厚的理论渊源和科学的理论逻辑。

1.人类解放道路原理的科学揭示

马克思主义是人类探索历史演变规律和寻求自身解放道路的科学理论。马克思和恩格斯出生和活动的年代是19世纪。这一世纪是资本主义在西欧、北美等地区开始迅速发展的时代，是第一次科技革命和工业革命已经完成，第二次科技革命和工业革命已经开始，欧美一些国家的工业生产力快速增长的时代，也是资本主义社会的国内矛盾和国际矛盾不断蓄积、时有爆发、反复引起国内工人阶级等劳动群众不断罢工和国际上被侵略民族国家不断反抗的时代。马克思和恩格斯在这样一个时代，认真考察了欧洲等地资本主义生产关系、上层建筑和社会结构的复杂变化，科学地分析和揭示了人类社会变化规律，特别是欧洲资本主义社会演变规律，思考、探索工人阶级乃至整个人类的解放之道。恩格斯指出，马克思一生的真正使命是“参加推翻资本主义社会及其所建立的国家设施的事业，参加现代无产阶级的解放事业”①。习近平总书记强调，马克思恩格斯的理论“犹如壮丽的日出，

① 《马克思恩格斯文集》第3卷，人民出版社2009年版，第602页。

照亮了人类探索历史规律和寻求自身解放的道路”[①]。

寻求人类自身的解放道路必须以科学认识社会发展规律为前提。马克思和恩格斯艰辛探索并深刻阐释了关于人类社会发展的基本原理，揭示了人类社会演变的基本规律。恩格斯1883年在《在马克思墓前的讲话》中认为，“马克思发现了人类历史的发展规律”[②]。关于这一规律，1859年1月，马克思精辟地指出：“社会的物质生产力发展到一定阶段，便同它们一直在其中运动的现存生产关系或财产关系（这只是生产关系的法律用语）发生矛盾。于是这些关系便由生产力的发展形式变成生产力的桎梏。那时社会革命的时代就到来了。随着经济基础的变更，全部庞大的上层建筑也或慢或快地发生变革。”[③]在马克思看来，人类社会之所以能够不断变革和进步，其基本动力是生产关系同生产力、上层建筑同经济基础的不断矛盾运动。其中，生产力对人类社会的发展和变革起着其他因素无法比拟的决定性作用。新的社会生产力的产生，必然会使原有的旧的所有制关系与之不相适应，必然会导致社会制度的变化和所有制关系的变革。[④]在生产力的诸要素中，科学技术“是一种在历史上起推动作用的、革命的力量”[⑤]。生产力的发展尤其是科学技术的革命性进步，要求生产关系、上层建筑必须或快或慢地先后进行改变，否则，生产关系乃至上层建筑就会影响甚至阻碍生产力的进步，影响甚至破坏社会的发展进步。

人类社会的发展主要表现为一个社会形态不断地由低级阶段向高级阶段演变，也表现为由低级的社会形态不断地向高级的社会形态演变，表现为“亚洲的、古代的、封建的和现代资产阶级的生产方式”[⑥]

① 习近平：《在纪念马克思诞辰200周年大会上的讲话》，《人民日报》2018年5月5日第2版。

② 《马克思恩格斯文集》第3卷，人民出版社2009年版，第601页。

③ 《马克思恩格斯文集》第2卷，人民出版社2009年版，第591—592页。

④ 《马克思恩格斯文集》第1卷，人民出版社2009年版，第684页。

⑤ 《马克思恩格斯文集》第3卷，人民出版社2009年版，第602页。

⑥ 《列宁全集》第1卷，人民出版社1955年版，第119页。

的若干社会形态的演进。[①]社会形态的更替和进步虽然不否认人们主观努力的因素，但起决定性作用的还是社会发展的客观规律。在这个问题上，马克思提出了一个重要论断："无论哪一个社会形态，在它所能容纳的全部生产力发挥出来以前，是决不会灭亡的；而新的更高的生产关系，在它的物质存在条件在旧社会的胎胞里成熟以前，是决不会出现的。"[②]"两个决不会"论断划定了人们主观上能够努力的界限和范围。人类之所以只能提出可以解决的任务，是因为任务"只有在解决它的物质条件已经存在或者至少是在生成过程中的时候，才会产生"[③]。因此，社会形态的发展和更替主要是一个客观的自然历史过程，有其演变规律，不是人们的主观愿望所能完全决定的。

马克思和恩格斯重点关注和研究他们所处的西欧社会，"发现了现代资本主义生产方式和它所产生的资产阶级社会的特殊的运动规律"[④]。马克思考察了英国等西欧资本主义生产方式的生成史，分析了资本与劳动的关系，发现了其中剩余价值生产的秘密，在充分肯定资本主义生产方式对人类社会发展的巨大贡献的同时，也判定了资本主义社会必然被共产主义社会取代的历史命运。他在1868年1月致信恩格斯指出，体现在商品中的劳动"必然具有二重性"[⑤]。这是批判地理解问题的全部秘密。1868年，在《资本论》第一卷书评中，恩格斯深刻地指出："资本和劳动的关系，是我们全部现代社会体系所围绕旋转的轴心。"[⑥]马克思第一次透彻和精辟地阐明了这种关系。马克思恩格斯两位思想巨人用力透纸背的文字指出了资本主义生产方式及其社会的固有弊端和必然结局。[⑦]资本主义的生产关系，资本压迫和剥削劳动

① 《马克思恩格斯文集》第2卷，人民出版社2009年版，第591—592页。
② 《马克思恩格斯文集》第2卷，人民出版社2009年版，第592页。
③ 《马克思恩格斯文集》第2卷，人民出版社2009年版，第592页。
④ 《马克思恩格斯文集》第3卷，人民出版社2009年版，第601页。
⑤ 《马克思恩格斯文集》第10卷，人民出版社2009年版，第276页。
⑥ 《马克思恩格斯文集》第3卷，人民出版社2009年版，第79页。
⑦ 《马克思恩格斯文集》第2卷，人民出版社2009年版，第591—592页。

的生产关系，必将随着资本主义社会的消亡而消亡，工人阶级也必将获得解放。工人阶级的解放是人类寻求自身解放道路的阶段性任务和重大成果。

马克思和恩格斯对早期资本主义制度的产生和本质等的剖析极为深刻，不过，对西欧资本主义社会何时消亡的问题，他们在“两个决不会”规律的理解上还是出现了偏差，过早地判定了资本主义制度的死刑，过高地期待了欧洲1848年、1871年工人运动的历史作用。1895年3月，垂暮之年的恩格斯在为马克思《1848年至1850年的法兰西阶级斗争》一书写的导言中，反复地用“历史表明”“历史清楚地表明”“历史用经济革命证明”等语言，承认他们在1848年、1871年时对欧洲资本主义演变形势的认识和判断脱离了实际情况：“历史表明，我们以及所有和我们有同样想法的人，都是不对的。历史清楚地表明，当时欧洲大陆经济发展的状况还远没有成熟到可以铲除资本主义生产的程度。”①而“1871年的送上来的胜利，也和1848年的突然袭击一样，都没有什么成果”②。可以说，欧洲资本主义不仅远远没有到应当灭亡的时候，而且资本主义工业化在欧洲还具有很大的发展空间。工业革命自1848年开始在整个欧洲大陆，如法国、波兰、奥地利、匈牙利和俄国等国家如洪流一般滚滚向前，这之中，原来经济较为落后的德国迅速崛起为“一个头等工业国”③，“这一切都是以资本主义为基础的，可见这个基础在1848年还具有很大的扩展能力”④。这以后的近两百年世界历史的发展演变充分说明，19世纪欧洲资本主义制度还有着很强的生命力，资本主义社会形态能够容纳的生产力还远远没有完全地释放出来。马克思恩格斯的这个认识失误和偏差，对国际共产主义运动有着很大的理论价值和历史意义。不过非常可惜的是，在以后的国

① 《马克思恩格斯文集》第4卷，人民出版社2009年版，第540页。
② 《马克思恩格斯文集》第4卷，人民出版社2009年版，第542页。
③ 《马克思恩格斯文集》第4卷，人民出版社2009年版，第540页。
④ 《马克思恩格斯选集》第4卷，人民出版社1995年版，第512页。

际共产主义运动的实践中，马克思恩格斯的失误和偏差，不仅没有引起后来革命者的重视，从中引出深刻的教训；反而几乎被后人忽视甚至遗忘。于是，不少国家的民主革命和社会主义革命产生了"左"的错误，遭到严重的损失。

对资本主义社会之后的社会形态问题，马克思恩格斯有过一些思考。马克思在《哥达纲领批判》中关于"共产主义社会"提出了"第一阶段""高级阶段"两个概念。从资本主义社会到共产主义社会，是"一个从前者变为后者的革命转变时期"①。与这一转变期相适应的是"一个政治上的过渡时期，这个时期的国家只能是无产阶级的革命专政"②。马克思的这一论断为以后的关于社会主义革命和建设的理论与实践提供了认识基础和思想渊源。不过，如果不能结合本国的实际，也容易为后来一些共产党人为了迅速完成向共产主义社会的快速转变的"过渡时期"，过于主观地动用无产阶级专政——这个被认为是完成社会"革命转变"和政治"过渡时期"的唯一途径——造成认识误区。恩格斯进一步发展了马克思关于"革命转变""过渡时期"的思想，提出和阐述了"社会主义"的问题。1880年他撰写了《社会主义从空想到科学的发展》，阐述了"现代社会主义"是对资本主义社会中普遍存在的两个方面矛盾问题——资本家与雇佣工人之间的阶级对立、生产中普遍存在的无政府状态——进行考察的结果。1890年8月恩格斯在致奥·伯尼克的信中还提出，应该将社会主义制度"看成是经常变化和改革"③的社会制度。后来的社会主义国家的改革一般将这一论断作为权威依据。

马克思恩格斯关于人类寻求自身解放道路的基本原理是明确而深刻的。我们不仅要继续认真理解他们的根本立场和基本观点，更重要的是，要准确理解和运用他们提出的方法。恩格斯1895年3月在致韦

① 《马克思恩格斯文集》第3卷，人民出版社2009年版，第445页。

② 《马克思恩格斯文集》第3卷，人民出版社2009年版，第445页。

③ 《马克思恩格斯文集》第10卷，人民出版社2009年版，第588页。

尔纳·桑巴特的信中强调指出："马克思的整个世界观不是教义，而是方法。它提供的不是现成的教条，而是进一步研究的出发点和供这种研究使用的方法。"[①]1877年马克思就明确地指出："他一定要把我关于西欧资本主义起源的历史概述彻底变成一般发展道路的历史哲学理论，一切民族，不管它们所处的历史环境如何，都注定要走这条道路"，会"给我过多的侮辱"[②]。理论源于实践又高于实践。科学理论归根结底是一种科学方法，是用来指导科学认识实际情况和指导实践活动的，而不是拿来动辄裁剪复杂的实际、简单评判丰富的实践的。只有科学地运用唯物辩证法，我们才有可能准确认识中国的历史传承、文化传统、历史方位和现实境遇，才有可能理解中国道路的探索、开辟和发展，才有可能理解以习近平同志为核心的党中央对中国特色社会主义道路的坚持和拓展。马克思恩格斯关于人类解放道路的原理指导了科学社会主义运动，指引了俄国、中国等国家的人民解放事业和社会主义建设事业。

2.俄中探索社会主义道路的思想

俄国和中国是欧亚大陆上地域辽阔、南北相邻的两个大国，是政治、文化等方面有着较大影响力的国家，也是工业化相对于西欧北美来说较为落后的国家。但正是在这样的国家爆发了反对剥削、扩张的资本主义制度的社会主义革命，开始了世界上早期的社会主义建设的伟大实践。列宁和毛泽东虽然从年龄来说不是同一代人，但他们都是领导这两个大国社会主义建设事业的第一代共产党的主要领导人。他们都对适合本国国情的社会主义道路进行了艰辛的探索，都形成了关于各自国家社会主义道路探索的宝贵思想。列宁和毛泽东探索他们各自国家的社会主义道路的思想是马克思恩格斯关于人类解放道路基本原理在俄国和中国的具体化。

---

①《马克思恩格斯文集》第10卷，人民出版社2009年版，第691页。

②《马克思恩格斯文集》第3卷，人民出版社2009年版，第466页。

(1) 列宁探索俄国社会主义道路的经验教训

俄国是介于欧洲与亚洲之间的一个大国。相对于英国等西欧国家来说，19世纪的俄国还是一个经济基础比较落后的国家。马克思和恩格斯曾经对俄国的社会发展以及能否跨越资本主义的“卡夫丁峡谷”问题进行分析。1881年3月，马克思在《给维·伊·查苏利奇的复信》中曾说：“农村公社是俄国社会新生的支点”；但它要能够发挥这种作用，需要排除各方面对它的破坏性影响，并保证它“具备自然发展的正常条件”[①]。如果说马克思认为不能排除俄国通过农村公社跨越“卡夫丁峡谷”的可能性，那么恩格斯晚年则越来越否定这种可能性。在恩格斯看来，土地公有是原始时代盛行于所有印欧民族中的占有形式，是“所有民族在一定的发展阶段上的共同现象”[②]。他明确指出：历史上绝对不可能出现“较低的经济发展阶段解决只有高得多的发展阶段才产生了的和才能产生的问题和冲突”[③]。这也就是说，处在经济发展较低阶段的俄国是不可能具备提出和解决所谓跨越“卡夫丁峡谷”问题和任务的历史条件的。恩格斯甚至还指出了俄国发展的另一种可能性：俄国不仅无法跨越资本主义“卡夫丁峡谷”，而且反而可能遭受更多“资本主义苦难”。他指出：俄国在欧洲是被资本主义征服的最后一个国家，加上这个国家农民人口又最多，这就使得在俄国产生的经济变革引发的社会动荡必然比其他国家更为强烈。资产阶级代替“大约50万地主和大约8000万农民的过程，只能通过可怕的痛苦和动荡来实现”[④]。历史表明，作为欧洲最大的一个国家，俄国现代资本主义演变史比欧洲其他任何一个国家都要漫长而痛苦得多。恩格斯的预见似乎成真了。

出乎马克思恩格斯意料之外的是，这个工业较为落后的欧洲大国

---

① 《马克思恩格斯文集》第3卷，人民出版社2009年版，第590页。

② 《马克思恩格斯文集》第4卷，人民出版社2009年版，第451页。

③ 《马克思恩格斯文集》第4卷，人民出版社2009年版，第458页。

④ 《马克思恩格斯文集》第10卷，人民出版社2009年版，第650页。

俄国在整个世界建立了第一个无产阶级专政的国家。俄国如何走向和建设社会主义？领导俄国十月革命的布尔什维克的领袖列宁进行了艰辛的探索。他强调了方向、领导和实践对探索俄国社会主义道路的重要性。他指出：在走向社会主义道路的问题上，马克思恩格斯不可能知道所有办法和路径，但是他们让我们知悉了方向和力量，“至于在实践中具体如何走，那只能在千百万人开始行动以后由千百万人的经验来表明”[①]。十月革命为探索和开辟新道路打破了坚冰，开通了航路，指明了方向。[②]苏维埃政权建立初期对社会主义道路问题进行了艰难的探索。从这一艰难探索历程来看，列宁一开始受建立了无产阶级专政等各种条件和因素的影响，他还是想能够避免资本主义制度带来的苦难，跨越资本主义“卡夫丁峡谷”，直接过渡到共产主义社会。实践的结果是，直接过渡失败了。

列宁跨越资本主义“卡夫丁峡谷”的失败直接促使了他开始探索俄国社会主义道路。1921年3月，俄共（布）第十次代表大会决定停止实行所谓“战时共产主义”政策，停止直接向共产主义过渡，改行所谓“新经济政策”[③]。实施“新经济政策”，直接原因是在农村实行余粮征集制而导致1921年春天严重的经济危机和政治危机，根本原因则是俄国的基本国情是“无产阶级不但是少数，而且是极少数，占大多数的是农民”[④]。基本国情的制约和直接过渡的实践教训使列宁重新思考俄国应该如何走社会主义道路的问题。他指出：我们要学习研究

① 《列宁专题文集·论社会主义》，人民出版社2009年版，第399页。

② 《列宁专题文集·论社会主义》，人民出版社2009年版，第246页。

③ 中共中央马恩列斯著作编译局郑异凡指出：“新经济政策”概念正式开始使用是在1921年5月下旬召开的俄共第十次代表会议，不是1921年3月召开的俄共（布）第十次代表大会。见郑异凡：《在市场经济和计划经济的十字路口——新经济政策研究（1921—1929）》，见沈志华主编：《一个大国的崛起与崩溃——苏联历史专题研究（1917—1991）》上册，社会科学文献出版社2009年版，第141页。

④ 《列宁专题文集·论社会主义》，人民出版社2009年版，第196页。

"怎样在一个小农国家里进一步建设社会主义大厦"[①]。他明确指出：我们知道，能改造农业的大机器工业是社会主义的物质基础这个一般的原理，但这是不够的，一定要将这一一般原理具体化。现在能够适应最新技术水平并改造农业的大机器工业就是全国电气化。[②]实行新经济政策的目的就是要在俄国建立起社会主义的物质基础。列宁1922年11月在回答《曼彻斯特卫报》记者的提问时，深刻地指出，实行新经济政策的实质有两点：一是无产阶级专政的国家给小生产者有贸易自由，二是无产阶级专政的国家对于大资本的生产资料使用"国家资本主义"的原则。[③]可以说，列宁初步揭示了社会主义的经济建设能够引用市场机制的道理，开始涉及关于社会主义经济与市场的关系等问题。布哈林深得列宁新经济政策思想的精髓，一针见血地指出："我们恰恰要通过市场关系走向社会主义。"[④]他认为新经济政策的意义，或者换句话说，这一新的政策在某种程度上，其"决定性因素是存在市场关系"[⑤]。这才是新经济政策的实质。列宁认为，正是在可以引入和使用市场机制的意义上说，实行所谓新经济政策是终于找到了在俄国"建设社会主义经济、建立社会主义经济基础的真正途径"的"唯一办法"[⑥]，取得了探索在俄国建设社会主义道路的宝贵经验；也正是因为在可以引入和使用市场机制这一点上，实行新经济政策在世界"社会主义理论史上具有开创性的意义"[⑦]。新经济政策使俄国的经济得到了

① 《列宁专题文集·论社会主义》，人民出版社2009年版，第246页。

② 《列宁专题文集·论社会主义》，人民出版社2009年版，第238—239页。

③ 《列宁专题文集·论社会主义》，人民出版社2009年版，第393页。

④ 中共中央马克思恩格斯列宁斯大林著作编译局国际共运史研究室编：《布哈林文选》上册，人民出版社1981年版，第441页。

⑤ 中共中央马克思恩格斯列宁斯大林著作编译局国际共运史研究室编：《布哈林文选》下册，人民出版社1983年版，第392页。

⑥ 《列宁专题文集·论社会主义》，人民出版社2009年版，第314页。

⑦ 郑异凡：《在市场经济和计划经济的十字路口——新经济政策研究（1921—1929）》，见沈志华主编：《一个大国的崛起与崩溃——苏联历史专题研究（1917—1991）》上册，社会科学文献出版社2009年版，第145页。

一定程度的恢复和发展，历史的实践证明，它是俄国经济发展的一项正确的政策，俄国可能因此而探索出一条成功的向社会主义过渡和建设社会主义的道路。列宁逝世以后，新经济政策逐步被停止。处在战争与革命时代的苏联一直在艰难地探索建设社会主义的正确道路。

苏维埃政权建立初期，从“战时共产主义政策”到“新经济政策”，列宁对俄国社会主义道路进行了理论思考和实践探索，留下了宝贵的经验和教训。如今列宁创立的国家已不复存在，但列宁总结的探索社会主义道路的经验教训，尤其是关于要从基本国情出发建设社会主义，关于可以引进市场机制建设社会主义经济和要适应科技革命、产业革命的发展趋势建设社会主义的物质基础等宝贵经验，对中国社会主义建设道路的实践仍然弥足珍贵。

（2）毛泽东初步探索中国道路的理论原则

在资本主义生产方式强行轰开清朝国门的时候，马克思恩格斯对中国也给予过关注。他们既肯定了资本主义对封建专制中国的进步作用，也指出了中国一旦发展起来以后对世界资本主义的巨大影响。1853年，马克思在《中国革命和欧洲革命》中评述鸦片战争对中国的影响时指出：“历史好像是首先要麻醉这个国家的人民，然后才能把他们从世代相传的愚昧状态中唤醒似的。”①四十年以后的1894年11月，恩格斯在致美国的马克思主义活动家弗·阿·左尔格的信中评述了中日甲午战争，指出：战争打破了中国的闭关自守，逼迫中国为了军事防御而铺设铁路、使用蒸汽机和电力。这样就会逐步地瓦解中国的小农经济制度和整个陈旧的社会制度。②不过，恩格斯也充满预见地肯定了中国发展起来以后对美洲和欧洲资本主义的巨大冲击的意义，指出：“中国人的竞争一旦规模大起来，就会给你们那里和我们这里迅速地造成极端尖锐的形势，这样一来，资本主义征服中国的同时也将促进欧

① 《马克思恩格斯文集》第2卷，人民出版社2009年版，第608页。

② 《马克思恩格斯文集》第10卷，人民出版社2009年版，第674—675页。

洲和美洲资本主义的崩溃。”[①]这种预见在一定程度上正在被事实所证明。

以毛泽东同志为主要代表的中国共产党人为寻找中国式的社会主义建设道路，将马克思主义的基本原理与我们国家建设社会主义的具体实际相结合，开山铺路，奋力拼搏，历尽千辛万苦，取得了宝贵的经验教训、形成了正确的理论原则。

第一，在指导思想上，毛泽东强调要以苏联为鉴戒，继续反对教条主义，继续推进马克思主义的中国化，以建设中国自己的社会主义。毛泽东在党的八大开幕词中充分地肯定了中国革命的胜利是马列主义在中国的胜利，指出：党的思想原则的核心是“把马克思列宁主义的理论和中国革命的实践密切地联系起来”[②]。他强调：我们要学习马克思列宁主义讲得对的那些方面，学习属于普遍真理的东西，不能每句话都要照搬。他提出，要以苏联最近暴露的在建设社会主义过程中的缺点和错误为鉴，不要走他们走过的弯路。在1956年4月25日中央政治局扩大会议上，毛泽东提出，现在仍然有教条主义的问题，“学术界也好，经济界也好，都还有教条主义”[③]。两年后，在成都会议上，他再次指出了教条主义问题，并且将这一问题的范围扩大到经济领域之外，认为全国解放后尤其是50年代前中期，我们的经济工作、文教工作产生了教条主义，军事工作基本原则坚持了，虽然搬了一部分教条，但还不能说是教条主义。[④]在毛泽东看来，新中国成立初期至第一个五年计划时期，我们的经济工作，特别是重工业、计划和统计方面的工作，还有银行工作，教条主义比较突出；教育工作、卫生工作都照搬得厉害，总是苏联第一。他作《论十大关系》讲话，就是要把马克思主义的一般原理同我国具体的建设实际相结合，“提出我们自己的建设

① 《马克思恩格斯文集》第10卷，人民出版社2009年版，第674—675页。

② 《毛泽东文集》第7卷，人民出版社1999年版，第116页。

③ 《毛泽东文集》第7卷，人民出版社1999年版，第42页。

④ 《毛泽东文集》第7卷，人民出版社1999年版，第368页。

路线……有我们自己的一套内容”[①]。

第二，在建设目标上，毛泽东明确地提出中国要从农业国转变为工业国，实现四个现代化，建设一个强大的社会主义国家，一定要赶上和超过美国。他反复强调，我们一定要建设一个“强大的社会主义国家”[②]，“伟大的社会主义工业化的国家”[③]，“要把一个落后的农业的中国改变成为一个先进的工业化的中国”[④]。他在读苏联《政治经济学教科书》所进行的谈话中提出：“建设社会主义，原来要求是工业现代化，农业现代化，科学文化现代化，现在要加上国防现代化。”[⑤] 1964年12月13日，毛泽东在审阅周恩来准备在三届全国人大一次会议上作的政府工作报告草稿时加写了一段话，强调中国在技术发展上不能跟在别人后面一步步爬行，不要走其他国家的老路，一定要打破常规，尽可能地学习和吸收世界上的尖端技术，“在一个不太长的历史时期内，把我国建设成为一个社会主义的现代化的强国”[⑥]。在强调社会主义建设目标的同时，毛泽东特别提出了要赶上和超过美国的历史任务。在党的八大预备会上，他充满自信地提出：中国一旦建设起来就一定会成为“一个伟大的社会主义国家”[⑦]，就会完全改变鸦片战争以来那种落后的、被人看不起的、倒霉的情况，就一定会赶上美国这个世界上最强大的资本主义国家。他还从人口数量、资源和气候条件、国家建立的时间、社会制度等方面认真地分析了中国在钢的产量等方面赶上、超过美国的必要性和可能性。在分析比较的基础上，毛泽东强调指出：我们赶上和超过美国“是一种责任”。我们人多、地方大、资源丰富，又有了社会主义的优越性，搞了五六十年建设，结果还不

① 《毛泽东文集》第7卷，人民出版社1999年版，第369—370页。
② 《毛泽东文集》第7卷，人民出版社1999年版，第24页。
③ 《毛泽东文集》第7卷，人民出版社1999年版，第117页。
④ 《毛泽东文集》第7卷，人民出版社1999年版，第117页。
⑤ 《毛泽东文集》第8卷，人民出版社1999年版，第116页。
⑥ 《毛泽东文集》第8卷，人民出版社1999年版，第341页。
⑦ 《毛泽东文集》第7卷，人民出版社1999年版，第89页。

能超过美国，“那就要从地球上开除你的球籍！”[①]因此，我们超过美国既有可能也完全必要，更完全应该。中华民族一定要对人类作出自己的贡献。这一充满自信、豪情满怀的宏论，显示出毛泽东对社会主义前途的期盼和信心。现在距毛泽东的讲话已经过去六十多年，中国虽然还没有完全赶上和超过美国，但是赶上和超过美国的可能性和自信心实际上比那时都大大地增加了。毛泽东宣示的这一份责任和使命至今仍然具有强烈的现实意义。

第三，在建设路径上，毛泽东强调要正确认识和处理十大关系，把党的工作重点向社会主义经济建设上面转移，发展社会主义商品经济，控制农村所有制过快过渡地升级。1956年4月25日，毛泽东在政治局扩大会议上发表讲话，结合对三十四个中央部委的调查了解到的实际情况，他全面阐述了中国社会主义建设中的十个方面的关系问题，包括了中国社会主义建设的经济、政治等方面。其中，后五个方面主要是阐述了政治方面的关系问题，而前五个方面主要阐述了经济关系问题，是主要的关系问题。[②]他认为：在继续重视重工业、内地工业、国防建设的同时，应该根据我们的国情和条件，更多地注意发展农业、轻工业、沿海工业和经济建设，这样我们可以更好地发展和支持重工业、内地工业和国防建设。其中国家、生产单位和生产者个人的关系，中央和地方的关系，关涉中国社会主义经济建设中的两个重大体制问题。以往我们更多地重视和强调国家和中央的积极性，毛泽东根据了解到的实际情况和问题，结合苏联的经验教训，认为中国不能只顾一头，必须兼顾国家、集体和个人三个方面，[③]兼顾中央和地方两个方面。他指出：“国家和工厂，国家和工人，工厂和工人，国家和合作社，国家和农民，合作社和农民，都必须兼顾，不能只顾一头。无论只顾哪一头，都是不利于社会主义，不利于无产阶级专政的。这是一

① 《毛泽东文集》第7卷，人民出版社1999年版，第89页。

② 《毛泽东文集》第7卷，人民出版社1999年版，第370页。

③ 《毛泽东文集》第7卷，人民出版社1999年版，第28页。

个关系到六亿人民的大问题。”[①]关于中央和地方的关系问题，毛泽东同样指出：“我们的国家这样大，人口这样多，情况这样复杂，有中央和地方两个积极性，比只有一个积极性好得多。”[②]他阐述的道理，改革开放初期称之为“放权让利”。正是国家对企业、个人放权让利，中央对地方放权让利，才启动和推进了新时期初期的经济体制改革。所以，毛泽东关于第四、五两个关系问题的阐述，实际上是初步地提出了经济体制改革的思想，其理论价值和实践意义极为重要。同时，毛泽东主张社会主义建设必须有分析有批判地学习其他一切民族和国家的长处，他们的“一切真正好的东西都要学”[③]。总的一个思想，他明确指出：我们一定要努力调动一切可以调动的积极因素，“把我国建设成为一个强大的社会主义国家”[④]。1958年1月，毛泽东在《工作方法六十条(草案)》中提出，要将党的工作重点从社会主义革命向学习科学技术、发展生产力上转变。他强调指出：这八年来，“革命一个接着一个，大家的思想都集中在那些问题上”[⑤]，人们没时间学科学和技术。从今年开始，要“把党的工作的着重点放到技术革命上去”[⑥]。针对一段时间以来特别是1958年秋收以后，党和农民在粮棉油等农产品上的紧张关系，毛泽东1959年2月27日在郑州会议上讲话指出：问题的关键是，不能模糊“公社、生产大队、生产队三级所有制之间的区别”[⑦]。他强调必须检查和纠正平均主义和过分集中这两种倾向。它们“都包含有否认价值法则、否认等价交换的思想在内，这当然是不对的”[⑧]。毛泽东认为，社会主义建设不能不要商品生产和商品交换。他

① 《毛泽东文集》第7卷，人民出版社1999年版，第30—31页。
② 《毛泽东文集》第7卷，人民出版社1999年版，第31页。
③ 《毛泽东文集》第7卷，人民出版社1999年版，第41页。
④ 《毛泽东文集》第7卷，人民出版社1999年版，第44页。
⑤ 《毛泽东文集》第7卷，人民出版社1999年版，第350页。
⑥ 《毛泽东文集》第7卷，人民出版社1999年版，第351页。
⑦ 《毛泽东文集》第8卷，人民出版社1999年版，第10页。
⑧ 《毛泽东文集》第8卷，人民出版社1999年版，第11页。

在1958年11月的中央工作会议上讲话指出：农村的土地、种子、牲畜、大小农具是人民公社所有，必须经过商品生产、商品交换来引导农民进行生产，逐步地过渡到全民所有制。他认为，商品生产同资本主义无必然的联系，关键是要看它与什么社会基本制度相结合："同资本主义制度相联系就是资本主义的商品生产，同社会主义制度相联系就是社会主义的商品生产。"[①]所以，应该允许农民发展商品生产和商品交换。[②]有学者研究发现，在经济体制问题上，毛泽东"本质上是反计划经济体制的"，他关于经济建设的一些主张"在客观上阻碍了中国完整意义上的计划经济体制的建立"[③]。

第四，在建设方法上，毛泽东强调要注意和善于总结建设的经验，认识和把握中国社会主义建设的规律。建设社会主义是一个实践的过程，必须注意总结经验，才能逐步地认识其规律。对于中国共产党来说，这一点在"大跃进"运动遭受挫折以后显得更加必要。为了正确总结"大跃进"经验，毛泽东组织研读苏联政治经济学的教科书。他认为：社会主义阶段可能要分为两个小的发展阶段，第一段是"不发达的社会主义"，第二段是"比较发达的社会主义"。后一个阶段比前一个阶段可能需要更长的时间。经过"比较发达的社会主义"阶段，"到了物质产品、精神财富都极为丰富和人们的共产主义觉悟极大提高的时候，就可以进入共产主义社会了"[④]。他说计划要符合客观的规律，"不以规律为计划的依据，就不能使有计划按比例发展的规律的作用发挥出来"[⑤]。毛泽东在1961年1月的中央工作会议上讲话指出："现在看来，搞社会主义建设不要那么十分急。十分急了办不成事，越

① 《毛泽东文集》第7卷，人民出版社1999年版，第439页。

② 《毛泽东文集》第7卷，人民出版社1999年版，第440页。

③ 沈志华：《处在十字路口的选择：1956—1957年的中国》，广东人民出版社2013年版，第143页。

④ 《毛泽东文集》第8卷，人民出版社1999年版，第116页。

⑤ 《毛泽东文集》第8卷，人民出版社1999年版，第119页。

急就越办不成，不如缓一点，波浪式地向前发展。”[①]1961年全党搞一个实事求是年，开展大规模的调查研究，目的是“把马列主义的普遍真理同中国的实际相结合”[②]。同年6月12日，他在中央工作会议上指出：“社会主义谁也没有干过，没有先学会社会主义的具体政策而后搞社会主义的。我们搞了十一年社会主义，现在要总结经验。”[③]他说，大家对于怎样建设社会主义的认识大为深入了。一个客观原因就是1959年、1960年碰了钉子。毛泽东在1962年初七千人大会上回忆了民主革命时期党艰难而成功地认识中国革命的规律时说：“对于建设社会主义的规律的认识，必须有一个”实践的探索寻找过程，逐步地积累实践经验。实践经验经过从没有到有，从较少到较多，“从建设社会主义这个未被认识的必然王国，到逐步地克服盲目性、认识客观规律、从而获得自由，在认识上出现一个飞跃”[④]。

第五，在建设保障上，毛泽东指出要在中国共产党的领导下准备进行伟大斗争。1957年5月25日，他在中共中央领导人接见中国新民主主义青年团第三次全国代表大会全体代表时强调指出：“中国共产党是全中国人民的领导核心。没有这样一个核心，社会主义事业就不能胜利。”[⑤]20世纪60年代初，我国社会主义经济建设遇到了一些困难，虽然如此，毛泽东在1962年1月召开的扩大的中央工作会议上指出：从今往后的五十年到一百年内外，将是世界发生翻天覆地的时代，也将是社会制度发生巨大变化的时代，是以往任何时代都不可比拟的时代。“处在这样一个时代，我们必须准备进行同过去时代的斗争形式有着许多不同特点的伟大的斗争。”[⑥]要准备遭遇许多挫折和失败，只有不断地从挫折和失败中吸取经验教训，才能最后取得胜利。

---

① 《毛泽东文集》第8卷，人民出版社1999年版，第236页。
② 《毛泽东文集》第8卷，人民出版社1999年版，第237页。
③ 《毛泽东文集》第8卷，人民出版社1999年版，第276页。
④ 《毛泽东文集》第8卷，人民出版社1999年版，第300页。
⑤ 《毛泽东文集》第7卷，人民出版社1999年版，第303页。
⑥ 《毛泽东文集》第8卷，人民出版社1999年版，第302页。

毛泽东在探寻中国自己的社会主义建设道路过程中逐步形成的关于中国社会主义建设的指导思想、建设目标、建设路径、政治保障等正确的理论原则和经验总结，正如习近平总书记所说，“为我们探索建设中国特色社会主义的道路积累了经验和提供了条件”①，对成功开辟中国道路，对新时代坚持和拓展中国道路具有很大的理论价值和实践意义。毛泽东关于准备进行与革命年代斗争形式有着许多不同特点的伟大的斗争等思想，是习近平总书记关于中国道路重要论述的直接渊源之一。

3.中国道路开辟和发展的理论成果

在人类现代化历史上和世界社会主义运动中，中国特色社会主义道路确实是第一个真正取得成功的社会主义现代化道路。这一道路是在马克思恩格斯关于人类解放道路一般原理的指导下，在列宁、毛泽东先后探索俄国、中国的社会主义道路正确的理论原则的基础上，以邓小平同志为主要代表的中国共产党人带领全国人民成功开辟的，是以江泽民同志为主要代表的中国共产党人和以胡锦涛同志为主要代表的中国共产党人承前启后，带领中国人民不断地丰富和发展的，逐步形成了关于中国道路的理论成果，是习近平总书记关于中国道路重要论述的直接的智慧源泉。

（1）邓小平成功开创中国道路的理论

中国特色社会主义道路的成功开辟是20世纪70年代中后期中国共产党和中华人民共和国的迫切需要和必然要求。1976年秋季，随着毛泽东逝世、“四人帮”倒台，持续十年之久的、造成中国政治和社会严重内乱的“文化大革命”已停止。党和国家面临着“向何处去、如何去”的重大道路课题。邓小平1977年7月在党的十届三中全会上再次正式复出以后，到1978年9月在东北三省和天津等地发表“北方谈

① 习近平：《在纪念毛泽东同志诞辰120周年座谈会上的讲话》，《人民日报》2013年12月27日第2版。

话”，一年多时间里，他一直在冷静地观察、思考国内外的形势，“考虑今后的路怎么走”①。在1978年12月13日的中央工作会议上，他将这些思考的思想观点集中在《解放思想，实事求是，团结一致向前看》的重要讲话中表达出来。中共十一届三中全会以这篇讲话为指导，对中国发展道路问题作出了历史性的重大决策，结束了在发展思路和发展道路问题上两年徘徊的困难局面。

邓小平在1978年12月13日中央工作会议上的重要讲话是开辟中国特色社会主义这一新道路的宣言书。讲话含义丰富，其思想要义集中反映在这篇重要讲话的题目上。“解放思想，实事求是，团结一致向前看”，实际上已经深刻揭示并表达了开辟中国新道路的丰富内涵，深刻揭示并指明了开辟中国新道路必须实行的党的正确的思想路线、政治路线和组织路线。具体地说，主要有三点：第一，“解放思想、实事求是”阐明了党的思想路线的核心要义，是开辟中国新道路的思想前提。思想是行动的先导。针对所谓“两个凡是”，邓小平指出：要将“毛泽东思想旗帜”与“毛主席旗帜”区别开来。我们应该高举“毛泽东思想旗帜”，而不是简单地高举“毛主席旗帜”。毛泽东思想的精髓是实事求是。要坚持实事求是，就不能讲“两个凡是”。问题是，经过十年“文革”，很多共产党员和党员干部在思想上已经僵化，最难做到的恰恰就是实事求是。因此，在当时的历史条件下，邓小平认为，要做到实事求是，首先必须解放思想、转换脑筋。他强调：只有解放了思想，我们才能真正地坚持马克思列宁主义、毛泽东思想，才能正确解决历史上遗留的难题，科学解答实践中出现的新问题，“根据我国的实际情况，确定实现四个现代化的具体道路、方针、方法和措施”②。第二，“团结一致”明确了党的组织路线的根本要求，是开辟中国新道路的组织保证。政党的力量靠的是组织的集中统一。列宁早就强调：无产阶级政党之所以能够而且必然会锻造成谁也不可战胜的政治力量，“是因

① 《邓小平文选》第3卷，人民出版社1993年版，第157页。

② 《邓小平文选》第2卷，人民出版社1994年版，第141页。

为它根据马克思主义原则形成的思想一致是用组织的物质统一来巩固的”[1]。无产阶级政党以马克思主义为原则把千百万的劳动者、工人组织成一支大军。在这支思想一致、组织统一的大军面前，所有反动政权都是支持不住的。“团结一致”是民主集中制的体现，是中国共产党无往而不胜的组织保证。“团结一致”需要在实事求是的基础上将全党各方面的力量拧成一股绳，以开辟中国新道路。第三，“向前看”指明了党的政治路线的前进方向，是开辟中国新道路的行动指南。邓小平非常强调“向前看”的重要性。他认为，处理历史遗留问题不是停滞不前，更不是要纠缠于过去，其根本目的不是为了向后看，而是为了向前看。他指出：在中央工作会议期间，党中央根据与会一些同志提出的要求及时解决了一些历史遗留问题，这是解放思想和安定团结的迫切要求。“目的正是为了向前看，正是为了顺利实现全党工作重心的转变。”[2]“向前看”就是要明确中国发展的大方向，就是要努力实现四个现代化这一宏伟目标。实现现代化是最大的政治，这是“一场深刻的伟大的革命”[3]。要“向前看”，就必须将党和国家的工作重心向社会主义现代化建设转移，就必须研究和解决现代化建设中遇到的新的情况和问题，就必须寻找和开辟中国社会主义建设的新道路，“否则我们就不可能顺利前进”[4]。综上所述三点，邓小平讲话题目《解放思想，实事求是，团结一致向前看》明确宣示了中国共产党走中国社会主义建设新道路的主旨要义和坚定决心。

邓小平从理论与实践相结合上阐述了开辟中国特色社会主义道路的一系列重要问题。开辟新道路在十一届三中全会开始及以后的一段时期内，是以邓小平同志为核心的党的第二代中央领导集体一直在思考和破解的一个中心课题。可以说，万事开头难。1979年4月，面对

---

① 《列宁专题文集·论无产阶级政党》，人民出版社2009年版，第158页。

② 《邓小平文选》第2卷，人民出版社1994年版，第147页。

③ 《邓小平文选》第2卷，人民出版社1994年版，第152页。

④ 《邓小平文选》第2卷，人民出版社1994年版，第149页。

广东省领导开办经济特区的请求，邓小平完全赞成，要他们“杀出一条血路来”[①]。80年代初，邓小平在中共中央1980年1月召集的干部会议上作报告，明确说道：党中央努力在发展经济方面寻找一条新路。他希望这条经济发展新路是“一条合乎中国实际的，能够快一点、省一点的道路”[②]。这时，党中央概括的总路线，即“团结全国各族人民，调动一切积极因素，同心同德，鼓足干劲，力争上游，多快好省地建设现代化的社会主义强国”[③]，显然这还没有将十一届三中全会以后已经开始的富有开创性和有效性的做法和经验吸收进去。以后，经过大胆探索和试验，从十一届三中全会到十二大，中国共产党终于成功地“打开了一条一心一意搞建设的新路”[④]。邓小平在党的十二大开幕词中，第一次将三中全会开辟的这条“新路”概括为“建设有中国特色的社会主义”[⑤]。他在这篇开幕词里明确地指出：现代化建设必须从中国自己本国的实际情况出发，在学习和借鉴外国经验的同时，不要照搬照抄其他国家的经验和模式。[⑥]他在认真总结我国长期历史经验的基础上得出了一条重要结论，“把马克思主义的普遍真理同我国的具体实际结合起来，走自己的道路，建设有中国特色的社会主义”[⑦]。邓小平两年后在会见外国代表团时，明确地将已经开辟的新路首次用“建设有中国特色的社会主义的道路”[⑧]概念进行概括。他认为：中国在落后的条件下只能走“建设有中国特色的社会主义的道路”，才能发展生产力和改善人民生活。[⑨]“建设有中国特色的社会主义的道路”如

① 《邓小平年谱（1975—1997）》上册，中央文献出版社2004年版，第510页。
② 《邓小平文选》第2卷，人民出版社1994年版，第246页。
③ 《邓小平文选》第2卷，人民出版社1994年版，第248—249页。
④ 《邓小平文选》第3卷，人民出版社1993年版，第11页。
⑤ 《邓小平文选》第3卷，人民出版社1993年版，第3页。
⑥ 《邓小平文选》第3卷，人民出版社1993年版，第2—3页。
⑦ 《邓小平文选》第3卷，人民出版社1993年版，第3页。
⑧ 《邓小平文选》第3卷，人民出版社1993年版，第65页。
⑨ 《邓小平文选》第3卷，人民出版社1993年版，第64页。

何理解？邓小平认为，其要义是对内“继续改革，对外进一步开放”①。1985年8月，在六年多实践的基础上，邓小平明确指出：经济体制改革是中国发展生产力的必由之路。②他强调：“只有这条路才是通往富裕和繁荣之路。”③1987年5月，他又指出：“我是主张改革的，不改革就没有出路，旧的那一套经过几十年的实践证明是不成功的。”④党的十三大在报告题目中出现了“有中国特色的社会主义道路”重要概念。报告认为：“在中国这样落后的东方大国中建设社会主义，是马克思主义发展史上的新课题。”中国的情况既不符合马克思恩格斯的设想，也不同于苏联等其他国家的国情，不能照套马克思主义创始人的条文，更不能照搬他国的做法，“必须从国情出发，把马克思主义基本原理同中国实际结合起来，在实践中开辟有中国特色的社会主义道路”⑤。报告将“有中国特色的社会主义道路”这一理论和实践的新成果高度评价为马克思主义与我国实践相结合的“第二次飞跃”⑥。邓小平1992年春视察南方，面对苏联解体和国内政治风波以来的困难形势，他强调了坚持三中全会开辟的“有中国特色的社会主义道路”的必要性、紧迫性。他明确地指出：“要坚持党的十一届三中全会以来的路线、方针、政策，关键是坚持‘一个中心、两个基本点’。”如果不坚持这一路线，那肯定是“死路一条”⑦。“基本路线要管一百年，动摇不得。只有坚持这条路线，人民才会相信你，拥护你。”⑧他指出：

---

① 《邓小平文选》第3卷，人民出版社1993年版，第65页。

② 《邓小平文选》第3卷，人民出版社1993年版，第138页。

③ 《邓小平文选》第3卷，人民出版社1993年版，第150页。

④ 《邓小平文选》第3卷，人民出版社1993年版，第237页。

⑤ 中共中央文献研究室编：《十三大以来重要文献选编》上，人民出版社1991年版，第11页。

⑥ 中共中央文献研究室编：《十三大以来重要文献选编》上，人民出版社1991年版，第56页。

⑦ 《邓小平文选》第3卷，人民出版社1993年版，第370—371页。

⑧ 《邓小平文选》第3卷，人民出版社1993年版，第370—371页。

“我们要在建设有中国特色的社会主义道路上继续前进。”[①]完全可以说，邓小平时期（1978—1992年）是开创中国特色社会主义、开辟中国特色社会主义道路的伟大时代。从邓小平发表北方谈话和党的十一届三中全会召开，到他发表南方谈话和党的十四大召开，邓小平晚年最突出的历史性贡献，就是成功地开辟了中国特色社会主义道路，其准确表述是十三大报告中所提炼和概括的党在社会主义初级阶段的“建设有中国特色的社会主义”的基本路线。正是这条道路将中华人民共和国引入走向繁荣富强的光明大道，将中华民族引入实现伟大复兴的光明大道，将中国各族人民引上共享富裕幸福的光明大道。

邓小平开辟的中国道路的核心要义，概括起来说，主要有两点：第一，明确了中国特色社会主义建设的根本目的和战略目标。邓小平认为，中国社会主义建设的目的是要实现全体人民的共同富裕。早在1979年11月他会见美国和加拿大客人时就指出：“社会主义特征是搞集体富裕，它不产生剥削阶级。”[②]“集体富裕”因其含义不够清晰且容易引起歧义，后来改为“共同富裕”。他在1985年3月的一次重要讲话中指出：“社会主义的目的就是要全国人民共同富裕，不是两极分化。”[③]对于中国社会主义建设的战略目标问题，邓小平经过反复思考，将其时间设定在21世纪中叶中华人民共和国成立一百年，目标的内容确定为达到“中等发达国家的水平”或“中等水平的发达国家”[④]。他在1987年8月会见外宾时从经济发展的角度谈到了“三步走”的战略目标和战略步骤：“本世纪走两步，达到温饱和小康，下个世纪用三十年到五十年时间再走一步，达到中等发达国家的水平。”[⑤]应该说，新中国成立一百年的战略目标是邓小平首先明确提出来的，至今仍然是

---

① 《邓小平文选》第3卷，人民出版社1993年版，第383页。

② 《邓小平文选》第2卷，人民出版社1994年版，第236页。

③ 《邓小平文选》第3卷，人民出版社1993年版，第110—111页。

④ 《邓小平文选》第3卷，人民出版社1993年版，第383页。

⑤ 《邓小平文选》第3卷，人民出版社1993年版，第251页。

中国共产党的长远战略目标。在实现社会主义现代化、达到中等发达国家水平和全体人民共同富裕之前，邓小平创造性地提出了一个阶段性的重要目标——到20世纪末的目标，是实现小康。1979年12月，他接见日本客人时鉴于我国的实际情况，将中国要实现的四个现代化称之为“中国式的四个现代化”[①]。这个“中国式的四个现代化”的概念指的是“小康之家”[②]。“中国式的四个现代化”到20世纪末达到的人均国民生产总值目标实际上还是很低的。人均国民生产总值一千美元的目标需要我们付出很大努力。小康目标的确定，既符合基本国情的实际和人民群众的期盼，又具有一定的艰巨性和挑战性，既为开辟中国特色社会主义道路明确了一个阶段性的重要战略任务，也为以后中国共产党进一步丰富其内涵，如实现“总体小康”“全面小康社会”等阶段性目标，使“小康”成为中国现代化进程中独具特色的、富有战略性重大价值的一个阶段性建设目标奠定了基础。

第二，阐述了建设中国特色社会主义的基本路径及其重大意义。这一基本路径就是改革开放。1979年11月，邓小平明确指出：“说市场经济只存在于资本主义社会，只有资本主义的市场经济，这肯定是不正确的。社会主义为什么不可以搞市场经济……社会主义也可以搞市场经济。”[③]两个月后，他在初步概括一条合乎中国实际的、能又快又省一点的道路时，认为这条道路的主要内容就包括国营企业的经营自主权，计划和市场两个调节手段相结合，合理地利用外国资金和外国技术等。[④]1984年10月1日，邓小平指出：“当前的主要任务，是要对妨碍我们前进的现行经济体制，进行有系统的改革。”[⑤]同年10月6日，他强调指出：“党的十一届三中全会以来，我们确定了对内经济搞

① 《邓小平文选》第2卷，人民出版社1994年版，第237页。
② 《邓小平文选》第2卷，人民出版社1994年版，第237页。
③ 《邓小平文选》第2卷，人民出版社1994年版，第236页。
④ 《邓小平文选》第2卷，人民出版社1994年版，第246—247页。
⑤ 《邓小平文选》第3卷，人民出版社1993年版，第70页。

活、对外经济开放的政策，没有这样的政策不可能成功。”[①]这一政策“是个长期的政策，最少五十年到七十年不会变”[②]。1985年8月，他指出：经济体制改革是发展生产力的必由之路。1987年7月，党的十三大之前，他进一步指出：中国要搞现代化建设要兴旺发达起来，“第一，必须实行改革、开放政策；第二，必须坚持四项基本原则”[③]。上述两个基本点相互区别、相互依存。中共十三大报告根据邓小平的思想，阐述了改革开放与四项基本原则之间的关系，明确指出：改革开放作为十一届三中全会以来党的政治路线的新发展，赋予了四项基本原则以新的具有时代特质的内容。“坚持四项基本原则和坚持改革开放这两个基本点……统一于建设有中国特色的社会主义的实践。”[④]1989年5月底，邓小平同两位中央负责同志谈话时强调：“改革开放政策不变，几十年不变，一直要讲到底。”[⑤]正是因为坚定不移地实行改革开放政策，中国特色社会主义道路才被成功地开辟出来。因此，改革开放的意义巨大。邓小平早在1985年4月接见外宾时就说过：“现在我们干的是中国几千年来从未干过的事。这场改革不仅影响中国，而且会影响世界。”[⑥]在这里，邓小平实际上是从历史和世界的纵横两个维度、两大视域深刻阐明了改革开放的意义。改革开放，讲历史，是中国几千年来的创举；讲世界，必将影响全球其他国家。

邓小平科学运用马克思主义立场观点方法于考察中国当代社会主义现代化建设具体实际情况之中，总结本国和其他一些国家社会主义建设几十年经验教训，坚定不移地探索自己的道路，确定了社会主义初级阶段党的基本路线，以实现社会主义现代化和全体人民共同富裕

① 《邓小平文选》第3卷，人民出版社1993年版，第77页。

② 《邓小平文选》第3卷，人民出版社1993年版，第79页。

③ 《邓小平文选》第3卷，人民出版社1993年版，第248页。

④ 中共中央文献研究室编：《十三大以来重要文献选编》上，人民出版社1991年版，第15页。

⑤ 《邓小平文选》第3卷，人民出版社1993年版，第296页。

⑥ 《邓小平文选》第3卷，人民出版社1993年版，第118页。

为目标，排除国内外各种干扰，成功地开辟了新的社会主义建设道路。邓小平有关中国特色社会主义道路成功开辟的理论和实践，特别是关于以经济体制改革为重点的改革开放和以经济建设为中心的现代化建设的理论和实践，是坚持和发展中国特色社会主义道路的理论逻辑起点和实践逻辑起点，为习近平总书记关于中国道路重要论述的形成提供了丰富的理论源泉和不竭的精神动力。

（2）江泽民发展中国道路的理论

以江泽民同志为主要代表的中国共产党人，坚定不移地坚持邓小平开辟的中国特色社会主义道路，从20世纪90年代改革开放和社会主义现代化建设的具体实际情况出发，运用马克思主义基本原理深刻思考面临的新实践新问题，在中国创造性地建立了社会主义市场经济体制基本框架，使我国加入了世界贸易组织，极大地推进了中国特色社会主义事业，极大地创新了马克思主义执政党的建设，丰富了中国特色社会主义道路的理论和实践。

江泽民发展中国道路的理论，主要可以概括为五个方面。

第一，坚持和发展中国特色社会主义道路，从理论与实践相结合上提出和回答了初级阶段社会主义是什么、如何建设的重要课题，明确了我国在社会主义初级阶段的发展目标和方针政策。江泽民认为，我们走的是“一条有中国特色的社会主义现代化建设道路”①。1993年12月，在纪念毛泽东同志诞辰一百周年之际，他从两次历史性飞跃的角度阐述了中国共产党把马克思主义中国化，先后成功地找到了中国革命和建设的包括有中国特色的社会主义现代化建设道路在内的两条道路，指出：有中国特色的社会主义现代化建设道路“在全党全国人民面前展现出走向富强民主文明的社会主义现代化国家的广阔道路”②。走这条现代化建设的道路，必须一切从实际出发，实事求是。江泽民在党的十五大报告中指出：一切从实际出发，就是要从中国长

① 《江泽民文选》第1卷，人民出版社2006年版，第304页。

② 《江泽民文选》第1卷，人民出版社2006年版，第349页。

时期处于社会主义初级阶段这个最大的客观实际出发，弄清初级阶段社会主义是什么、怎样建设，以进一步回答“什么是社会主义、怎样建设社会主义”①的课题。他指出：要将社会主义现代化国家总目标总任务具体化为初级阶段社会主义的经济、政治和文化三个方面的目标、任务和方针。②十五大报告从经济、政治和文化三个方面阐述了社会主义初级阶段党的基本纲领。这丰富了社会主义初级阶段理论，总体上发展了邓小平中国特色社会主义道路的理论。

第二，确定了社会主义市场经济体制这一经济体制改革的目标任务，为拓展中国特色社会主义道路嵌入了一个核心内容和核心要素。为了筹备召开党的十四大，江泽民经过认真严肃的调查研究，在中共中央举办的省部级干部进修班上提出：要加快经济体制的改革，根本任务和途径就是要尽快明确并“建立社会主义的新经济体制”③。建立新经济体制，从理论和实践上说，其关键问题就是“要正确认识计划和市场问题及其相互关系，就是要在国家宏观调控下，更加重视和发挥市场在资源配置中的作用”④。这种新的经济体制在经济运行机制上的主要特征就是“把市场经济和计划经济的长处有机结合起来，充分发挥各自的优势作用”⑤，以促进各种资源配置的优化。新经济体制的提法得到了邓小平的鼎力支持。之所以出现这种情况，从根本上说，是因为经济体制改革经过十几年的实践，到了需要破除在计划与市场关系问题上的认识误区和政策瓶颈的关键时候了，否则经济体制改革将无法继续进行。正因为如此，江泽民在十四大报告中提出：“我国经济体制改革确定什么样的目标模式，是关系整个社会主义现代化建设全局的一个重大问题。”⑥“实践的发展和认识的深化，要求我们明确

① 《江泽民文选》第3卷，人民出版社2006年版，第533页。
② 《江泽民文选》第2卷，人民出版社2006年版，第17页。
③ 《江泽民文选》第1卷，人民出版社2006年版，第198页。
④ 《江泽民文选》第1卷，人民出版社2006年版，第198页。
⑤ 《江泽民文选》第1卷，人民出版社2006年版，第203页。
⑥ 《江泽民文选》第1卷，人民出版社2006年版，第225页。

提出，我国经济体制改革的目标是建立社会主义市场经济体制，以利于进一步解放和发展生产力。"[①]关于社会主义市场经济体制的内涵、特征和运行机制等重要问题，我们没有全国性的经验，只有深圳等经济特区的试点经验。十四大报告根据已有的这些经验、借鉴发达国家的有益做法，将这一体制概括为"使市场在社会主义国家宏观调控下对资源配置起基础性作用"，同时"加强和改善国家对经济的宏观调控"的经济体制。[②]从意图上说，建立社会主义市场经济体制，希望既可以发挥市场调节的长处和作用，使经济活动能遵循价值规律要求，有效地配置资源，激发企业的活力；又能够避免市场调节本身的弱点和缺陷，发挥社会主义制度的优势。从实践来说，"建立社会主义市场经济体制，涉及到我国经济基础和上层建筑的许多领域，需要有一系列相应的体制改革和政策调整"[③]。江泽民分析了社会主义市场经济体制在中国建立的空前难度和重大意义。从难度来说，建立社会主义市场经济体制毕竟是中国乃至人类历史上没有过的事情，是一项崭新的创造性事业，没有成功的经验可以学习。[④]从重大意义来说，"提出建立社会主义市场经济体制，是我们建设中国特色社会主义的一个伟大创举。这在我国社会主义建设的历程中是开创性的，在世界社会主义的历程中也是前无古人的"[⑤]。社会主义市场经济体制明确了我国社会主义体制改革的方向和途径，极大地促进了经济和社会的发展。

第三，探索国有企业的改革和发展道路，明确社会主义初级阶段基本经济制度。经济体制改革的深入、市场经济的发展，要求对社会主义经济制度逐步进行调整和完善。如何调整和完善这一经济制度，江泽民经过调查研究，提出了一个"坚持以公有制为主体、多种经济

---

① 《江泽民文选》第1卷，人民出版社2006年版，第226页。
② 《江泽民文选》第1卷，人民出版社2006年版，第226—227页。
③ 《江泽民文选》第1卷，人民出版社2006年版，第228页。
④ 《江泽民文选》第1卷，人民出版社2006年版，第366页。
⑤ 《江泽民文选》第3卷，人民出版社2006年版，第516页。

成分共同发展”的调整和完善的思路。国有企业改革是建立社会主义市场经济体制的中心环节，它既是一个“重大经济问题”，更是一个“重大政治问题”。所以，走出一条中国特色的国有企业改革道路，是经济体制改革成功的关键。1995年6月，江泽民在考察和研究东北国有企业改革和发展问题时指出：我们一定要也一定能够“走出一条具有中国特色的国有企业改革的道路”[①]。同时，他正式提出：“坚持以公有制为主体、多种经济成分共同发展，是建设有中国特色社会主义的一个重大方针。”[②]这表明，党中央对调整和完善社会主义经济制度已经有了一个方针性的决策。这一决策的意图是在允许个体、私营、外资等多种所有制经济成分发展（这时，个体、私营和外资等经济成分被看作“公有制经济的补充”[③]）的同时，要确保国有企业等公有制经济在整个国民经济中的主体地位和主导作用。十五大报告将“坚持公有制为主体、多种所有制经济共同发展”由方针提升为制度，将其作为社会主义初级阶段一项基本经济制度。1997年初江泽民在十五大文件起草组会议上就已经明确地提出了这一论断。[④]十五大这一重大决策，对中国特色社会主义道路的坚持和拓展具有重大意义，也有利于并极大地促进了国有企业的改革和发展。江泽民在此基础上提出了改革国有企业新思路：“要从战略上解决国有经济布局问题。”[⑤]将国有企业分为两大类型，即一种是涉及国民经济命脉和具有全局影响的企业，一种是非国民经济命脉和不具有全局影响的企业。前者必须要保证它们成为国民经济的主体；后者可以适当收缩，把资产和资金转移到国家更需要、更重要的地方。1999年8月，江泽民在大连主持召开国有企业改革和发展座谈会，进一步明确提出了“从战略上调整国有经济

① 《江泽民文选》第1卷，人民出版社2006年版，第454页。
② 《江泽民文选》第1卷，人民出版社2006年版，第444—445页。
③ 《江泽民文选》第1卷，人民出版社2006年版，第445页。
④ 《江泽民文选》第1卷，人民出版社2006年版，第613页。
⑤ 《江泽民文选》第1卷，人民出版社2006年版，第615页。

布局和改组国有企业"等国企改革和发展的六条指导方针。党的十六大报告强调：深化经济体制改革的重大任务就是要"继续调整国有经济的布局和结构，改革国有资产管理体制"[①]。中国逐步形成了社会主义初级阶段基本经济制度，找到了国有企业改革的正确道路，丰富了中国特色社会主义道路理论。

第四，阐述了改革开放和发展市场经济条件下建设什么样的党、怎样建设党的重大课题。中国共产党的自身建设是邓小平对江泽民的一个郑重交待，也是一个重大理论问题和重大现实问题，"直接关系到我们党和国家的前途命运"[②]。必须从实际出发，从党的自身状况出发，搞好党的建设伟大工程。江泽民在庆祝中国共产党成立八十周年大会上指出，党所处的地位和环境都发生了重大变化，主要表现在两个方面：一方面是从夺取政权的党成为在全国长期掌握政权的党；另一方面是党领导国家建设的环境从外部封锁变成改革开放。[③]这既给党的发展带来了新的活力，也提出了新的挑战。他强调指出：中国共产党之所以能得到人民拥护和支持，是因为它在各个历史时期"代表着中国先进生产力的发展要求，代表着中国先进文化的前进方向，代表着中国最广大人民的根本利益，并通过制定正确的路线方针政策，为实现国家和人民的根本利益而不懈奋斗"[④]。要继续坚持"三个代表"的优良传统，进一步加强党的自身建设。江泽民还就党的建设一系列重要问题阐述了重要的思想观点。如关于维护党的集中统一权威，他指出："要按照总揽全局、协调各方的原则，进一步加强和完善党的领导体制，改进党的领导方式和执政方式。"[⑤]十六届四中全会闭幕以后，他在调整后的中共中央军委扩大会议上充分肯定了党的总书记、国家

① 《江泽民文选》第3卷，人民出版社2006年版，第548页。

② 《江泽民文选》第3卷，人民出版社2006年版，第44页。

③ 《江泽民文选》第3卷，人民出版社2006年版，第282页。

④ 《江泽民文选》第3卷，人民出版社2006年版，第2页。

⑤ 《江泽民文选》第3卷，人民出版社2006年版，第288页。

主席和中央军委主席三位一体的领导体制和领导形式，认为这“对我们这样一个大党、大国来说，不仅是必要的，而且是最妥当的办法”[①]。江泽民关于马克思主义执政党建设的思想，是他发展中国特色社会主义道路的又一个重大的历史性贡献。

第五，确认二十一世纪头二十年仍然是中国改革发展的重要战略机遇期，决定加快建设社会主义现代化国家、全面建设小康社会。十六大是中国共产党在二十一世纪召开的第一次全国代表大会，对于如何推进现代化建设第三步发展意义极为重大。在起草党的十六大文件时，江泽民提出：二十一世纪第一个二十年是我国一定要牢牢抓住且大有可为的“战略机遇期”[②]。在重要战略机遇期应该完成什么样的目标和任务，一些同志提出从现在起到本世纪中叶有五十年时间，跨度太大，可否确定一个阶段性目标，建议以二十一世纪头二十年为期全面建设小康社会。[③]江泽民分析了邓小平诸如小康水平、小康状态、小康社会、小康国家等提法，认为：邓小平关于小康论述的“重要思想是，建设小康社会，是我们实现现代化的一个重要发展阶段”[④]。结合同志们的合理建议，江泽民在十六大报告中提出：“当人类社会跨入二十一世纪的时候，我国进入全面建设小康社会、加快推进社会主义现代化的新的发展阶段。”[⑤]他就如何抓好重要战略机遇期、加快改革和发展提出了若干重要观点，概括起来说，主要有三点：一是要走新型工业化道路；二是要将“引进来”与“走出去”两者结合起来；三是要促进社会主义物质、政治、精神文明的协调发展。[⑥]

江泽民关于发展中国道路思想的突出贡献就是指导中国建立了社会主义市场经济体制和加入了世界贸易组织，在经济体制改革和经济

① 《江泽民文选》第3卷，人民出版社2006年版，第603页。
② 《江泽民文选》第3卷，人民出版社2006年版，第413页。
③ 《江泽民文选》第3卷，人民出版社2006年版，第414页。
④ 《江泽民文选》第3卷，人民出版社2006年版，第414页。
⑤ 《江泽民文选》第3卷，人民出版社2006年版，第528页。
⑥ 《江泽民文选》第3卷，人民出版社2006年版，第574页。

体系开放上迈出了决定性的一大步，为中国经济发展进入黄金时代、中国经济财富空前增长、中国经济实力迅速增强等奠定了坚实的体制基础，并从理论上创造性地回答了在对外开放和发展市场经济条件下执政党建设新的伟大工程的课题。

（3）胡锦涛发展中国道路的理论

党的十六大以后，以胡锦涛同志为主要代表的中国共产党人高举中国特色社会主义伟大旗帜，结合二十一世纪初国际国内形势的变化和新的发展阶段的要求，紧紧抓住重要战略机遇期，聚精会神搞建设，一心一意谋发展，提出和阐述了以人为本、实现全面协调可持续的科学发展、构建了“五位一体”总体布局、建设社会主义和谐社会、推动建设和谐世界、加强党的先进性建设等思想，丰富发展了中国特色社会主义道路的理论和实践。

胡锦涛丰富和发展了中国道路的理论，主要内容可以概括为以下五个方面。

第一，抓住21世纪头二十年的重要战略机遇期，聚精会神地搞经济社会建设，一心一意地谋发展大业，提出和阐述了关于实现科学发展、和谐发展、和平发展的新思想。党的十六大前后，国内外形势发生新变化。我国社会主义市场经济体制初步建立，正式加入了世界贸易组织，国有经济布局的战略性调整取得了重要的阶段性成果，大部分国有大中型企业基本上摆脱了困境并建立起现代企业制度，改革开放和社会主义现代化建设站在了一个新的历史起点上；美国突发“9·11”事件以后，将反对恐怖主义放在了国防和外交事务中头等重要的地位，几年以后又发生了所谓次贷危机并引发了全球性的金融危机和经济危机；俄罗斯开始了普京时代，对我国实行合作共赢的政策。我国因此面临着一个重要战略机遇期。胡锦涛反复强调：我国发展正处在一个全面建设小康社会的新的历史起点上，一定要“紧紧抓住本世纪头二十年的重要战略机遇期，聚精会神搞建设，一心一意谋发展”[①]。所谓聚精会神、一心一意，实质上就是党中央和全党同志要坚持经济建设这个中心不动摇，不能左顾右盼，不能三心二意。胡锦涛之所以强调这一点，有两个方面的原因：一方面，历史和现实表明，党在社会主义初级阶段的基本路线是发展中国的唯一正确的路线，决不能再有丝毫怀疑；另一方面，21世纪开始的二十年是我国加快经济建设和社会发展的不可多得的历史机遇期，决不能错失良机。当然，新的阶段新的形势，也需要在建设上要有新办法，在发展上要有新思路。胡锦涛2003年4月到广东考察时指出：能不能“找到一条正确的发展路子，对一个国家发展具有决定性意义”[②]。2003年7月28日，他分析了我国发展在防治“非典”过程中暴露出的不少的缺陷和短板，主要是：经济与社会、城市与农村的发展不够协调；公共卫生的事业和体系滞后；突发事件应急机制不健全；一些党员和党员干部作风不实。他首次提出了“坚持全面发展、协调发展、可持续发展的发展观”[③]。在十六届三中全会上，胡锦涛将“全面发展、协调发展、可持续发展”的发展观称之为“科学发展观”。他指出，科学发展观是战胜“非典”疫情的重要启示、全面建设小康社会的迫切要求和改革开放实践经验的科学总结。[④]很快，胡锦涛把科学发展观完整地表述为：“坚持以人为本，树立全面、协调、可持续的发展观。”[⑤]可以说，2003年的一年间，胡锦涛根据国内外的形势和要求，对如何搞建设和谋发展的课题有很多的研究和思考，形成了他这一时期重大的标志性的理论成果。2004年3月，他将科学发展观第一次定位为“从新世纪新阶段党和国家事业发展全局出发提出的重大战略思想”[⑥]。这一发展观对我们进一步明确发展的目标和路径，对如何推进全面小康社会建设，具

① 《胡锦涛文选》第2卷，人民出版社2016年版，第37页。
② 《胡锦涛文选》第2卷，人民出版社2016年版，第40页。
③ 《胡锦涛文选》第2卷，人民出版社2016年版，第67页。
④ 《胡锦涛文选》第2卷，人民出版社2016年版，第104页。
⑤ 《胡锦涛文选》第2卷，人民出版社2016年版，第143页。
⑥ 《胡锦涛文选》第2卷，人民出版社2016年版，第166页。

有重大的指导意义。胡锦涛在指导党的十七大文件起草工作时指出：十七大“要鲜明回答我们党朝着什么样的发展目标继续开拓奋进的问题”①。正是在科学发展观的指导下，在贯彻落实科学发展观的实践中，党中央逐步形成了一个关于中国发展的新思路，即“坚持科学发展、和谐发展、和平发展”②。科学发展观以及在这一发展观指导下形成的新的发展思路，是以胡锦涛同志为主要代表的中国共产党人对进一步丰富和发展中国特色社会主义道路的重大理论创新。

第二，加强社会建设和社会管理，形成了构建社会主义和谐社会的重大战略思想。改革开放以后，社会矛盾出现多发多样状况，这是我国改革发展进入了关键期、社会深刻变革中难以完全避免的现象，但对此必须高度重视。正是在这样一个背景下，胡锦涛2003年提出了“建立健全与发展社会主义市场经济相适应的社会管理体制”③的课题和任务，认为“社会管理体制”的建立健全对有效应对包括公共卫生事件在内的各种突发事件、维护改革发展稳定的大局有着重大意义。他在同年11月第二十次全国公安会议上与部分代表座谈时指出：“由人民内部矛盾引发的群体性事件，已经成为当前影响社会稳定的一个突出问题。”④他总结了人民内部矛盾和群体性事件发生的新特点。针对人民内部矛盾、群体性事件愈益增多等我国在社会领域的新问题，胡锦涛提出了构建社会主义和谐社会的重大战略思想，明确了从战略全局上破解这些重要难题。他指出：必须在妥善处理各种难题中前进，消除不和谐因素。他用“民主法治、公平正义、诚信友爱、充满活力、安定有序、人与自然和谐相处”⑤概括和谐社会的内涵。这一概括实际上包括了社会主义和谐社会的构建途径和方法、构建目标、构建基础

---

① 《胡锦涛文选》第2卷，人民出版社2016年版，第579页。

② 《胡锦涛文选》第2卷，人民出版社2016年版，第578页。

③ 《胡锦涛文选》第2卷，人民出版社2016年版，第70页。

④ 《胡锦涛文选》第2卷，人民出版社2016年版，第117页。

⑤ 《胡锦涛文选》第2卷，人民出版社2016年版，第285页。

三个部分。具体说来：首先，“民主法治、公平正义、诚信友爱”是构建的途径和方法。途径和方法就是法治和德治。“民主法治、公平正义”指的是法治，“诚信友爱”指的是德治，也就是说将法治与德治相结合，德法兼治。其次，“充满活力、安定有序”是构建的目标。社会主义和谐社会应该既是一个充满活力的社会，又是一个安定有序的社会，是活力与有序两者的有机统一。只有充满活力，没有安定有序，这个社会可能会天下大乱；反之，只有安定有序，没有充满活力，这个社会可能会死水一潭。最后，“人与自然和谐相处”是构建的基础。和谐社会应是建立在“人与自然和谐相处”的基础上的。在人与自然相互对立、自然环境被严重破坏的恶劣条件下，是不能够建立一个“充满活力、安定有序”的社会主义和谐社会的。社会主义和谐社会必须要以“人与自然和谐相处”为基础。2006年2月下旬，胡锦涛在加强社会主义和谐社会建设问题的三次小型座谈会上提出：要加强对构建和谐社会时代课题的探讨，把构建和谐社会同现代化目标、小康社会目标衔接好。[①]党的十六届六中全会作出“社会和谐是中国特色社会主义的本质属性”的论断。胡锦涛强调：这一重大论断是构建和谐社会的“理论基础”[②]。这一战略思想丰富了中国道路的认识和实践。

第三，构建了中国特色社会主义事业总体布局，提出了走文明发展道路。中国特色社会主义的总体布局是一个随着现代化建设不断深入而逐步拓展的总体布局。党的十五大提出的社会主义初级阶段基本纲领，表明中国特色社会主义事业是由经济、政治和文化三位一体构成的。十六大以后，随着和谐社会战略目标的提出，这一总布局就逐步“发展为社会主义经济建设、政治建设、文化建设、社会建设四位一体”[③]。党的十七大已经明确提出了建设生态文明的目标和任务，这是在我国21世纪经济高速增长过程中生态环境的恶化进一步加快的背

① 《胡锦涛文选》第2卷，人民出版社2016年版，第427页。

② 《胡锦涛文选》第2卷，人民出版社2016年版，第521页。

③ 《胡锦涛文选》第2卷，人民出版社2016年版，第274页。

景下形成的。到了十八大，将生态文明建设纳入中国特色社会主义事业的总体布局已经有了全党全社会的广泛共识。所以，胡锦涛在2012年7月省部级主要领导干部专题研讨班——实际上是党的十八大精神的吹风会上指出："必须把生态文明建设放在突出地位，纳入中国特色社会主义事业总体布局，进一步强调生态文明建设地位和作用。"①"五位一体"总体布局因此而正式形成。在总体布局逐步拓展的过程中，中国共产党加深了对我国发展道路问题的认识，提出了一个关于走文明发展道路的新思想。第十一个五年规划是在科学发展观指导下制定的第一个五年经济和社会发展规划。2006年是实行第十一个五年规划的第一年，胡锦涛在这一年12月5日中央经济工作会议上首次提出："必须深刻认识又好又快发展是全面落实科学发展观的本质要求。"②他指出：从"又快又好"到"又好又快"，不单单是改变了文字表述，这一表述改变实际上"是有深刻内涵的，就是要走生产发展、生活富裕、生态良好的文明发展道路"③。这一发展道路将生产发展、生活富裕、生态良好统一起来，突出了发展经济的根本目的和重要条件，突出了生活富裕、生态良好是文明发展的目标和任务。这与科学发展观及新发展思路实质上是一致的，是科学发展观及新的发展思路在实践中的具体要求。

第四，明确提出和深刻阐述了"中国特色社会主义道路"和"中国特色社会主义政治发展道路""中国特色社会主义文化发展道路"等重要概念及其含义。中国特色社会主义道路的开辟和发展自党的十一届三中全会到十七大，已近三十年，无论是在理论上还是在实践上，我们对这一道路都有了明确的认识和坚定的信心。中国共产党的十六大将"有中国特色的社会主义"的提法改为"中国特色社会主义"，十七大进一步提出了"中国特色社会主义道路"概念并初步概括了这一

① 《胡锦涛文选》第3卷，人民出版社2016年版，第609页。

② 《胡锦涛文选》第2卷，人民出版社2016年版，第545页。

③ 《胡锦涛文选》第2卷，人民出版社2016年版，第549页注释[1]。

概念的科学内涵。十七大报告的初步概括主要是以“一个中心、两个基本点”这一党在社会主义初级阶段基本路线的核心内容为主干，丰富经济、政治、文化、社会的建设等。[①]党的十八大报告再次对中国特色社会主义道路的科学内涵进行了阐释，它对十七大报告的阐释主要是作了“一删两补”的修正和调整。删除了“巩固和完善社会主义制度”的表述，因为报告专门增加了关于中国特色社会主义制度的概括；补充的主要有两条，在发展布局上补充了“社会主义生态文明”，在发展目标上补充了“促进人的全面发展，逐步实现全体人民共同富裕”。政治发展、文化发展是中国特色社会主义道路在政治和文化领域的具体体现和表现形式。2003年2月，胡锦涛在中共十六届二中全会上的讲话已经提出了“中国特色政治发展道路”[②]的提法。十七大报告在此基础上改称“中国特色社会主义政治发展道路”[③]。胡锦涛指出：政治发展道路对一个国家有着决定性意义。“由于政治发展道路选择错误而导致人亡政息的例子，古今中外比比皆是。”[④]中国作为发展中的大国，其政治发展道路正确与否关系全局。党的十七届六中全会首次提出了“中国特色社会主义文化发展道路”概念。胡锦涛在全会第二次全体会议上对这一发展道路问题进行了深刻阐述，其核心要义是这条道路是建设社会主义文化强国的必由之路。政治发展道路和文化发展道路都是属于上层建筑的领域和范畴。这两条发展道路的先后提出表明，随着改革开放的逐步深入，我国的经济基础、社会基础已经发生了深刻的变化，客观上要求上层建筑领域进行相应的调整和发展，而这种调整和发展必须符合中国特色社会主义总的发展方向和基本要求。应该说，党的十七大报告及其后一些全会文件关于中国特色社会主义道路及其政治、文化的道路的提出，丰富了中国道路的理论和实践。

---

① 《胡锦涛文选》第2卷，人民出版社2016年版，第620—621页。

② 《胡锦涛文选》第2卷，人民出版社2016年版，第33页。

③ 《胡锦涛文选》第2卷，人民出版社2016年版，第634—635页。

④ 《胡锦涛文选》第3卷，人民出版社2016年版，第73页。

第五，积极参与全球经济治理，坚持走和平发展道路。进入21世纪以后，社会主义市场经济体制的建立和加入世界贸易组织，使中国的经济和贸易有了突飞猛进的增长。中国对世界的影响力也随之迅速增加，其参与全球经济治理的愿望也随之进一步扩大。在这样一个背景下，中国与世界各国、各地区的关系应该如何发展，成为世界上不少国家关注的一个问题。2005年11月，胡锦涛访问英国，在一次演讲时表示："要了解中国发展方向，最重要的是要了解中国选择的是什么样的发展道路。"①他指出："中国选择和坚持的是和平发展道路。"②我们之所以这样做，是因为"只有通过和平方式实现的发展才是持久牢靠的发展，也才是既有利于中国人民也有利于世界各国人民的发展"③。2008年国际金融危机发生以后，中国在世界经济秩序中的地位和作用明显增强，包括中国等新兴市场经济国家在内的二十国集团对世界经济的影响力也明显地超过了传统的七国集团。在2009年底的中央经济工作会议上，胡锦涛谈到了国际金融危机形势的演变和中国在全球经济治理中的作用问题，指出：这一危机"把我国进一步推到了国际社会讨论和处理重大问题的前台"④。中国应该积极地参与二十国集团的峰会活动，"推动其机制化"，这"有利于提升我国在重大国际经济问题上的话语权和影响力"，"必须抓住机遇有所作为"⑤。当然，他又清醒地指出：我们一定要"正确看待我国经济实力、综合国力、国际影响力的变化，在'捧杀'面前不上当，在重大利益上不让步，提高应对国际局势和处理国际事务能力，展示负责任大国形象"⑥。从某种程度上说，中国初步调整韬光养晦的政策、在中外关系发展上有所作为，实际上是开始于我国经济的迅速增长和国际金融危机的发生。

---

① 《胡锦涛文选》第2卷，人民出版社2016年版，第380—381页。
② 《胡锦涛文选》第2卷，人民出版社2016年版，第381页。
③ 《胡锦涛文选》第2卷，人民出版社2016年版，第381页。
④ 《胡锦涛文选》第3卷，人民出版社2016年版，第285页。
⑤ 《胡锦涛文选》第3卷，人民出版社2016年版，第281页。
⑥ 《胡锦涛文选》第3卷，人民出版社2016年版，第285页。

胡锦涛关于发展中国道路理论的突出贡献是指导中国紧紧抓住了二十一世纪第一个二十年的重要战略机遇期，利用建立社会主义市场经济体制和成为世界贸易组织成员的良好条件，加快推进新型工业化，加快发展制造业等，使中国成为举世瞩目的“世界工厂”，中国国内生产总值也迅速增加，其排名接连超越法国、英国、德国、日本等发达工业国家，虽然经济增长的质量还有待提升，但毕竟在经济总量上已上升为仅次于美国的世界第二大经济体。这一理论指导中国正确处理错综复杂的社会矛盾，废止农业税，实行农村税费改革和农业生产经营补贴，大规模地普遍地减轻了农民经济负担，建设社会主义新农村，极大地改变了广大农村的面貌。这一理论创造性地回答了在对外开放和发展市场经济条件下如何推进社会治理体系改革、如何推动构建社会主义和谐社会等重大课题。

总之，马克思主义科学分析和正确指明了工业革命以后人类社会发展的方向和道路。马克思恩格斯关于人类社会发展规律和寻求自身解放道路的基本原理，列宁关于探索俄国社会主义道路的经验，毛泽东关于探索中国式社会主义建设道路正确的理论原则和经验总结，邓小平成功开辟中国特色社会主义道路的科学理论，江泽民、胡锦涛丰富和发展中国特色社会主义道路的理论等，共同构成了习近平总书记关于中国道路重要论述的理论渊源和思想资源。

三、实践基础

理论源于实践，新的理论主要源于新的实践。新的理论观点实际上是对运用理论原理指导解决实际问题的实践经验的总结和概括。习近平总书记关于中国道路的重要论述，一方面，来源于党的十八大以后以习近平同志为核心的党中央坚持和拓展中国特色社会主义道路的新实践，是对新的实践经验的科学总结；另一方面，也来源于习近平担任总书记之前从治理地方到进入中央的政治实践，是对自身政治实践经验的正确概括，有着坚实的实践基础和实践逻辑。

1.在新起点上全面拓展中国道路

党的十八大是坚持和拓展中国道路的一个新的历史起点。改革开放新的革命已经持续了四十多年，给中国社会带来了巨大的变化。中国社会的基本矛盾运动有了深刻的发展，主要矛盾也逐步发生了深刻的转变。从生产力来说，中国的科技进步很快，工业化尤其是新型工业化取得了历史性成就。沿海发达地区已经基本完成了工业化，新型工业化正在快速推进。中西部地区的工业化进程也在加速进行。中国已经建成了门类齐全的、完整的现代工业体系，成为世界工业制造大国。从生产关系来说，中国原来单一的生产资料公有制，已经转变为公有制主体与多种所有制经济相结合的制度。公有制经济与非公有制经济、国有企业与民营企业、外商企业、港澳台经济在相互竞争和合作中共同发展。经济主体的多元化导致了社会关系的多样化、复杂化。经济基础、社会基础的发展变化，深刻地影响了政治、文化等领域，导致了政治的、法律的、意识形态的上层建筑也不断地发生变化。在社会基本矛盾运动的过程中，人民的需要与社会的生产和发展的能力之间的矛盾，就成为执政党和政府必须正确认识、处理和解决的社会主要矛盾。经过多年的发展，中国社会的主要矛盾发生了转化，人民日益增长的物质文化需要同落后的社会生产之间的矛盾，现在被人民日益增长的美好生活需要和不平衡不充分的发展之间的矛盾取代。随着基本矛盾的运动发展和原有社会主要矛盾的历史性化解，中国人民的生活水平逐步提升，中国社会的现代化、中华民族的伟大复兴、中华人民共和国的繁荣富强等正在逐步实现。

社会的矛盾运动是无止境的。经过多年的改革开放大发展，中国已经处在了“发展起来以后”的历史新时期。新时代的到来是中国社会基本矛盾运动和主要矛盾转化的客观结果和集中反映，是中国共产党新时期历代领导集体带领人民奋力拼搏的必然结果和集中反映，也是以习近平同志为核心的党中央带领人民拼搏进取的必然结果和集中反映。十八大以来，党和国家的发展取得了“历史性成就”，党和国家的事业发生了“历史性变革”。这些历史性的成就和变革，使中华人民共和国和中华民族的发展站到了一个新的历史节点上。经历了长期的革命、建设和改革，中国处在了比历史上任何时期都更加接近、更有信心和能力实现民族复兴目标的历史节点。进入新时代，中国经济正在由高速增长向高质量发展转变。中国人民对美好生活的需要越来越迫切。中国正处于由中等收入大国向高收入强国迈进、由富起来到强起来转变的关键期，中华民族正处在实现伟大复兴的“行百里者半九十”的关键期，中国共产党和中国人民面临着具有许多新的历史特点的伟大斗争。可以说，民心决定方向，方向决定道路，道路决定命运。在中国发展的这一新的关键时期，举旗定向、明道指路至关重要，它决定了新时代中国前进的方向和路径。一个新的重大的时代课题被以习近平同志为核心的党中央提了出来。这个重大时代课题就是党的十九大报告概括的“必须从理论和实践结合上系统回答新时代坚持和发展什么样的中国特色社会主义、怎样坚持和发展中国特色社会主义”①。

新时代重大时代课题与中华人民共和国历史上前述两个重大时代课题，在认识视域和实践要求上，它们之间既体现了理论逻辑的一致性、全面性和整体性，又反映出实践逻辑的递进性、差异性和发展性。新时代课题的形成，客观上要求中国共产党一定要继续坚持和发展中国特色社会主义道路。以习近平同志为核心的党中央，顺应人民对美好生活的向往和时代发展的新要求，在继续坚持的前提下，全面拓展了改革开放以来形成的中国道路：一方面，“统筹推进”中国特色社会主义事业“五位一体”总体布局，协调推进“四个全面”战略布局，

① 习近平：《决胜全面建成小康社会　夺取新时代中国特色社会主义伟大胜利——在中国共产党第十九次全国代表大会上的报告》，人民出版社2017年版，第18页。

这体现了中国特色社会主义道路坚持和拓展的“全面性”；另一方面，坚持党对一切工作的领导，坚持以人民为中心的发展思想，贯彻落实以创新为先导、以共享为根本目的，包括创新、协调、绿色、开放、共享在内的新发展理念，着力解决新时代社会主要矛盾，坚持共商共建共享“一带一路”，推动人类命运共同体构建等，这体现了中国特色社会主义道路坚持和拓展的“开拓性”。

总之，十八大开始的中国道路的全面开拓是新中国发展道路一次新的历史性的重大创新，将中国特色社会主义道路发展推进到了一个崭新的阶段，也为习近平总书记关于中国道路重要论述提供了新的实践经验和丰富的实践基础。

2. 新时代之思主要贡献者的地方治理道路

习近平总书记政治成长道路可以说是信念坚定，志在人民，持之以恒，终成大功。他认为，人生如何选择一条正确的道路，关键是要有坚定的理想信念。否则，环境再好照样会走错路。他是新中国第一代生人，出生于新中国开始大规模进行五年计划建设第一年的1953年6月。由于父母的原因，他从小就受到良好的革命文化熏陶和革命传统教育。他有着丰富的政治实践经验，从基层到高层，从地方到中央，既有中西部经济相对落后地区的工作经验，又有沿海经济相对发达地区的工作经验，从政履历完整、政治道路周正，这是习近平担任总书记以后关于中国道路论述的重要基础和丰富源泉。

习近平青少年时命运多舛，但能够在最困难艰苦的岁月与陕北梁家河农民群众打成一片，得到了农民群众的关爱和信赖，也因此而熟悉了中国农村基层的实际，坚定了为民服务信念。从西北的陕西梁家河、华北的河北正定，经过华东的福建、浙江和上海，到中共中央政治局、政治局常委会、书记处，习近平的政治成长道路和他先后提出和推进的正定“半城郊型经济”建设、厦门“自由港型的经济特区”建设、宁德“适合闽东经济的发展道路”、福州“马上就办”和浙江

“八八战略”“平安浙江”等地方治理的思路和实践，为党的十八大以后中国道路的发展提供了宝贵的实践经验和丰富的智慧源泉。

习近平总书记关于中国道路的重要论述有着深刻的时代背景和历史条件，有着深厚的理论渊源和智慧源泉，有着丰富的实践基础和实践经验。这一重要论述是在正确考察世界百年未有之大变局、中国正处于民族复兴关键期的时代背景和科学总结新中国探索、开辟、发展中国特色社会主义道路的历史经验的基础上产生的；是在继承和发展马克思主义创始人关于人类社会发展规律和寻求自身解放道路的基本原理，列宁关于探索俄国社会主义道路的经验，毛泽东关于探索中国式社会主义建设道路正确的理论原则和经验总结，邓小平成功开辟中国特色社会主义道路的科学理论，江泽民和胡锦涛丰富和发展中国特色社会主义道路的理论等基础上形成的；是在科学总结党的十八大以后以习近平同志为核心的党中央在新起点上坚持和拓展中国特色社会主义道路的实践经验和习近平担任总书记之前从基层、地方到中央的丰富的治理经验的基础上形成的，具有深刻的历史逻辑、理论逻辑和实践逻辑。习近平总书记关于中国道路的重要论述是中华文明发展道路演进，尤其是近代以来中国发展道路探索的历史逻辑、理论逻辑、实践逻辑演进的必然结果，同时也蕴含着习近平总书记政治成长的丰富经验和非凡智慧。

第二章　中国道路新时代之思的思想脉络

习近平在2012年11月召开的党的十八届一中全会上开始担任中共中央总书记、中央军委主席，在2013年3月十二届全国人大一次会议上当选为国家主席，在2016年10月党的十八届六中全会上被明确为党中央的核心和全党的核心。他在带领全党和全国各族人民在新起点上坚持和发展中国特色社会主义伟大实践中，提出和阐述了当代中国关于坚持和拓展中国道路的基本命题，不断地总结坚持和拓展中国道路的实践经验，取得了坚持和拓展中国道路的理论成果，逐步丰富和发展了关于中国道路的重要论述。习近平总书记关于中国道路的理论有一个逐步形成和发展的过程。

一、初步形成：宣示中国梦伟大梦想

1.初步形成阶段概述（2012.11—2013.11）

自2012年11月党的十八届一中全会闭幕后至2013年11月党的十八届三中全会前夕，是习近平总书记关于坚持和拓展中国特色社会主义道路重要论述的初步形成阶段。在这一年间，习近平总书记初步提出了关于坚持和拓展中国道路的基本命题，初步阐释了中国道路的丰富内涵和历史必然性，明确宣示了新一届中共中央领导集体坚持和拓展中国道路的坚定决心及所处的历史方位，初步阐述了全面拓展中国道路的奋斗目标和重要路径等问题，从历史、现实与未来相贯通、中国与世界相关联、理论与实践相联系上初步阐述了为什么要坚持和拓展中国道路、坚持和拓展什么样的中国道路、怎么样坚持和拓展中国道路、如何着眼于全球视野拓展中国道路等一系列重要的道路问题，为在新起点上继续坚持和全面拓展中国特色社会主义道路举旗定向、破题开路。

初步形成阶段的一年间，从中国道路来说，习近平总书记是坚持与拓展并举，有坚持也有拓展。由于是就任总书记第一年，所以他更多是强调坚持和继承，但是在坚持和继承中也展示出新一届领导人的拓展和创新。这一年，按照党和国家领导制度和工作机制要求，习近平总书记在治党治国治军、内政外交国防等各方面，有很多规定性的工作要做。他在做这些事时注意强调党中央大政方针的连续性、稳定性，同时也在强调连续性、稳定性中显示出一些新的理念和新的谋划。在这一年的日程表上，习近平总书记领导工作的规定性事项，在内政方面主要有：召开党的十八届二中全会讨论决定全国人大常委会、国务院、全国政协等国家机构领导人的建议人选名单等，指导全国人大、全国政协两会换届选举和协商，指导筹备党的十八届三中全会，指导十八届中央纪委二次全会，指导和部署党的群众路线教育实践活动，主持中央政治局及其常委会会议并主持中央书记处工作，在“八二宪法”（即1982年《中华人民共和国宪法》）实施三十周年大会上讲话等。在外交方面主要有：2013年3月在南非召开的金砖国家领导人第五次会晤，4月海南博鳌亚洲论坛年会，9月俄罗斯圣彼得堡二十国集团第八次领导人峰会和吉尔吉斯斯坦上合组织成员国元首理事会第十三次会议，10月印度尼西亚亚太经合组织第二十一次领导人非正式会议，11月北京中欧领导人第十六次会议等。习近平总书记在内政方面，为了上述党和国家大事的顺利进行，需要召集、主持很多会议，批阅很多重要文件，作很多重要讲话等，强调要坚持中国道路；同时，他又根据新的设计和谋划，安排了一些重要活动，主要是宣示新一届中央领导集体的执政理念、目标和重点等，以进一步拓展中国道路。如2012年11月29日带领其他政治局常委首次集体公开活动参观国家博物馆《复兴之路》陈列，提出中国梦；12月初首次离京外出考察深圳经济特区等，宣示全面深化改革等。根据中国外交的主要方向、重点任务等要求，习近平总书记也进行了一些特别的安排和活动。如2013年上半年外交活动，综合考虑非洲和美洲两大洲、俄罗斯和美国两大国，出国首访确定是俄罗斯（虽当年9月二十国集团领导人峰会在俄罗斯举行，但还是决定专门首访俄罗斯，宣示中俄关系的重要性和特殊性）和非洲，并参加南非金砖国家领导人第五次会晤，然后在访问美洲结束以后与美国总统奥巴马在安纳伯格庄园举行会晤，以稳定和发展中国与俄美两大国的关系、与非洲美洲两大洲的关系（至于欧洲，中国欧盟领导人会晤2013年下半年在北京举行，习近平总书记没有安排对欧洲的访问，而是11月会见了欧洲理事会主席范龙佩和欧盟委员会主席巴罗佐，阐明了中欧关系发展的重要性和方向）。在2013年下半年外交活动的安排上，利用9、10两个月连续参加俄罗斯二十国集团第八次领导人峰会、吉尔吉斯斯坦上合组织成员国元首理事会第十三次会议、印度尼西亚亚太经合组织第二十一次领导人非正式会议的机会，其中的重点是对中亚的哈萨克斯坦、东南亚的印度尼西亚进行访问，并在这两个国家首次倡议“丝绸之路经济带”和“21世纪海上丝绸之路”。综上所述，习近平在就任总书记以后首年对中国道路在坚持中有拓展，已经初步形成了关于中国道路的理论。

中共中央对初步形成阶段习近平总书记关于中国道路的理论及其价值的认识有一个过程。这清晰地反映在关于习近平新时代中国特色社会主义思想（当然这一阶段还没有使用这样的概念）的概括和称谓的发展变化中。2013年8月中下旬，中央召开全国宣传思想工作会议，时任中央政治局常委、书记处书记的刘云山在讲话中使用了“习近平总书记一系列重要讲话”的新提法，这可能是中央领导人首次使用“习近平总书记一系列重要讲话”的提法。同年11月4日，中共十八届三中全会召开前夕，中共中央在北京首次举办了“学习贯彻习近平总书记系列重要讲话精神”省部级干部研讨班。刘云山在研讨班上就学习贯彻讲话的重大意义、全面领会讲话的基本内涵、深刻把握讲话的立场观点方法等问题谈了认识和体会，特别强调了系列重要讲话在阐述坚持和拓展中国道路问题上的重要价值，指出：“当今世界剧烈变动，充满着变数、蕴藏着风险，不同制度模式、发展道路的博弈十分激烈；当代中国深刻变革，不同思想观点、价值取向、政策主张相互交织，往哪走、怎么走的问题，怎么看、怎么办的问题，都十分突出地摆在我们面前。”①习近平总书记对这些道路问题都“作了深入透彻的回答”②。可以说，中共中央举办的省部级干部研讨班和中央领导人的讲话表明习近平总书记关于中国道路的理论已经初步形成。

不过，在同年11月9日至12日召开的十八届三中全会发表的公报中没有出现“学习贯彻习近平总书记系列重要讲话精神”文字。这表明从中国道路理论形成的过程来说，这一阶段，中国共产党的中央领导层虽然认识到习近平总书记重要讲话的价值，已经开展了对习近平重要讲话的学习研究，但在中央委员会层面和全党范围内还没有提出必须学习理解和贯彻落实的政治任务。究其原因，这与习近平总书记关于中国道路的理论还处在初步形成阶段，还没有正式确立关于坚持和拓展中国道路的核心思想观点，没有正式构建一个较为完整的关于坚持和拓展中国道路的理论体系等有着一定的关系。虽然如此，习近平总书记在关于坚持和拓展中国道路的问题上已经初步形成了具有深刻内涵和独特价值的理论观点。

---

① 刘云山：《在省部级干部学习贯彻习近平总书记系列重要讲话精神研讨班开班式上的讲话》，见中共中央文献研究室编：《十八大以来重要文献选编》上，中央文献出版社2014年版，第456页。

② 刘云山：《在省部级干部学习贯彻习近平总书记系列重要讲话精神研讨班开班式上的讲话》，见中共中央文献研究室编：《十八大以来重要文献选编》上，中央文献出版社2014年版，第456页。

2.初步形成的主要表现

习近平总书记关于中国道路理论的初步形成主要表现在五个方面。

第一，初步提出了关于坚持和拓展中国道路的基本命题。习近平总书记用“中国道路”这一提法来指称我们惯用的“中国特色社会主义道路”概念。2013年3月17日，当选国家主席以后，他在十二届全国人大一次会议上指出：“实现中国梦必须走中国道路。这就是中国特色社会主义道路。”[①]改革开放以来，这是中国最高领导人在正式讲话中第一次将“中国特色社会主义道路”称为“中国道路”。其意义不仅在于简称的便利性，也不仅仅是回应甚至纠偏国内外所谓“中国模式”等提法，更重要的是，这为我们深刻地理解中国特色社会主义道路的内涵提供了更广阔的世界视域和更深远的历史视角。从世界视域来说，“中国道路”突出了世界现代化道路中的“中国性”和“独特性”，突出了这一道路是当代中国人民创造的社会主义的现代化道路，是资本主义的现代化道路之外的世界上实现现代化的又一种成功的新型现代化道路；从历史视角来说，“中国道路”突出了中华文明发展道路中的“现代性”和“继承性”，它是中华民族走向现代化的正确道路，是中华文明发展道路在当代的继承和发扬、守正和创新，与数千年来中华文明发展道路一脉相承、与时俱进。中国特色社会主义道路是“社会主义”与“中国特色”两者的有机统一，是“传统”与“现代”的有机统一；它既是社会主义道路，又是中国特色文明发展道路。“中国道路”的提法和概念有助于我们从广阔的世界视域和深远的历史视角更全面、更深刻、更准确地理解和把握“中国特色社会主义道路”的科学内涵和精神实质。

如何在新的历史起点上继续坚持和拓展中国特色社会主义道路，

---

① 习近平：《在第十二届全国人民代表大会第一次会议上的讲话》，见中共中央文献研究室编：《十八大以来重要文献选编》上，中央文献出版社2014年版，第234页。

这是党的十八大以后以习近平同志为核心的党中央必须面对和破解的首要的历史性课题。习近平总书记认为，要认真思考和正确回答一个基本问题：当代中国从哪里来、现在在哪里、到哪里去。这是关于坚持和拓展中国道路的基本命题。当时，国家博物馆为了迎接党的十八大正在举办《复兴之路》大型基本陈列。习近平总书记在参观时指出：陈列“回顾了中华民族的昨天，展示了中华民族的今天，宣示了中华民族的明天，给人以深刻教育和启示”①。这一宣示新一届党中央执政理念和目标的重要讲话，虽然没有直接出现关于“当代中国从哪里来、现在在哪里、到哪里去”的文字表述，但实际上已经从历史、现实、未来相贯通上提出和思考了这一问题，从“回首过去”“审视现在”“展望未来”三个时间维度阐述了关于过去“雄关漫道真如铁”、落后就要挨打、发展才能自强，关于现在“人间正道是沧桑”、“找到一条正确的道路多么不容易”、必须坚定不移地走下去，关于未来“长风破浪会有时”、把蓝图变为现实还需付出艰苦长期努力等重要思想观点。②习近平总书记重要讲话中关于“回首过去”“审视现在”“展望未来”三个时间维度的思考，初步揭示了党的十八大所处的新的历史方位和新的历史起点，用深邃宽阔的历史视野初步提出和回答了关于在新的历史起点上坚持和拓展中国道路的基本命题。历史起点、历史方位和基本命题的初步揭示和阐述，为中国道路的坚持和拓展开了一个好头，奠定了坚实的基础。

第二，初步揭示了当代中国从哪里来的答案，初步诠释了中国道路的历史渊源。中国道路是党的十一届三中全会开启改革开放后逐步开辟的，那么，它到底有没有历史的渊源，它到底是从哪里来的，三中全会的开辟是不是一种斩断历史的全新行动？习近平总书记从历史

① 习近平：《中国梦，复兴路》，见中共中央文献研究室编：《十八大以来重要文献选编》上，中央文献出版社2014年版，第83页。

② 习近平：《中国梦，复兴路》，见中共中央文献研究室编：《十八大以来重要文献选编》上，中央文献出版社2014年版，第83—84页。

与现实相结合的视角深刻回答了这些疑问。他明确提出了一个新的重要论断："中国特色社会主义，是科学社会主义理论逻辑和中国社会发展历史逻辑的辩证统一，是根植于中国大地、反映中国人民意愿、适应中国和时代发展进步要求的科学社会主义，是全面建成小康社会、加快推进社会主义现代化、实现中华民族伟大复兴的必由之路。"[①]论断着眼于"实现中国社会现代化和中华民族伟大复兴的必由之路"阐释中国特色社会主义，把中国道路与中华民族发展历程两者相结合，阐明了中国道路既走向中华民族伟大复兴的未来，又渊源于中华民族悠久的过去；既是中国社会发展的现实必须，又是中国社会演变的历史必然。在接下来的十二届全国人大一次会议上，他进一步分析了上述观点，进一步阐释了中国道路与中国社会发展历史的渊源及其演进关系，强调指出：这一道路来之不易，"是在改革开放30多年的伟大实践中走出来的，是在中华人民共和国成立60多年的持续探索中走出来的，是在对近代以来170多年中华民族发展历程的深刻总结中走出来的，是在对中华民族5000多年悠久文明的传承中走出来的，具有深厚的历史渊源和广泛的现实基础"[②]。他用改革开放30多年的伟大实践、新中国60多年的持续探索、近代以后中华民族170多年发展历程的深刻总结、中华文明5000多年的历史传承等四个"走出来"的重要论断，由短而长、由近溯远地概括和揭示了中国道路的历史渊源和历史逻辑，进一步阐述了为什么找到一条正确的发展道路是多么不易、必须珍惜的深刻道理。同年8月19日，十八大以后首次全国宣传思想工作会议召开，如何进一步宣传好十八大精神，如何让全国人民正确认识中国共产党为什么要坚持和拓展中国道路等，是这次会议需要解

---

① 习近平：《关于坚持和发展中国特色社会主义的几个问题》，见中共中央文献研究室编：《十八大以来重要文献选编》上，中央文献出版社2014年版，第118页。

② 习近平：《在第十二届全国人民代表大会第一次会议上的讲话》，见中共中央文献研究室编：《十八大以来重要文献选编》上，中央文献出版社2014年版，第234页。

决的重要问题。在这次会议上，习近平总书记阐述了中国道路的历史必然性问题。他指出：每一个国家和民族都有不同于其他国家和民族的历史传统、文化积淀、基本国情，所以每一个国家和民族的发展道路一定会有它的特色。“独特的文化传统，独特的历史命运，独特的基本国情，注定了我们必然要走适合自己特点的发展道路。”[①]中国道路的形成与中华民族的文化传统、历史命运和基本国情紧密相连；中国道路之所以有“特色”，根源于中华民族、中华文明所具有的“独特”的文化传统、历史命运和基本国情。这四个“独特”进一步阐释了四个“走出来”的深刻道理，进一步阐释了“雄关漫道”“人间正道”“长风破浪”等深刻含义，进一步阐释了中国道路形成的历史必然性。

第三，初步回答了当代中国现在在哪里的问题，初步阐述了党的十八大以后我们所处的历史方位，宣示了新一届中共中央领导集体坚持和拓展中国道路的坚定决心。习近平总书记最早提到十八大以后我们所处历史方位问题，参观《复兴之路》陈列时，他作出了关于“两个更”重要论断：“我们比历史上任何时期都更接近中华民族伟大复兴的目标，比历史上任何时期都更有信心、有能力实现这个目标。”[②]总书记虽然没有对这个论断展开论述，但这“两个更”论断可以被视作习近平总书记对十八大以后中国所处历史方位的初步揭示。这一论断从实现中华民族伟大复兴历史进程的视角阐明了十八大以后中国发展的阶段性含义和阶段性特征，初步回答了我们现在在哪里的问题，也阐明了新一届党中央坚持和拓展中国道路的现实起点或实践起点（也可以说是新的历史起点）。

习近平总书记宣示了新一届中共中央领导集体在这个现实起点上坚持和拓展中国道路的坚定决心。在中共十八届一中全会上，他明确

① 《习近平出席全国宣传思想工作并发表重要讲话》，《人民日报》2013年8月21日第1版。

② 习近平：《中国梦，复兴路》，见中共中央文献研究室编：《十八大以来重要文献选编》上，中央文献出版社2014年版，第83页。

提出：在中国道路上实现民族复兴的崇高事业，“需要一代又一代中国共产党人带领人民接续奋斗”[①]。习近平总书记要求新进中央委员会的委员、候补委员接续奋斗，他将中国特色社会主义事业的坚持和发展称作是撰写“一篇大文章”[②]。邓小平提出改革开放战略，为中国道路奠定了理论基础。以江泽民同志、胡锦涛同志为主要代表的中国共产党人在文章上都写出了精彩篇章。他强调我们这一代要把这篇文章继续写下去。考察党的十一届三中全会以来的实践进程，可以得出一个认识：历代中国共产党人的努力奋斗，充分展示出中国共产党在改革开放新时期已经形成并不断发扬了开辟、坚持和发展中国道路的“一以贯之的接力探索”的伟大传统。纵观改革开放四十多年不平凡的发展历程，中国道路的开辟、坚持和发展绝非一马平川、一帆风顺，大多是坎坎坷坷、艰难曲折，出现过动摇甚至中断的危险。凭借邓小平、江泽民、胡锦涛、习近平等一代代共产党人以坚韧不拔的坚定意志“一以贯之的接力探索”，中国道路才能得以不断地坚持和发展。

第四，明确回答了当代中国往哪里去的问题，丰富了新一届中共中央领导集体拓展中国道路的目标内涵。这是习近平总书记关于中国道路重要论述初步形成的鲜明标志。习近平总书记在十八大报告要求的基础上，利用他和中共中央政治局其他常委首次集体同中外记者见面、首次集体外出活动之际，宣示了新一届中共中央领导集体的执政目标，将中国人民对美好生活的向往、中华民族对伟大复兴的梦想纳入了拓展中国道路的奋斗目标，丰富了十八大报告关于“两个一百年”奋斗目标的内涵。习近平在十八届一中全会刚一结束，就告诉记者并通过记者昭告全世界：“人民对美好生活的向往，就是我们的奋斗目

① 习近平：《全面贯彻落实党的十八大精神要突出抓好六个方面工作》，《求是》2013年第1期，第3页。

② 习近平：《关于坚持和发展中国特色社会主义的几个问题》，见中共中央文献研究室编：《十八大以来重要文献选编》上，中央文献出版社2014年版，第114页。

标。”[①]半个月以后，在参观《复兴之路》陈列时，习近平总书记又一次带领新一届中央政治局常委集体出场，明确宣示：“我坚信，到中国共产党成立一百年时全面建成小康社会的目标一定能实现，到新中国成立一百年时建成富强民主文明和谐的社会主义现代化国家的目标一定能实现，中华民族伟大复兴的梦想一定能实现。”[②]“两个一百年”奋斗目标，实际上是前述“人民对美好生活的向往”的具体化、步骤化。中国梦是“人民对美好生活的向往”的一个重要的阶段性目标，是这一阶段性目标和任务的概括和浓缩。其主要内涵和本质是“实现国家富强、民族振兴、人民幸福”[③]，其“核心内涵是中华民族的伟大复兴”[④]。在习近平总书记的心目中，中国人民和中华民族具有至高无上的位置。他就任总书记以后首次同中外记者见面时，就强调了新一届中央领导集体对中国人民和中华民族所肩负的重大历史责任。这也是习近平总书记带领全党接续奋斗的不竭动力。实现中华民族对伟大复兴的梦想和中国人民对美好生活的向往，是习近平总书记全面拓展中国道路的伟大目标，在历代中国共产党人奋斗目标的基础上进一步丰富了以习近平同志为核心的党中央关于中国道路奋斗目标的内涵。

第五，创造性地阐述了全面开拓中国道路的重要路径。在这一阶段，习近平总书记从创新驱动、深化改革、和平发展等方面阐述了拓展中国道路的重要路径，概括起来说，其主要内容有三点。

首先，必须在新一轮科技革命和产业革命的过程中，抓住百年不遇的机遇，实施好创新驱动发展战略。科学技术作为第一生产力，它

---

① 习近平：《人民对美好生活的向往，就是我们的奋斗目标》，见中共中央文献研究室编：《十八大以来重要文献选编》上，中央文献出版社2014年版，第70页。

② 习近平：《中国梦，复兴路》，见中共中央文献研究室编：《十八大以来重要文献选编》上，中央文献出版社2014年版，第84页。

③ 中共中央文献研究室编：《习近平关于实现中华民族伟大复兴的中国梦论述摘编》，中央文献出版社2013年版，第5、7页。

④ 中共中央文献研究室编：《习近平关于实现中华民族伟大复兴的中国梦论述摘编》，中央文献出版社2013年版，第10页。

的历史性变革是第一生产力加速发展，甚至超越常规发展的黄金时期。2013年9月，中共中央政治局第九次集体学习关于实施创新驱动发展战略问题。政治局经过学习和讨论，肯定了新一轮科技革命和产业革命“正在孕育兴起”，变革和突破的能量正在不断积累。习近平提出，要敏锐把握新的发展趋势，把我国的创新驱动发展战略实施好。他强调：这轮科技革命和产业变革“与我国加快转变经济发展方式形成历史性交汇，为我们实施创新驱动发展战略提供了难得的重大机遇”①。要增强在新一轮科技革命和产业变革大国竞争中的忧患意识，抓住和用好百年不遇的机遇。

其次，必须全面深化改革，增强改革的系统性、整体性、协同性。党的十一届三中全会以来的实践表明，改革开放是社会主义社会发展的根本动力。在新的历史起点上继续开拓中国道路，必须进一步改革开放。2012年12月7日至11日，习近平总书记第一次离京，就去了中国改革开放的最前沿。在考察广东时，他重申了坚定不移地推进改革开放的决心，深刻阐述了改革开放的伟大意义，进一步提出了全面深化改革新的要求。他指出：改革开放是中国共产党历史上的伟大觉醒，它“孕育了新时期从理论到实践的伟大创造”②。他进一步用“两个关键”③定位改革开放的伟大功能：决定中国命运的关键，实现“两个一百年”奋斗目标和中华民族伟大复兴的关键。如何在新的历史起点上全面深化改革，他首次提出：改革要强化其系统性、整体性和协同性。系统性、整体性、协同性要求增强“全面深化改革的顶层设计和总体

① 《习近平在中共中央政治局第九次集体学习时强调 敏锐把握世界科技创新发展趋势 切实把创新驱动发展战略实施好》，《人民日报》2013年10月2日第1版。

② 《习近平在广东考察时强调 增强改革的系统性整体性协同性 做到改革不停顿开放不止步》，《人民日报》2012年12月12日第1版。

③ 《习近平在广东考察时强调 增强改革的系统性整体性协同性 做到改革不停顿开放不止步》，《人民日报》2012年12月12日第1版。

规划”[1]。回到北京以后，他就坚定不移推进改革开放问题主持了十八届中共中央政治局的第二次集体学习，认真回顾和深入总结改革开放的历程，并从五个方面认真总结了改革开放的成功经验，以更加坚定地肩负起全面深化改革的重大责任。

最后，必须坚持和平发展，提出共建“一带一路”倡议。中国是一个大国，其发展必然会影响着世界发展的进程和国际秩序，牵动着其他大国的神经。能否走出一条和平发展道路，对中国能否顺利实现社会主义现代化、人民对美好生活的需要和中华民族伟大复兴至关重要。2013年1月28日，十八届中央政治局集体学习，习近平总书记就中国和平发展问题提出和阐述了若干重要思想观点。这些重要思想观点概括起来主要有四点：一是和平与发展密切相关，和平发展具有极大的重要性。实现“两个一百年”和中国梦的奋斗目标，需要和平的国际环境。[2]二是实现和平发展的力量主要是靠我国自己。我们要集中精力使我们的国家和人民更富强更富裕，“依靠不断发展起来的力量更好走和平发展道路”[3]。三是实现和平发展国际社会都有责任。他提出了“决不能”放弃、“决不能”牺牲我国核心利益的重要观点。他强调指出：“中国走和平发展道路，其他国家也都要走和平发展道路。”[4]四是实现和平发展要促进中国机遇与世界机遇的相互转化，促进中国与其他国家的良性互动和互利共赢。他指出：我们要更好地“把国内发展与对外开放统一起来，把中国发展与世界发展联系起来，把中国人民利益同各国人民共同利益结合起来”[5]，共同应对全球性挑战，为全球发展作出贡献。这就为后续提出共建“一带一路”倡议奠定了思想基础。

---

① 《习近平在广东考察时强调 增强改革的系统性整体性协同性 做到改革不停顿开放不止步》，《人民日报》2012年12月12日第1版。

② 《习近平谈治国理政》，外文出版社2014年版，第248页。

③ 《习近平谈治国理政》，外文出版社2014年版，第248页。

④ 《习近平谈治国理政》，外文出版社2014年版，第249页。

⑤ 《习近平谈治国理政》，外文出版社2014年版，第248—249页。

为了实现和平发展，在中外经济合作上要有新思路和新举措。习近平总书记擘画了共建“一带一路”的宏大战略构想。2013年9月，在出访中亚四国、出席国际会议的前夕，习近平回答了乌兹别克斯坦“扎洪”通讯社的提问，明确提出：“2000多年前，中国和乌兹别克斯坦人民共同开辟了丝绸之路。复兴丝绸之路是我们肩负的共同历史使命。”[①]9月7日，他在哈萨克斯坦的纳扎尔巴耶夫大学发表演讲时首次提出共建“丝绸之路经济带”的倡议，[②]并认为可以从加强相关国家之间的政策、道路、贸易、货币、民心等“五通”做起来，逐步形成区域大合作。10月3日，他到访印度尼西亚国会，在发表演讲时又提出共建21世纪“海上丝绸之路”，倡议筹建“亚洲基础设施投资银行”。于是，习近平总书记先后在中亚、东南亚倡议共同建设“丝绸之路经济带”和21世纪“海上丝绸之路”即“一带一路”[③]这一复兴丝绸之路的倡议，为亚欧非等辽阔大陆和浩渺海洋上各国的经济合作和发展提供了新思路，开辟了新道路。同年12月10日，在中央经济工作会议上，习近平总书记阐述了建设“丝绸之路经济带”和21世纪“海上丝绸之路”的意义。他深刻指出：这一倡议“是党中央统揽政治、外交、

---

① 《习近平接受土、俄、哈、乌、吉五国媒体联合采访》，《人民日报》2013年9月4日第2版。

② 习近平：《弘扬人民友谊 共创美好未来——在纳扎尔巴耶夫大学的演讲》，《人民日报》2013年9月8日第3版。

③ 习近平总书记本人首次使用“一带一路”提法和概念，从公开发表的文本来看，可能是2014年6月5日他在中阿合作论坛第六届部长级会议开幕式上的讲话。他在这一讲话中还提出了“共商共建共享”原则。2015年10月出版的中共中央文献研究室编的《习近平关于协调推进“四个全面”战略布局论述摘编》第78页公布了一段习近平2013年12月10日《在中央经济工作会议上的讲话》，其中有“一带一路”四字加双引号的表述。如果这确实是习近平当时的原话，那么他首次使用“一带一路”提法和概念就要提前到2013年底。不过，《人民日报》2013年12月14日关于这次会议的报道稿《中央经济工作会议召开 习近平主持会议并作重要讲话》没有“一带一路”字样，而且它还将“推进丝绸之路经济带建设”和“建设21世纪海上丝绸之路”分开阐述。

经济社会发展全局作出的重大战略决策，是实施新一轮扩大开放的重要举措，也是营造有利周边环境的重要举措”①。他将“一带一路”形象地比作两只翅膀，认为中国这只大鹏靠两只翅膀能飞得更高更远。可以说，共建“一带一路”倡议是我们与共建国家共同应对全球性挑战、实现世界和平发展的中国方案，是在更广阔的舞台上拓展中国道路的重要举措。

为了实现和平发展，必须处理好中国与大国（如美国、俄罗斯）的关系。习近平总书记提出了深化中俄新时代全面战略协作伙伴关系、构建中美新型大国关系等构想。他担任国家主席以后的首次出访去了俄罗斯，为深化中俄新时代全面战略协作伙伴关系而努力，取得了丰硕的成果。同年6月7日，他到美国加利福尼亚州的安纳伯格庄园，与时任美国总统奥巴马会晤，提出了关于我们需要一个什么样的中美关系、中美应该进行什么样的合作来实现共赢、中美应该怎样携手合作来促进世界和平与发展等新形势下中美两国关系的几个问题。他表示，希望实现中美两国从“跨越太平洋的握手”到“跨越太平洋的合作”的发展。②他在与奥巴马会见记者时表示：两位领导人都认为，“中美应该而且可以走出一条不同于历史上大国冲突对抗的新路”③。可以说，习近平主席的提议和建议得到了美国总统的正面而积极的回应。这也为在新的历史起点上坚持和拓展中国道路创造了初始的良好的国际环境。

3.初步形成阶段小结

总之，2012年11月至2013年11月一年间，习近平总书记关于中国

---

① 中共中央文献研究室编：《习近平关于协调推进“四个全面”战略布局论述摘编》，中央文献出版社2015年版，第78页。

② 《习近平同奥巴马总统举行会晤》，《人民日报》2013年6月9日第1版。

③ 习近平：《构建中美新型大国关系》，见中共中央文献研究室编：《十八大以来重要文献选编》上，中央文献出版社2014年版，第305页。

道路问题的系列重要论述，初步阐述了关于中国道路的理论。这一阶段，习近平初步提出了坚持和拓展中国道路的基本命题，通过初步阐释中国道路的主要含义和历史逻辑、阐明坚持和拓展中国道路的坚定决心、初步阐述党的十八大以后所处的历史方位、初步阐述全面拓展中国道路的目标任务和重要路径等，初步回答了当代中国“从哪里来、现在在哪里、到哪里去”的中国道路问题，是习近平总书记关于中国道路理论的初步形成阶段。

这个阶段的理论成果很丰富，阐述了实现中华民族伟大复兴中国梦的目标和关于以共建“丝绸之路经济带”和21世纪“海上丝绸之路”倡议为主要内容的实现中国和平发展的重要路径等。中国梦极大地丰富了中国共产党“两个一百年”奋斗目标的内涵，中外共建“丝绸之路经济带”和21世纪“海上丝绸之路”倡议极大地创新了中国共产党关于和平发展的实现路径。这对凝聚全党和全国人民的心和力，振奋全党和全国人民的精神，推动中国和世界的和平发展，有着巨大的引领和推动作用。当然，这些丰富的思想成果中，最鲜明的、最富有阶段性特征的思想成果是，习近平总书记鲜明地宣示和阐述了关于中国梦的前进方向和奋斗目标。道路方向和道路目标是道路思想理论中最重要的要素。中国梦的宣示和阐述，不仅仅是丰富了“两个一百年”奋斗目标的内涵，更重要的是，它标志着实现中华民族伟大复兴正式进入了这一进程的最后关键期，标志着坚持和拓展中国特色社会主义道路正式启动了新时代，标志着习近平总书记关于中国道路的理论进入了初步形成的阶段。初步形成阶段一年间虽然没有形成关于“四个全面”的治国理政新方略的理论成果，但已经有了那样成果的萌芽。《人民日报》的评论员文章2015年在回顾“四个全面”战略布局思想形成过程时表述的一段话就说明了这一点。[①]换句话说，“四个全面”战略布局在这一阶段已经有了萌芽。

可以说，习近平总书记关于中国道路理论的初步形成，为在新的历史起点上继续坚持和拓展中国道路起到了举旗定向、破题开路的作用，也为这一理论的正式形成和丰富发展奠定了良好基础。

二、正式形成：阐述“四个全面”战略布局

1. 正式形成阶段概述（2013.11—2017.10）

自2013年11月党的十八届三中全会至2017年10月党的十九大之前的四年间，是习近平总书记关于中国道路理论的正式形成阶段。在这一阶段，习近平总书记明确提出了关于坚持和拓展中国道路的基本命题，深刻阐释了中国道路的历史逻辑及必然性，系统论述了以协调推进“四个全面”战略布局等为主要内容的全面拓展中国道路的新理念新思想新战略，继续从历史、现实与未来相贯通、中国与世界相关联、理论与实践相联系上全面、系统而深刻地阐述了为什么要坚持和拓展中国道路、坚持和拓展什么样的中国道路、怎么样坚持和拓展中国道路、如何着眼于全球视野坚持和拓展中国道路等关于新的历史条件下中国特色社会主义道路的一系列重要问题，在新的历史起点上成功地坚持和极大地拓展了中国特色社会主义道路。

形成阶段的四年间，习近平总书记治党治国治军、内政外交国防等方面的重大工作极为繁重复杂。他的工作日程表上排满了重大事项。

---

① “国家博物馆，《复兴之路》展览中思接千载，追寻中国梦。深圳莲花山，邓小平铜像前再展宏图，激荡改革潮。纪念‘八二宪法’颁行，重申依宪治国、依法执政，塑造法治魂。力行八项规定，以上率下言出必果，坚守生命线……履新第一个月，起笔落墨之际，前进航标已然确立。”人民日报评论员：《引领民族复兴的战略布局——一论协调推进“四个全面”》，《人民日报》2015年2月25日第1版。

内政方面主要有：召开党的十八届三中全会、四中全会、五中全会、六中全会等中央委员会全体会议，开展和总结党的群众路线教育实践活动，在庆祝中国共产党成立95周年、全国人民代表大会成立60周年、中国人民政治协商会议成立65周年、中国人民解放军建军90周年大会上讲话，在纪念毛泽东诞辰120周年座谈会、邓小平诞辰110周年座谈会、孙中山诞辰150周年大会上讲话，在纪念中国人民抗日战争暨世界反法西斯战争胜利70周年、红军长征胜利80周年大会上讲话，在文艺工作、哲学社会科学工作等座谈会上讲话，主持中央政治局及其常委会会议并主持中央书记处工作，在中央纪律检查委员会全体会议上讲话，主持中央国家安全委员会、中央全面深化改革领导小组、中央网络安全和信息化领导小组、中央军委深化国防和军队改革领导小组、中央财经领导小组工作等。外交方面主要有：中国主办若干次主场外交活动，包括2014年5月上海亚洲相互协作与信任措施会议第四次峰会、2014年11月北京亚太经合组织第二十二次领导人非正式会议、2016年9月杭州二十国集团第十一次领导人峰会、2017年9月厦门金砖国家领导人第九次会晤等；中国主办自己倡议的重要国际外交活动，包括2016年1月北京亚洲基础设施投资银行开业庆典、2017年5月北京“一带一路”国际高峰论坛圆桌峰会等；重要接访和出访活动，包括2014年3月访问荷兰、法国、德国、比利时等欧洲国家和访问联合国教科文组织巴黎总部、布鲁日欧洲学院等，2014年下半年访问了巴西、印度、韩国等重要国家，2017年1月参加世界经济论坛年会、访问联合国日内瓦总部并发表演讲，2017年4月在佛罗里达州海湖庄园与美国新任总统特朗普举行中美元首首次会晤等。从内政工作来看，习近平总书记治国理政的新理念新思想新战略正式形成并推动了中国的发展和进步；从外交工作来看，中国自从2013年秋季提出“一带一路”倡议以后，对外关系发展开始出现了由以往“适应”“接轨”世界到积极“参与”“引领”全球治理体系改革的重大转变。

从习近平总书记关于中国道路的理论与实践来看，如果说在初步形成阶段是拓展中主要体现了坚持，那么在正式形成阶段就是在坚持中更多地体现了拓展。为什么将党的十八届三中全会作为习近平总书记关于中国道路的理论正式形成阶段的起点呢？这与十八届三中全会全面拓展中国道路的意图、内容和作用是有关系的。概括起来说，十八届三中全会召开的意图就是要在新的历史起点上全面拓展中国道路，全会的内容和决定充分体现了这个意图，全会的作用也完全实现了这个意图。关于全会这个意图，习近平所作的《关于〈中共中央关于全面深化改革若干重大问题的决定〉的说明》里表达得很清楚。他分析了改革开放以来党的历届三中全会决定的历史性意义，指出："改革开放以来，历届三中全会研究什么议题、作出什么决定、采取什么举措、释放什么信号，是人们判断新一届中央领导集体施政方针和工作重点的重要依据，对做好未来五年乃至十年工作意义重大。"[①]从每一代领导集体来说，他主要指的是十二届三中全会、十四届三中全会、十六届三中全会等逢双届的三中全会。这些三中全会是新一代领导集体释放施政方针和工作重点信号的重要全会，先后在关于经济体制改革、建立和完善社会主义市场经济体制等主题上作出了决定，释放了坚定不移地接续推进改革开放的强烈政治信号，是当时人们判断以邓小平同志为核心的党中央、以江泽民同志为核心的党中央、以胡锦涛同志为总书记的党中央施政方针和工作重点的重要依据，其实践意义极为重大。因此，党的十八届三中全会要研究什么议题、作出什么决定、采取什么举措、释放什么信号非常重要，这也是国内外人们判断以习近平同志为核心的党中央施政方针和工作重点的重要依据，对做好未来一个时期党和国家的工作有着重大的意义。习近平总书记强调指出：历届三中全会都讨论研究改革问题，是释放一个重要信号，中国共产党将坚定不移地高举改革开放旗帜，坚持三中全会以来的理论和路线。"说到底，就是要回答每一代中国共产党人在新的历史条件下举什么

① 中共中央文献研究室编：《十八大以来重要文献选编》上，中央文献出版社2014年版，第493页。

旗、走什么路的问题。”[①]换句话说，改革开放以后的历届中共中央的三中全会都是要解决关于新时期各个阶段中国发展的方向和路径的道路问题。因此，党的十八届三中全会同样如此，也必须如此，必须解决在新的历史起点上中国发展的方向和路径的问题。这是十八届三中全会成为习近平总书记关于中国道路重要论述正式形成的起点的主要依据。

在正式形成阶段，经历了一个从“习近平总书记系列重要讲话精神”，到“一系列治国理政新理念新思想新战略”，再到“习近平总书记系列重要讲话精神和治国理政新理念新思想新战略”等发展变化的过程。这一认识和概括的发展变化贯穿于习近平总书记关于中国道路重要论述及重要思想正式形成阶段的始终。党的十八届三中全会以后，中共中央、国务院、全国人大、全国政协、中央纪委等，在部署2014年新的一年的工作时，都明确提出了认真学习贯彻习近平总书记系列重要讲话精神的新要求。2014年1月13日，王岐山在十八届中央纪委三次全会上对2014年工作率先提出了“认真贯彻习近平总书记系列讲话精神”[②]的总体要求。3月3日，俞正声在政协全国委员会常委会的工作报告关于2014年的工作部署中，提出了“贯彻落实习近平同志系列重要讲话精神”[③]的要求。3月5日，李克强在《政府工作报告》关于新的一年工作的总体部署中，同样提出了“贯彻落实习近平同志系列重要讲话精神”[④]的要求。3月9日，张德江在全国人大常委会工作报告关于新一年工作总体要求中，提出了“学习贯彻习近平总书记系

① 中共中央文献研究室编：《十八大以来重要文献选编》上，中央文献出版社2014年版，第495页。

② 中共中央文献研究室编：《十八大以来重要文献选编》上，中央文献出版社2014年版，第732页。

③ 中共中央文献研究室编：《十八大以来重要文献选编》上，中央文献出版社2014年版，第822页。

④ 中共中央文献研究室编：《十八大以来重要文献选编》上，中央文献出版社2014年版，第837页。

列重要讲话精神”[1]，并在报告的结尾处提出了“全面贯彻落实习近平总书记系列重要讲话精神”[2]。2014年开春党和国家领导人在工作报告中近乎一致的新提法说明，中共中央对新的一年工作明确地提出了认真学习和贯彻习近平总书记系列重要讲话精神的新要求。这一新要求表明，党的十八大以后，习近平总书记的系列重要讲话确实是顺应了时代新要求、人民新期待，提出了一系列新思想新观点，指导党和国家工作打开了新局面、在新的历史条件下成功地坚持和发展了中国特色社会主义。

中共中央委员会从党的十八届四中全会开始，对习近平总书记的思想不断地作出新概括和明确地提出贯彻落实要求。2014年10月召开的十八届四中全会的公报第一次在中共中央委员会全体会议文件中出现了“深入贯彻习近平总书记系列重要讲话精神”[3]的提法。2015年10月，十八届五中全会公报将四中全会的“习近平总书记系列重要讲话精神”用“一系列治国理政新理念新思想新战略”的提法来进行定义，使“系列重要讲话精神”有了确定的内涵和特征。五中全会公报指出：这“一系列治国理政新理念新思想新战略”深化对共产党执政、社会主义建设、人类社会发展等三大规律的认识，“为在新的历史条件下深化改革开放、加快推进社会主义现代化提供了科学理论指导和行动指南”[4]。2016年10月召开十八届六中全会，全会的公报进一步出现了“习近平总书记系列重要讲话精神和治国理政新理念新思想新战略”的新提法，在以往的“深入贯彻习近平总书记系列重要讲话精神”

① 中共中央文献研究室编：《十八大以来重要文献选编》上，中央文献出版社2014年版，第873页。

② 中共中央文献研究室编：《十八大以来重要文献选编》上，中央文献出版社2014年版，第878页。

③《中国共产党第十八届中央委员会第四次全体会议公报》，《人民日报》2014年10月24日第1版。

④《中国共产党第十八届中央委员会第五次全体会议公报》，《人民日报》2015年10月30日第1版。

后面加上了“和治国理政新理念新思想新战略”的文字。将“习近平总书记系列重要讲话精神”与“治国理政新理念新思想新战略”合为一个新的完整的概念，这表明习近平总书记的思想具有更为完整、丰富的含义，也具有更为显著、巨大的价值。2017年3月召开的全国两会，政协全国委员会常委会、全国人大常委会的工作报告和国务院的政府工作报告等重要文献，都使用了深入学习贯彻“习近平总书记系列重要讲话精神和治国理政新理念新思想新战略”的新提法。同年5月16日，刘云山在中央党校春季学期第二批入学学员开学典礼上指出：要认真学习并领会“习近平总书记系列重要讲话精神和治国理政新理念新思想新战略”，进一步武装头脑、指导实践、推动工作。①

党中央关于“治国理政新理念新思想新战略”的提法、概括和使用表明，“习近平总书记系列重要讲话精神”已经具有了新的思想内容、新的思想特质和新的行动纲领。这与习近平总书记关于中国道路理论的正式形成在时序上和逻辑上是完全一致的，也恰好验证了习近平总书记关于中国道路的理论处在了正式形成阶段。

2.正式形成的主要表现

习近平总书记关于中国道路理论的正式形成主要表现在五个方面。

第一，鲜明地提出了坚持和拓展中国道路的基本命题。关于当代中国“从哪里来、现在在哪里、到哪里去”的基本命题有一个逐步提出和阐述的过程，从一开始重点提出和阐述“从哪里来、到哪里去”的来路、去路的问题，到以后进一步阐述和强调“现在在哪里”的历史方位问题，这一基本命题最后完整地呈现出来。习近平总书记首次在出访欧洲期间提出这一基本命题。2014年上半年，他访问了西欧一些国家，4月1日到访比利时布鲁日欧洲学院。他应邀发表了演讲，明

① 刘云山：《深入学习掌握习近平总书记系列重要讲话贯穿的马克思主义立场观点方法》，见中共中央党史和文献研究院编：《十八大以来重要文献选编》下，中央文献出版社2018年版，第739页。

确指出："只有了解一个国家从哪里来，才能弄懂这个国家今天怎么会是这样而不是那样，也才能搞清楚这个国家未来会往哪里去和不会往哪里去。"[①]一个月以后的5月4日，他在同北京大学的师生座谈时强调指出："一个民族、一个国家，必须知道自己是谁，是从哪里来的，要到哪里去，想明白了、想对了，就要坚定不移朝着目标前进。"[②]2015年11月，在会见第二届"读懂中国"国际会议外方代表时，他又说道："我们从哪里来？我们走向何方？中国到了今天，我无时无刻不提醒自己，要有这样一种历史感。"[③]2017年1月18日，习近平主席在出席世界经济论坛年会之后来到联合国日内瓦总部。他说：达沃斯年会上各方发言普遍谈到当今世界充满不确定性。"世界怎么了，我们怎么办？这是整个世界都在思考的问题，也是我一直在思考的问题。"他认为，"回答这个问题，首先要弄清楚一个最基本的问题，就是我们从哪里来、现在在哪里、将到哪里去？"[④]这就完整地提出了关于道路的基本命题。可以说，关于当代中国从哪里来、现在在哪里、到哪里去的问题，是习近平总书记反复提出并一直思考的关于坚持和拓展中国道路的基本命题，是事关在新的历史起点上坚持和拓展中国道路的方向性、全局性和战略性的重大问题，必须予以回答。只有正确地解答这一问题，才能真正地坚持和全面拓展中国道路，才能继续坚持和发展中国特色社会主义。关于中国道路基本命题的提出，是习近平总书记坚持和拓展中国道路的思想原点，也是他关于中国道路理论生成的逻辑起点。基本命题提出的当代中国的来路、出路和历史方位问题，提出的理解和把握历史逻辑、理论逻辑和实践逻辑问题，是坚持和拓展

① 《习近平外交演讲集》（第一卷），中央文献出版社2022年版，第124—125页。

② 习近平：《青年要自觉践行社会主义核心价值观》，《人民日报》2014年5月5日第2版。

③ 学习小组整理：《习近平谈文化自信》，人民网-人民日报（海外版）2016年7月13日。

④ 习近平：《共同构建人类命运共同体》，《人民日报》2017年1月20日第2版。

中国道路的首位问题。这一基本命题的提出和阐述，在认识上极大地开拓了坚持和拓展中国道路的理论空间，在实践上极大地拓展了坚持和拓展中国道路的发展格局，有利于中国特色社会主义在新的历史起点上不断创新和发展。

第二，深刻回答了当代中国“从哪里来”的来路问题，深入阐释了中国道路的历史文化底蕴和历史逻辑，从文化自信的广度和深度上坚定走中国特色社会主义道路的信心。习近平总书记坚信，历史、现实和未来是贯通的，中华文明发展之道一脉相传、不能割断。中国特色社会主义道路与中华文明发展道路之间在血脉、传统、底蕴和根基上有着深厚的历史文化联系。在2014年，他比较集中地充分阐述了这些重要的思想观点。2月24日，他在主持中央政治局第十三次集体学习时说道：“不忘本来才能开辟未来”，“善于继承才能更好创新”①。在布鲁日欧洲学院，他指出：中国独特的传统、历史和国情“注定了”我们只能也必须走“适合自己特点的发展道路”②。他强调：5000多年文明史、近代以来170多年斗争史、中国共产党90多年奋斗史、新中国发展史和改革开放探索史等，一脉相承、不可割裂。他认为，中国和欧盟都在经历人类有史以来从未有过的改革进程，走前人没有走过的路。双方要相互尊重各自的道路，带动世界进步。习近平总书记在纪念邓小平诞辰110周年座谈会上强调了道路独立的极端重要性，指出“解决中国所有问题的正确之道”③，就是中国的事情一定要根据自己的特点和实际来办。9月24日，孔子诞辰2565周年国际研讨会开幕，

① 《习近平主持中共中央政治局第十三次集体学习强调 把培育和弘扬社会主义核心价值观作为凝魂聚气强基固本的基础工程》，《人民日报》2014年2月26日第1版。

② 《习近平在布鲁日欧洲学院的演讲》，《人民日报》2014年4月1日第2版。

③ 习近平：《在纪念邓小平同志诞辰一百一十周年座谈会上的讲话》，见中共中央文献研究室编：《十八大以来重要文献选编》中，中央文献出版社2016年版，第48页。

他到会讲话指出：我们要在延续民族文化血脉中不断地开拓发展。[①]10月13日，他主持中央政治局第十八次集体学习，指出：我们要对绵延五千多年的中华文明多一份尊重和思考。他提出了一个崭新的、寓意深刻的论断："数千年来，中华民族走着一条不同于其他国家和民族的文明发展道路。"[②]这个论断认为，中国道路的独特性不是今天才有的，它实际上根源于几千年来中华文明发展道路的独特性。两天后，文艺工作座谈会召开，他认为，增强文化的自觉、自信是坚定中国道路自信的题中之义。[③]两年以后的11月30日，中国文联十大、中国作协九大开幕，他到会讲话强调指出："历史和现实都表明，一个抛弃了或者背叛了自己历史文化的民族，不仅不可能发展起来，而且很可能上演一幕幕历史悲剧。"因此，"坚定文化自信，是事关国运兴衰、事关文化安全、事关民族精神独立性的大问题"[④]。坚定文化自信有助于坚定道路自信，是坚定道路自信最深厚广大的根基。在纪念红军长征胜利80周年大会上，他明确指出："一个不记得来路的民族，是没有出路的民族。"[⑤]长征的经验和启示告诉我们，要"坚定不移走符合中国国情的革命、建设、改革道路"[⑥]。习近平总书记这些重要讲话，全面、系统和深刻地阐述了中国道路的历史渊源，深刻回答了中国道路是"从哪里来"的问题，解决了中国道路的来路问题，厘清了中国道路的

---

① 习近平：《在纪念孔子诞辰2565周年国际学术研讨会暨国际儒学联合会第五届会员大会开幕会上的讲话》，《人民日报》2014年9月25日第2版。

② 《习近平主持中共中央政治局第十八次集体学习 牢记历史经验历史教训历史警示 为国家治理能力现代化提供有益借鉴》，《人民日报》2014年10月14日第1版。

③ 习近平：《在文艺工作座谈会上的讲话》，见中共中央文献研究室编：《十八大以来重要文献选编》中，中央文献出版社2016年版，第135页。

④ 习近平：《在中国文联十大、中国作协九大开幕式上的讲话》，人民出版社2016年版，第6页。

⑤ 习近平：《弘扬伟大长征精神，走好今天的长征路》，见中共中央党史和文献研究院编：《十八大以来重要文献选编》下，中央文献出版社2018年版，第397页。

⑥ 习近平：《弘扬伟大长征精神，走好今天的长征路》，见中共中央党史和文献研究院编：《十八大以来重要文献选编》下，中央文献出版社2018年版，第398页。

历史逻辑。

第三，正确回答了关于当代中国“现在在哪里”的方位问题，深刻阐释了当代中国经济发展所处的阶段及其特征。中国国内生产总值在经历了二十一世纪头十年的高速增长、连续赶超了法英德三国，并在2010年超越日本以后，增长的速度明显放缓。党的十八大以后，国内生产总值增长速度延续了这一趋势。如何看待我国经济发展的这一变化，如何理解我国经济发展的趋势及其特征，如何把握我国经济发展的新要求，习近平总书记作了调查研究，提出了“新常态”这一概念来概括我国经济发展已经进入了一个新阶段。他2014年5月在考察河南时，第一次使用了“新常态”提法，认为我国的发展仍然处于重要战略机遇期，要增强发展的信心，“适应新常态，保持战略上的平常心态”①。两个月以后，他与党外人士座谈时重申了新常态观点。同年11月，亚太经合组织第二十二次领导人非正式会议在北京举行。在APEC工商领导人峰会上，面对各位世界工商界领袖的关注，习近平在主旨演讲中阐述了经济新常态的含义、新常态新机遇、新常态要求等问题。在当年12月9日召开的中央经济工作会议上，习近平总书记正式提出了一个重要论断：在当前和今后一个时期，认识、适应、引领新常态，是“我国经济发展的大逻辑”②。他从消费投资需求、生产能力和产业组织方式、市场竞争特点、资源环境约束、经济风险积累和化解、资源配置模式和宏观调控方式等九个方面进一步阐释了“新常态”的主要特征。2015年5月、7月，习近平总书记先后到浙江、吉林调研，提出：我们对适应和引领新常态在认识和实践上才刚刚起步，“有的方面还没有破题”③；我们要适应和把握进入新常态的趋势性特

---

① 中共中央文献研究室编：《习近平关于社会主义经济建设论述摘编》，中央文献出版社2017年版，第73页。

② 习近平：《经济工作要适应经济发展新常态》，见中共中央文献研究室编：《十八大以来重要文献选编》中，中央文献出版社2016年版，第245页。

③ 中共中央文献研究室编：《习近平关于社会主义经济建设论述摘编》，中央文献出版社2017年版，第84页。

征，“走出一条质量更高、效益更好、结构更优、优势充分释放的发展新路”[①]。这条新路在当年12月召开的中央经济工作会议上有了一个认识思路和行动框架。这次会议在新常态的适应和引领的问题上取得了重要的政策性成果，将供给侧结构性改革作为新的突破口，提出了2016年的五大经济任务：去产能、去库存、去杠杆、降成本、补短板。2016年是我国“十三五”规划的开局之年，也是实行“三去一降一补”政策的头一年。在年初召开的省部级主要领导干部学习和贯彻五中全会精神的专题研讨班上，习近平总书记发表了重要讲话（讲话全文到当年5月10日才在《人民日报》第2版发布）。他分析了“十三五”时期我国经济发展进入新常态后在增长速度、发展方式、经济结构、发展动力等方面的巨大变化和新要求。他指出：“这些变化，是我国经济向形态更高级、分工更优化、结构更合理的阶段演进的必经过程。”[②]他提出了一个新论断：我国进入了“由中等收入国家向高收入国家迈进的阶段”[③]。要高度关注新阶段各种矛盾集中爆发的可能性，未雨绸缪。[④]习近平总书记关于我国经济发展进入“新常态”的重要论断，科学地分析了我国现代化建设的阶段性特征，初步回答了我国基本经济国情和当今中国“现在在哪里”的问题，从经济层面为进一步深化和拓展关于现实中国所处的历史方位的认识奠定了坚实的思想基础。

第四，深刻回答了当代中国“往哪里去”的问题，全面阐述了坚持和拓展中国道路必须以全面建成小康社会为阶段性目标——中国共产党成立一百周年目标——的重要战略任务（这一目标和任务通过十

① 中共中央文献研究室编：《习近平关于社会主义经济建设论述摘编》，中央文献出版社2017年版，第85页。

② 习近平：《在省部级主要领导干部学习贯彻党的十八届五中全会精神专题研讨班上的讲话》，《人民日报》2016年5月10日第2版。

③ 习近平：《深入理解新发展理念》，见中共中央党史和文献研究院编：《十八大以来重要文献选编》下，中央文献出版社2018年版，第161页。

④ 习近平：《深入理解新发展理念》，见中共中央党史和文献研究院编：《十八大以来重要文献选编》下，中央文献出版社2018年版，第168页。

八届五中全会通过的经济社会发展2016年至2020年"十三五"规划的建议得到了落实），协调推进包括全面建设社会主义现代化国家、全面深化改革、全面依法治国和全面从严治党在内的"四个全面"战略布局，在新的历史时期奋力打开了中国特色社会主义事业的崭新局面。可以肯定地说，"四个全面"战略布局的协调推进，特别是实施三大战略举措的提出，是习近平总书记关于中国道路理论的阶段性、标志性的重要理论成果，标志着习近平总书记关于中国道路理论已经正式形成。

首先是全面深化改革。全面深化改革是以习近平同志为核心的党中央治国理政具有时代标志性的重大战略举措，将中国改革开放推进到了一个新阶段，全面开拓了中国道路。党的十八届三中全会以全面深化改革为议题，表明中国的改革已经由经济体制改革，尤其是社会主义市场经济体制的建立和完善、完成经济体制转轨的阶段，转变为全面地深入地推进所有领域和所有层面的改革的新阶段。具体说来主要有两个方面：一方面，所谓所有领域的全面改革，就是经济等五大领域和党的建设等都同时要推进改革，这体现了新阶段改革的"全面性"；另一方面，所谓所有层面的深化改革，就是生产关系、社会关系、上层建筑等层面都要同时进行改革，这体现了新阶段改革的"深入性"。新阶段的改革就是全面的、深入的改革。新阶段的改革顺应了改革开放以来中国社会基本矛盾运动发展的规律性要求。为了更好地推进全面深化改革，2013年12月3日，中共中央政治局第十一次集体学习确定的学习主题是关于历史唯物主义的基本原理。习近平总书记指出：全面深化改革是"适应我国社会基本矛盾运动的变化来推进社会发展"①，"必须不断适应社会生产力发展调整生产关系，不断适应

① 中共中央文献研究室编：《习近平关于协调推进"四个全面"战略布局论述摘编》，中央文献出版社2015年版，第74页。

经济基础发展完善上层建筑”[①]。生产力决定生产关系，经济基础决定上层建筑；生产关系、上层建筑又有着相应的反作用。生产关系集中地体现在经济体制和经济制度上，多年的经济体制改革特别是社会主义市场经济体制的建立和完善，已经在变革和发展我国生产关系上取得了历史性的突破和成效。上层建筑体现在政治领域和文化领域等，在政治领域集中体现在政治制度和国家治理上。全面深化改革的目的与以往的改革目的——经济体制改革的目的——主要是改革生产关系以不断地解放和发展生产力不完全相同（全面深化改革的目的，从根本上说也是要解放和发展生产力的，但不限于此），就是要全面改革和完善整个国家制度体系和国家治理体系。将“完善和发展中国特色社会主义制度、推进国家治理体系和治理能力现代化”[②]确定为全面深化改革的总目标，要求必须推进所有领域的改革。[③]如果说党的十一届三中全会吹响了改革的进军号角，十二届三中全会开始将改革重点确定为经济体制改革并推出了经济体制改革的第一个顶层设计，十四届三中全会和十六届三中全会先后明确提出了经济体制改革的目标和任务是社会主义市场经济体制的建立和完善，那么党的十八届三中全会的决定则是标志着中国改革进入了一个以完善和发展中国特色社会主义制度、实现国家治理体系和治理能力现代化为主要目标和任务的全面深化各个领域和各个层面的体制改革并完善制度的新阶段。

其次是全面依法治国。改革与法治密切相关。全面深化改革必须全面依法治国。古代中国的改革一般叫“变法”，如商鞅变法、王安石变法等，这是有一定道理的。“变法”实际上是破旧立新。如果说“变”主要是破旧、改变旧的制度的话，那么“法”主要是立新、建章

① 中共中央文献研究室编：《习近平关于协调推进“四个全面”战略布局论述摘编》，中央文献出版社2015年版，第74页。

② 《习近平谈治国理政》（第二卷），外文出版社2017年版，第289页。

③ 习近平：《切实把思想统一到党的十八届三中全会精神上来》，见中共中央文献研究室编：《十八大以来重要文献选编》上，中央文献出版社2014年版，第547页。

立制。因此，改革与法治是一个变革的两个方面或两个环节，相互联系，密不可分。改革需要法治予以保障，以固化改革取得的成功果实；法治需要改革深入推进，以不断发展法律制度和社会制度。全面依法治国与全面深化改革是新的阶段中国变革的两个重要方面或两个重要环节，相互联系，缺一不可。这样一来，全面建成小康社会一定要全面深化改革、全面依法治国，它们之间有着内在的理论逻辑关系和必然的实践逻辑关系。习近平在《关于〈中共中央关于全面推进依法治国若干重大问题的决定〉的说明》中提出了关于“三个全面”的概念，认为全面建成小康社会、全面深化改革、全面推进依法治国（十八届四中全会用的还是这个提法，与以后“四个全面”中的提法相比多了“推进”二字）三者体现了“‘三个全面’的逻辑联系”[①]。“三个全面”的提出，既表明了党中央治国理政的一个战略考量，也说明了全面依法治国与全面深化改革的逻辑关系。“三个全面”的提出表明习近平总书记在治国理政的战略布局上已经形成了一个阶段性的初步的成果。全面依法治国有深远的重大的战略考量，“是完善和发展中国特色社会主义制度、推进国家治理体系和治理能力现代化的重要方面”[②]。它既是立足于解决“改革发展稳定中的矛盾和问题的现实考量，也是着眼于长远的战略谋划”[③]。习近平总书记提出：“全面建成小康社会之后路该怎么走？如何跳出‘历史周期率’、实现长期执政？如何实现

---

① 习近平：《关于〈中共中央关于全面推进依法治国若干重大问题的决定〉的说明》，见中共中央文献研究室编：《十八大以来重要文献选编》中，中央文献出版社2016年版，第144页。

② 习近平：《关于〈中共中央关于全面推进依法治国若干重大问题的决定〉的说明》，见中共中央文献研究室编：《十八大以来重要文献选编》中，中央文献出版社2016年版，第142页。

③ 中共中央文献研究室编：《习近平关于社会主义政治建设论述摘编》，中央文献出版社2017年版，第84页。

党和国家长治久安？这些都是需要我们深入思考的重大问题。”[①]他认为：“法治和人治问题是人类政治文明史上的一个基本问题，也是各国在实现现代化过程中必须面对和解决的一个重大问题。”[②]世界近现代史上那些陷入现代化“陷阱”的国家，与法治不彰有很大关系。习近平总书记强调，全面依法治国必须走正确道路，这是“一个管总的东西”[③]。“如果路走错了，南辕北辙了，那再提什么要求和举措也都没有意义了。”这条道路就是“中国特色社会主义法治道路”。中国特色社会主义法治道路是中国道路在法治建设领域的体现，指明了全面依法治国的正确方向，为坚持和拓展中国道路增添了新的重要内容，也提出了新课题和新任务。

最后是全面从严治党。这一战略举措的提出，完整地构建了以习近平同志为核心的党中央在治国理政上的战略布局。习近平总书记首次提出“全面推进从严治党”，据已经公布的文献，是2014年10月8日他在群众路线教育实践活动总结会上的讲话：大会就“全面推进从严治党进行部署”[④]。他首次明确提出“全面从严治党”概念可能是2014年底全国政协新年茶话会上的讲话。[⑤]这以后，习近平总书记对全面从严治党问题多次进行阐述，逐步丰富和发展了关于全面从严治党的理论。2015年十二届全国人大三次会议召开的第一天，他参加上海代表团审议时强调了全面从严治党的必要性，指出：它是新形势下党

① 中共中央文献研究室编：《习近平关于社会主义政治建设论述摘编》，中央文献出版社2017年版，第84页。

② 中共中央文献研究室编：《习近平关于社会主义政治建设论述摘编》，中央文献出版社2017年版，第84页。

③ 习近平：《加快建设社会主义法治国家》，见中共中央文献研究室编：《十八大以来重要文献选编》中，中央文献出版社2016年版，第182页。

④ 习近平：《在党的群众路线教育实践活动总结大会上的讲话》，见中共中央文献研究室编：《十八大以来重要文献选编》中，中央文献出版社2016年版，第85页。

⑤ 《习近平在全国政协新年茶话会上的讲话》，《人民日报》2015年1月1日第2版。

“进行具有许多新的历史特点的伟大斗争的根本保证”[①]。在2016年1月召开的十八届中央纪委六次全会上，他深刻阐释了全面从严治党的含义：“全面从严治党，核心是加强党的领导，基础在全面，关键在严，要害在治。”[②]他分别具体解释了诸如“全面”“严”“治”等概念的内涵：“全面”是指要面向全党管党治党，面向全党党员和党组织，覆盖党建各领域、各方面和各部门，其重点是“关键少数”；“严”是指真管、敢管和长管全党党员和党组织；“治”是指各级各类党的组织都要负主体责任；纪委要“敢于瞪眼黑脸，勇于执纪问责”。他指出，管党治党必须真正“从宽松软走向严紧硬”[③]。为了“完善‘四个全面’战略布局的需要”[④]，党的十八届六中全会审议通过了《关于新形势下党内政治生活的若干准则》和《中国共产党党内监督条例》两个全面从严治党的重要文件。习近平总书记在关于两个文件的说明中，对十八届三中、四中、五中全会先后研究全面深化改革、全面依法治国、全面建成小康社会问题，对六中全会专题研究全面从严治党，作了解释。他指出：“四个全面”战略布局“就都分别通过一次中央全会进行了研究和部署”。这是党中央根据这一战略布局对十八届各次“全会议题的一个整体设计”[⑤]。当然，这里有一个问题值得讨论。为什么十八届六中全会没有像十八届三中全会、四中全会专题讨论并通过关

① 中共中央文献研究室编：《习近平关于协调推进“四个全面”战略布局论述摘编》，中央文献出版社2015年版，第149页。

② 习近平：《在第十八届中央纪律检查委员会第六次全体会议上的讲话》，《人民日报》2016年5月3日第2版。

③ 习近平：《在第十八届中央纪律检查委员会第六次全体会议上的讲话》，《人民日报》2016年5月3日第2版。

④ 习近平：《关于〈关于新形势下党内政治生活的若干准则〉和〈中国共产党党内监督条例〉的说明》，见中共中央党史和文献研究院编：《十八大以来重要文献选编》下，中央文献出版社2018年版，第407页。

⑤ 习近平：《关于〈关于新形势下党内政治生活的若干准则〉和〈中国共产党党内监督条例〉的说明》，见中共中央党史和文献研究院编：《十八大以来重要文献选编》下，中央文献出版社2018年版，第407页。

于全面深化改革、全面依法治国的决定那样，也专题讨论并通过“关于全面从严治党的决定”，而是专题讨论并通过两个党内文件呢？如果专题讨论并通过“关于全面从严治党的决定”，不是更能充分体现协调推进“四个全面”战略布局的理论逻辑和实践逻辑吗？笔者理解，这可能有两个方面的原因：一方面，全面从严治党的实践还在逐步展开，其实践经验的全面总结和总体概括还需要一个过程，六中全会通过“关于全面从严治党的决定”条件还不成熟；另一方面，《关于新形势下党内政治生活的若干准则》《中国共产党党内监督条例》两个文件是十八大以后全面从严治党在党内政治生活、党内监督这两个重要领域实践中的经验总结，既在内容上比较完整和比较成熟，又是进一步推进全面从严治党的必须和必要，很好地体现了六中全会全面从严治党的意图。

第五，深刻阐述了坚持和拓展中国道路必须以共商共建共享“一带一路”推动构建人类命运共同体重要思想，揭示了着眼于全球视野坚持和拓展中国道路的目标和路径。共建“一带一路”倡议，既有利于我国的发展，也有利于世界的发展。它“符合我国经济发展内生性要求，也有助于带动我国边疆民族地区发展”[①]。它的提出和初步实践，受到了亚欧非等很多国家的关注、欢迎和响应，其原因主要是它顺应了和平发展的时代潮流和经济全球化趋势中各国加快自身发展的良好愿望，具有深厚的历史渊源和人文基础，唤起了共建国家的历史记忆。2014年6月，中阿合作论坛部长级会议在北京召开。习近平到会祝贺并发表演讲，首次提出了建设“一带一路”的原则，即“共商、共建、共享”[②]的原则，进一步明确了倡议“一带一路”建设的普惠、

① 《习近平在中共中央政治局第三十一次集体学习时强调 借鉴历史经验创新合作理念 让“一带一路”建设推动各国共同发展》，《人民日报》2016年5月1日第1版。

② 习近平：《弘扬丝路精神 深化中阿合作——在中阿合作论坛第六届部长级会议开幕式上的讲话》，《人民日报》2014年6月6日第2版。

共赢的目的和方式，极大地推动了“一带一路”建设的发展。习近平总书记2016年5月强调指出：我们必须以更高站位和更广视野，创新理念和思维，“扎扎实实做好各项工作，使沿线各国人民实实在在感受到‘一带一路’给他们带来的好处”①。

共商共建共享“一带一路”的根本方向和政治抱负既着眼于中国自身的发展，也是为世界谋大同，构建人类命运共同体。习近平总书记2017年12月1日在中国共产党与世界政党高层对话会上指出：“我提出‘一带一路’倡议，就是要实践人类命运共同体理念。”②“人类命运共同体”理念由十八大提出。大会报告“倡导人类命运共同体意识”③。习近平总书记对人类命运共同体问题作了很多阐发，形成了一系列相互联系的思想观点。他阐发这一思想有一个从倡导和树立“人类命运共同体意识”到推动“构建人类命运共同体”行动的发展变化过程。最初，他主要是阐述“人类命运共同体意识”问题。从“倡导”这一意识到“树立”这一意识，他的阐述也有一个变化过程。如果说“倡导人类命运共同体意识”还是一个意愿的话，那么“树立人类命运共同体意识”就是一个信念了。在2012年12月5日同外国专家代表座谈以及在担任国家主席后首次出访俄罗斯时，他都阐述了倡导人类命运共同体意识的重要性。2013年9月5日，在二十国集团领导人第八次峰会上，他提出：“各国要树立命运共同体意识”④，认清“一荣俱荣、一损俱损”的效应，合作共赢。一年以后的11月15日，他在二十国集

① 《习近平在中共中央政治局第三十一次集体学习时强调 借鉴历史经验创新合作理念 让“一带一路”建设推动各国共同发展》，《人民日报》2016年5月1日第1版。

② 习近平：《携手建设更加美好的世界——在中国共产党与世界政党高层对话会上的主旨讲话》，《人民日报》2017年12月2日第2版。

③ 《中国共产党第十八次全国代表大会文件汇编》，人民出版社2012年版，第43页。

④ 《习近平出席二十国集团领导人第八次峰会并发表重要讲话》，《人民日报》2013年9月6日第1版。

团领导人第九次峰会上进一步提出："要树立利益共同体和命运共同体意识"①，将命运共同体与利益共同体结合起来。在习近平总书记看来，人类命运共同体因"你中有我、我中有你"而客观必需，应该也必须成为国际社会发展的方向和目标。

从2015年第七十届联合国大会发言开始，经过2017年初联合国日内瓦总部演讲，再到党的十九大报告，习近平总书记对人类命运共同体的阐述重点，转入了构建人类命运共同体行动，为在更广阔的世界视域中坚持和拓展中国道路注入了新的精神力量。在2015年9月28日第七十届联大一般性辩论时，习近平总书记提出了"携手构建合作共赢新伙伴，同心打造人类命运共同体"的愿景和目标，指出："我们要在国际和区域层面建设全球伙伴关系，走出一条'对话而不对抗，结伴而不结盟'的国与国交往新路。"②这一发言宣示了人类命运共同体必须从树立"意识"转变为"打造"实践。作为中国"打造人类命运共同体"实践行动之一，中国倡议并投资的亚洲基础设施投资银行2016年1月16日举行开业仪式，习近平总书记在开业仪式上指出：我们期待并坚信，亚投行一定能"成为构建人类命运共同体的新平台"③。2017年1月18日，习近平总书记到访联合国日内瓦总部，发表了题为《共同构建人类命运共同体》的演讲，阐述了共赢共享的中国方案。他强调指出："构建人类命运共同体，关键在行动。"国际社会应该"从伙伴关系、安全格局、经济发展、文明交流、生态建设等方面作出努力"④。他介绍了中国为构建人类命运共同体作出的努力，表

① 习近平：《推动创新发展 实现联动增长——在二十国集团领导人第九次峰会第一阶段会议上的发言》，《人民日报》2014年11月16日第2版。

② 习近平：《携手构建合作共赢新伙伴 同心打造人类命运共同体——在第七十届联合国大会一般性辩论时的讲话》，《人民日报》2015年9月29日第2版。

③ 习近平：《在亚洲基础设施投资银行开业仪式上的致辞》，《人民日报》2016年1月17日第1版。

④ 习近平：《习近平主席在出席世界经济论坛2017年年会和访问联合国日内瓦总部时的演讲》，人民出版社2017年版，第24页。

示中国将进一步联结遍布全球的“朋友圈”，共同推进人类命运共同体构建的进程。

构建人类命运共同体以及密切“一带一路”共建国家发展联系思想的提出和阐述，为在新的历史起点上坚持和拓展中国道路打开了更广阔的世界舞台和实践空间。

3.正式形成阶段小结

自党的十八届三中全会至党的十九大前的四年间，习近平总书记明确提出和阐述了坚持和拓展中国道路的基本命题，通过深入回答中国道路“从哪里来”的历史渊源问题，进一步回答当代中国“现在在哪里”的历史方位问题，深刻回答中国道路“往哪里去”的前进方向问题，全面揭示了坚持和拓展中国道路的基本命题，系统阐述了以协调推进“四个全面”战略布局为核心内容的坚持和拓展中国道路的战略目标和战略举措，全面阐述了加强与“一带一路”共建国家的发展联系、推动构建人类命运共同体等重要观点，表明习近平总书记关于中国道路的理论已经正式形成。

协调推进“四个全面”战略布局的提出和实施，是坚持和拓展中国道路的必然要求和应有之义，是习近平总书记关于中国道路理论正式形成的标志性成果。这一战略布局有一个逐步形成的过程。习近平总书记2014年12月中旬在江苏调研时提出协调推进四个“全面”（非“四个全面”概念），即“协调推进全面建成小康社会、全面深化改革、全面依法治国、全面从严治党”[①]。这四个“全面”距党的十八届四中全会关于“三个全面”的概括才两个月左右，距习近平总书记2014年11月1日至2日在福建调研时仍然提“三个全面”才一个月多，何以这么快就出现了关于四个“全面”的提法？认真考察2014年第四季度

---

① 习近平：《协调推进“四个全面”战略布局》，见中共中央文献研究室编：《十八大以来重要文献选编》中，中央文献出版社2016年版，第247页。在《人民日报》2014年12月15日第1版报道稿中，“全面依法治国”为“全面推进依法治国”。

党的思想发展史，可以发现：四个“全面”提法的出现可能与十八届四中全会（10月下旬）同在2014年10月（上旬）举行的群众路线教育实践活动总结会出现的“全面推进从严治党”，及其后对“全面推进从严治党”和“全面推进从严治党”与“三个全面”的逻辑关系认识的逐步深化有着密切的关系。习近平总书记在教育实践活动总结会上虽确实提出“全面推进从严治党”，但他的大会讲话大多数提法还是“从严治党”。这表明，至少在这次总结大会上，习近平总书记还没有完全形成关于“全面从严治党”的系统化的理论观点，还没有完全认识和揭示“全面从严治党”与“三个全面”之间的理论逻辑。从“三个全面”到四个“全面”，再到“四个全面”的提出和概括，习近平总书记的思想认识应该有一个逐步发展和深化的过程。2015年1月23日，他主持政治局第二十次集体学习，将四个“全面”正式概括为“四个全面”[①]，于是，两个月前的“三个全面”发展为“四个全面”。习近平总书记强调指出：“四个全面是当前党和国家事业发展中必须解决好的主要矛盾。”[②]习近平总书记第一次将“四个全面”定位为“战略布局”[③]是2015年2月在省部级主要领导干部学习贯彻党的十八届四中全会精神全面推进依法治国专题研讨班上的讲话。“战略布局”的定位是对“四个全面”丰富内涵和实践价值的揭示，是对“四个全面”在新一届党中央治国理政中战略地位的确认。他明确说道：“这个战略布局，既有战略目标，也有战略举措，每一个‘全面’都具有重大战略意义。”[④]在2015年新春佳节刚过、年度两会即将召开之际，《人民日

---

① 中共中央文献研究室编：《习近平关于协调推进“四个全面”战略布局论述摘编》，中央文献出版社2015年版，第15页。

② 中共中央文献研究室编：《习近平关于协调推进“四个全面”战略布局论述摘编》，中央文献出版社2015年版，第15页。

③ 中共中央文献研究室编：《习近平关于协调推进“四个全面”战略布局论述摘编》，中央文献出版社2015年版，第17页。

④ 中共中央文献研究室编：《习近平关于协调推进“四个全面”战略布局论述摘编》，中央文献出版社2015年版，第17页。

报》从2月25日至3月1日连续五天推出关于“协调推进‘四个全面’”（无“战略布局”字样）的系列评论员文章，认为：“四个全面”“确立了新形势下党和国家各项工作的战略方向、重点领域、主攻目标”，是党“治国理政方略与时俱进的新创造、马克思主义与中国实践相结合的新飞跃”①。《人民日报》的系列评论员文章还引起了美国纽约时报网站、华尔街日报网站、法新社、新加坡联合早报、日本外交学者网站、德国世界报网站、英国广播公司网站等外媒的关注和报道。在这以后，习近平总书记进一步阐述了“四个全面”战略布局的作用问题。3月29日，他将这一战略布局称之为“治国理政方略”②，是实现中国梦的重要保障。2016年1月29日，在主持中央政治局第三十次集体学习时，他将“四个全面”战略布局确定为“我们党在新形势下治国理政的总方略，是事关党和国家长远发展的总战略”③。同年10月，他在党的十八届六中全会上指出：协调推进“四个全面”战略布局是党中央“把握我国发展新特征确定的治国理政新方略，是新的时代条件下推进改革开放和社会主义现代化建设、坚持和发展中国特色社会主义的战略抉择”④。这样，协调推进“四个全面”战略布局理论已完全形成，它正确地指引了中国道路的全面拓展，并进入一个崭新的实践阶段。

作为习近平总书记关于中国道路理论正式形成的标志性成果，“四个全面”战略布局思想的产生，是党的十八大以后尤其是党的十八届三中全会以后坚持和拓展中国道路新实践的重要的阶段性理论成果，

①人民日报评论员：《引领民族复兴的战略布局——一论协调推进“四个全面”》，《人民日报》2015年2月25日第1版。

②中共中央文献研究室编：《习近平关于协调推进“四个全面”战略布局论述摘编》，中央文献出版社2015年版，第18页。

③《习近平谈治国理政》（第二卷），外文出版社2017年版，第27页。

④习近平：《关于〈关于新形势下党内政治生活的若干准则〉和〈中国共产党党内监督条例〉的说明》，见中共中央党史和文献研究院编：《十八大以来重要文献选编》下，中央文献出版社2018年版，第407页。

是在新的历史起点上坚持和拓展中国道路的理论逻辑与实践逻辑辩证统一的必然结果。它成为习近平总书记关于中国道路理论正式形成的主要内容，丰富和发展了中国共产党关于中国道路的理论，对新时代坚持和开拓中国道路的实践有着重大的指导意义。

三、丰富发展：提出“四个伟大”强国方略

1.丰富发展阶段概述（2017.10—　）

党的十九大以来，是习近平总书记关于中国道路的理论丰富和发展阶段。在这一阶段，习近平总书记深入阐述了关于中国道路的基本命题，深刻阐释了中国道路的历史逻辑及其必然性，深刻阐述了当代中国所处的历史方位，系统论述了以统揽“四个伟大”强国方略等为主要内容的拓展中国道路的新理念新思想新战略，以深邃的历史眼光、广阔的世界视野、缜密的理论思维，进一步阐述了坚持和拓展中国道路的原因、内涵、途径以及如何着眼于全球视野拓展中国道路等一系列重要问题，进一步开拓了新时代中国道路。

进入丰富发展阶段以后，习近平总书记以“我将无我、不负人民”的精神全力以赴地投身于治党治国治军、内政外交国防等艰巨繁重的工作中。十九大以来至今已有七年多，他的工作日程仍然满满当当。内政方面主要有：召开党的十九届二中全会、三中全会、四中全会和五中全会等中央委员会全体会议，开展和总结全党“不忘初心、牢记使命”主题教育，在庆祝改革开放40周年、中国人民政治协商会议成立70周年、中华人民共和国成立70周年大会上讲话，在纪念马克思诞辰200周年大会上讲话，在纪念五四运动100周年大会上的讲话，主持中央政治局及其常委会会议并主持中央书记处工作，在中央纪委全会上讲话，主持中央几个专门委员会，包括全面深化改革委员会、财经委员会、国家安全委员会、外事工作委员会、审计委员会、全面依法

治国委员会工作，亲自指挥、亲自部署抗击新冠肺炎疫情人民战争、总体战、阻击战。外交方面主要有：中国主办若干次主场外交活动，包括2018年6月青岛上海合作组织成员国元首理事会第十八次会议、2018年9月中非合作论坛北京峰会、2019年5月北京亚洲文明对话大会等；中国主办自己倡议的重要国际外交活动，包括2018年11月与2019年11月在上海先后举办的首届与第二届中国国际进口博览会、2019年4月北京第二届"一带一路"国际合作高峰论坛等；重要接访和出访活动，包括2018年12月同美国总统特朗普会晤等。十九大以来，总的来说，以习近平同志为核心的党中央一方面要通过宪法修改和法律立改固化（制度化）十八大以后取得的实践成果和理论成果，使新时代的发展建立在坚实的基础上；另一方面要根据新的形势和挑战，特别是特朗普上台和新冠肺炎疫情发生以后的中美变局等，进一步推进"四个全面"战略布局，完成全面建成小康社会历史任务，成功启动全面建设社会主义现代化国家新征程。

中共十九大之所以能成为习近平总书记关于中国道路的理论进入丰富和发展阶段的起点，是因为十九大之前习近平总书记关于中国道路的理论已经形成，已经构建了包括一个战略目标、三大战略举措在内的以协调推进"四个全面"战略布局为核心内容的较为完整和系统的理论。正是因为如此，十九大才决定将十八大以来习近平总书记的新理念新思想新战略统一概括命名为"习近平新时代中国特色社会主义思想"（其中包括习近平总书记关于中国道路的重要论述）。十九大开始，习近平总书记关于中国道路问题的新的阐述及其思想观点进一步丰富和发展。从道路问题视角来看，习近平总书记关于中国道路的理论经过初步形成和正式形成两个阶段以后，因为统揽"四个伟大"强国方略的提出和阐述，现在已经发展成为内容丰富、观点系统、结构完整的理论体系。这个理论体系是开放的、发展的，必将随着新时代中国道路实践的拓展而继续丰富和发展，也必将更加有力地指导新时代坚持和拓展中国道路的伟大实践。

丰富发展阶段的习近平总书记关于中国道路理论的标志性成果是统揽“四个伟大”。统揽“四个伟大”是以习近平同志为核心的党中央在党的十九大筹备和召开过程中逐步提出和阐述的。它既是着眼于即将完成全面建成小康社会并开启全面建设社会主义现代化国家新征程这一契机提出来的，更是在宏大的视域上进一步构建和阐释以习近平同志为核心的党中央全面拓展中国道路的理论架构和实践内涵。它以实现“伟大梦想”——中国共产党第二个百年奋斗目标为努力方向和主要目标，建设“伟大工程”，进行“伟大斗争”，推进“伟大事业”。统揽“四个伟大”包含了全面建成小康社会、全面深化改革、全面依法治国、全面从严治党的战略布局，也包含了全面建设社会主义现代化国家、全面深化改革、全面依法治国和全面从严治党的战略布局，它实际上是以习近平同志为核心的党中央治国理政的总方略，可以说是一个“强国方略”。“四个伟大”强国方略的提出和实践，丰富和发展了习近平总书记关于中国道路的理论。

2. 丰富发展的主要表现

习近平总书记关于中国道路理论的丰富和发展主要表现在四个方面。

第一，进一步阐述了坚持和拓展中国道路的基本命题，阐述了当代中国“从哪里来”的历史传承问题。在学习贯彻党的十九大精神研讨班上，习近平总书记强调指出：“只有回看走过的路、比较别人的路、远眺前行的路，弄清楚我们从哪儿来、往哪儿去，很多问题才能看得深、把得准。”[①]他用“五个得来的”重要论断阐述了中国道路的来之不易，指出：中国道路是在40年改革开放的伟大实践，近70年中华人民共和国的持续探索，97年党推进伟大社会革命的实践，170多

---

① 《习近平在学习贯彻党的十九大精神研讨班开班式上发表重要讲话强调 以时不我待只争朝夕的精神投入工作 开创新时代中国特色社会主义事业新局面》，《人民日报》2018年1月6日第1版。

年中华民族近代以来由衰到盛的历史进程，对5000多年中华文明的传承发展的历史中历尽千辛万苦“得来的”[①]。同年3月，习近平总书记在十三届全国人大一次会议上的讲话中着重阐述了关于人民是历史的创造者和真正的英雄的真理，中国人民书写了波澜壮阔的中华民族发展史等。[②]他指出：中国人民特质和禀赋创造了几千年中华文明，影响了当代中国人的精神世界。[③]他全面阐释了中国人民所具有的伟大的创造、奋斗、团结和梦想精神，并指出：伟大人民、伟大民族、伟大民族精神，是坚定中国特色社会主义自信的底气，“也是我们风雨无阻、高歌行进的根本力量！”[④]2018年4月10日，在改革开放迎来40年之际，习近平总书记在博鳌亚洲论坛年会开幕式上阐述了改革开放与中国道路开辟的关系：40年来“中国人民始终上下求索、锐意进取，开辟了中国特色社会主义道路”[⑤]。他强调：改革开放40年实践给人们最重要的启示是，“一个国家、一个民族要振兴，就必须在历史前进的逻辑中前进、在时代发展的潮流中发展”[⑥]。历史逻辑和时代潮流是一个国家和民族振兴发展的基本遵循。2019年1月2日，他向中国社会科学院中国历史研究院的成立表示祝贺，指出：“当代中国是历史中国的

① 《习近平在学习贯彻党的十九大精神研讨班开班式上发表重要讲话强调 以时不我待只争朝夕的精神投入工作 开创新时代中国特色社会主义事业新局面》，《人民日报》2018年1月6日第1版。

② 中共中央党史和文献研究院编：《十九大以来重要文献选编》上，中央文献出版社2019年版，第386—387页。

③ 中共中央党史和文献研究院编：《十九大以来重要文献选编》上，中央文献出版社2019年版，第387页。

④ 中共中央党史和文献研究院编：《十九大以来重要文献选编》上，中央文献出版社2019年版，第389页。

⑤ 习近平：《开放共创繁荣 创新引领未来——在博鳌亚洲论坛2018年年会开幕式上的主旨演讲》，《人民日报》2018年4月11日第3版。

⑥ 习近平：《开放共创繁荣 创新引领未来——在博鳌亚洲论坛2018年年会开幕式上的主旨演讲》，《人民日报》2018年4月11日第3版。

延续和发展。”[①]2020年9月，他在教育文化卫生体育领域专家代表座谈会上提出：“要深入研究中华文明、中华文化的起源和特质，形成较为完整的中国文化基因的理念体系。”[②]在新时代坚持和拓展中国道路，更加需要系统研究中国历史文化和深刻把握人类历史规律。习近平总书记将中国道路进一步与包括改革开放史在内的中国人民创造、奋斗、团结、梦想的伟大历程和伟大精神紧密结合在一起，进一步回答了中国道路“从哪里来”的历史传承、文化传统和文化基因问题。

第二，全面地回答了关于当代中国“现在在哪里”的历史方位问题，深刻阐释了新时代我国社会主要矛盾和时代课题。当今中国经过长期的发展现在到底处在一个什么阶段，其主要特征是什么，面临的主要矛盾和时代课题是什么，这是在新的历史起点上继续坚持和拓展中国道路必须要解决的基本国情问题。十九大之前，习近平总书记用“新常态”概括了中国经济所处的新阶段，为党中央经济决策提供了重要的思想基础。当然，“新常态”是经济领域发展阶段的基本特征，还不是国家整体意义上的国情概括。党的十九大对此作出了重大贡献，科学分析了我国的基本国情，全面回答了当今中国“现在在哪里”的基本问题。习近平总书记2017年7月在省部级主要领导干部专题研讨班上，将十九大定位为“全面建成小康社会决胜阶段、中国特色社会主义发展关键时期”[③]举行的大会，中国共产党在这次大会上必须“明确宣示举什么旗、走什么路、以什么样的精神状态、担负什么样的历

① 《习近平致信祝贺中国社会科学院中国历史研究院》，《人民日报》2019年1月4日第1版。

② 习近平：《在教育文化卫生体育领域专家代表座谈会上的讲话》，《人民日报》2020年9月23日第2版。

③ 《习近平在省部级主要领导干部“学习习近平总书记重要讲话精神，迎接党的十九大”专题研讨班开班式上发表重要讲话》，《人民日报》2017年7月28日第1版。

史使命、实现什么样的奋斗目标”[①]。在十九大报告中，习近平提出：“经过长期努力，中国特色社会主义进入了新时代，这是我国发展新的历史方位。”[②]这一论断是关于当代中国基本国情发展变化的重大判断。他指出：在新时代，我们将“决胜全面建成小康社会、进而全面建设社会主义现代化强国”[③]，不断为人类作出更大贡献。中国之所以能够进入新时代，最主要的原因是人民日益增长的物质文化需要同落后的社会生产之间的矛盾转化为了“人民日益增长的美好生活需要和不平衡不充分的发展之间的矛盾”[④]。在社会主义初级阶段，党的基本路线的目标、内容等也相应地进行一些重要的调整，如奋斗目标就由“现代化国家”调整为“现代化强国”[⑤]。中国共产党在新时代如何坚持和拓展中国道路，习近平总书记提出并揭示了新时代的课题：“新时代坚持和发展什么样的中国特色社会主义、怎样坚持和发展中国特色社会主义。”[⑥]他系统阐述的“八个明确”和“十四个坚持”正确地阐释了

① 《习近平在省部级主要领导干部“学习习近平总书记重要讲话精神，迎接党的十九大”专题研讨班开班式上发表重要讲话》，《人民日报》2017年7月28日第1版。

② 习近平：《决胜全面建成小康社会 夺取新时代中国特色社会主义伟大胜利——在中国共产党第十九次全国代表大会上的报告》，人民出版社2017年版，第10页。

③ 习近平：《决胜全面建成小康社会 夺取新时代中国特色社会主义伟大胜利——在中国共产党第十九次全国代表大会上的报告》，人民出版社2017年版，第11页。

④ 习近平：《决胜全面建成小康社会 夺取新时代中国特色社会主义伟大胜利——在中国共产党第十九次全国代表大会上的报告》，人民出版社2017年版，第11页。

⑤ 习近平：《决胜全面建成小康社会 夺取新时代中国特色社会主义伟大胜利——在中国共产党第十九次全国代表大会上的报告》，人民出版社2017年版，第12页。

⑥ 习近平：《决胜全面建成小康社会 夺取新时代中国特色社会主义伟大胜利——在中国共产党第十九次全国代表大会上的报告》，人民出版社2017年版，第18页。

新时代中国发展之道及其实现路径的道路问题，为在新的历史起点上坚持和拓展中国道路提供了科学指导和基本遵循。

第三，科学回答了当代中国“往哪里去”的重大问题，系统地阐明了以“四个伟大”为主要内容的新时代中国共产党的强国方略。全面建成小康社会是实现民族复兴的阶段性目标。十九大报告指出，今后五年是一个历史交汇期，是一个从全面建成小康社会到实现中国梦的历史交汇期。因此，为实现伟大梦想而冲刺即将历史性地摆在全党和全国人民面前。如何实现伟大梦想，习近平总书记全面地阐明了中国共产党在新时代为实现民族复兴接续奋斗的历史使命，系统地阐述了“四个伟大”的科学内涵和内在逻辑。他在“7·26讲话”中首次提出了关于“四个伟大”的新的命题：新时代“进行伟大斗争、建设伟大工程、推进伟大事业、实现伟大梦想，仍然需要保持和发扬马克思主义政党与时俱进的理论品格，勇于推进实践基础上的理论创新”①。在党的十九大报告中，他进一步阐述了“四个伟大”的科学内涵和内在的逻辑关系。②总体来说，中国共产党只有勇于和善于进行新时代的伟大斗争、建设伟大工程、推进伟大事业，伟大梦想才能真正实现。

首先，实现伟大梦想在新时代必须进行伟大斗争。伟大斗争不是一般的斗争，而是有着很多新的历史特点。改革开放以后，党的十八大报告之后，习近平总书记提出进行具有新的历史特点的伟大斗争的论断。这一论断实际上源于毛泽东思想。在1962年1月扩大的中央工作会议上，毛泽东指出：“我们必须准备进行同过去时代的斗争形式有着许多不同特点的伟大的斗争。”③毛泽东提出关于“伟大的斗争”的

---

①《习近平在省部级主要领导干部“学习习近平总书记重要讲话精神，迎接党的十九大”专题研讨班开班式上发表重要讲话》，《人民日报》2017年7月28日第1版。

② 习近平：《决胜全面建成小康社会 夺取新时代中国特色社会主义伟大胜利——在中国共产党第十九次全国代表大会上的报告》，人民出版社2017年版，第17页。

③《毛泽东文集》第8卷，人民出版社1999年版，第302页。

论断，应该是基于当时国内国际形势以及社会主义建设面临的诸多挑战性的全盘考虑。党的十八大报告和此后习近平总书记对“伟大斗争”的论述，则是对中华民族伟大复兴进入关键期的战略考量。

具体来说，伟大斗争涉及的领域和方面很广泛，如科技、经济、政治、外交、安全、意识形态等。其中，新时代最突出的是要取得新一轮科技革命和产业革命的突破、创造中国发展的良好外部环境、确保总体国家安全等三个方面伟大斗争。

一是推动科学技术实现革命性突破，在新一轮科技革命和产业革命的时代浪潮中抢占高地。2018年5月28日，习近平总书记在两院院士大会上讲话指出，“我们迎来了世界新一轮科技革命和产业变革同我国转变发展方式的历史性交汇期”[①]，历史机遇千载难逢，严峻挑战迫在眉睫。必须抓住这一历史性交汇期的重大机遇，使其与我国创新发展产生同频共振，决不能擦肩而过。他分析，进入21世纪以后全球科技创新进入空前密集和活跃的时期，新一轮科技革命和产业变革“正在重构全球创新版图、重塑全球经济结构”[②]。他提到了诸如新一代信息技术应用、生命科学领域、先进制造技术、能源技术、空间和海洋技术等科学技术都在加速发展、加速突破的趋势，强调：中国实现强盛复兴，就一定要“成为世界主要科学中心和创新高地”，我们“需要建设世界科技强国”[③]，一定要“努力实现关键核心技术自主可控，把创新主动权、发展主动权牢牢掌握在自己手中”[④]。这一观点为美国对中国科技企业的全力打压所证实。2018年10月31日的中央政治局第九

---

① 中共中央党史和文献研究院编：《十九大以来重要文献选编》上，中央文献出版社2019年版，第462页。

② 中共中央党史和文献研究院编：《十九大以来重要文献选编》上，中央文献出版社2019年版，第461页。

③ 中共中央党史和文献研究院编：《十九大以来重要文献选编》上，中央文献出版社2019年版，第462页。

④ 中共中央党史和文献研究院编：《十九大以来重要文献选编》上，中央文献出版社2019年版，第464页。

次集体学习专题讨论了如何推动我国新一代人工智能健康发展问题。抢占新一轮科技革命和产业革命的制高点，是进行具有新的历史特点的伟大斗争的极为关键的组成部分，考验着新时代中国共产党人领导的智慧和能力，必须取得胜利。

二是做好对外工作，努力创造新时代发展中国的良好国际环境。中央在2018年6月24日召开了外事工作会议，研究和部署新时代的外事工作。习近平总书记重点阐述了应该树立正确的历史观、大局观、角色观以把握国际形势的问题。他对中国发展面临的国际形势作出了“两个处于”的重要判断，即“我国处于近代以来最好的发展时期，世界处于百年未有之大变局，两者同步交织、相互激荡”。他提出了一定要深入研讨“世界转型过渡期”和我国“历史交汇期”这两个历史时期的基本特征和演变规律，以“统筹谋划和推进对外工作”[①]。中国和印度虽然相隔喜马拉雅山山脉，但两国都是人口大国，都是经济增长迅速、市场潜力巨大的金砖国家，都是历史文化悠久、文化交流频繁的亚洲文明古国，应该有着很多的共同利益。为了拓展和深化两国的相互理解，2018年4月，习近平与印度总理在武汉举行非正式会晤时指出：“中印都是有着璀璨历史文化的国家，两国文化有许多相通之处，中印两国应开展更广领域、更深层次交流，共同致力于东方文明复兴，共同倡导尊重文明多样性，推动不同文明和谐共处。”[②]三个月后的7月25日，他在金砖国家工商论坛上讲话指出：“当今世界正面临百年未有之大变局。对广大新兴市场国家和发展中国家而言，这个世界既充满机遇，也存在挑战。我们要在国际格局演变的历史进程中运筹金砖合作，在世界发展和金砖国家共同发展的历史进程

① 《习近平在中央外事工作会议上强调 坚持以新时代中国特色社会主义外交思想为指导 努力开创中国特色大国外交新局面》，《人民日报》2018年6月24日第1版。

② 《习近平会见印度总理莫迪》，《人民日报》2018年4月28日第1版。

中谋求自身发展，在‘金色十年’里实现新的飞跃。”[①]2018年9月3日，在中非合作论坛北京峰会开幕式上，习近平总书记指出：中非双方已经走出了“一条特色鲜明的合作共赢之路”[②]。“我们愿同非洲人民心往一处想、劲往一处使，共筑更加紧密的中非命运共同体，为推动构建人类命运共同体树立典范。”[③]2018年11月17日，他在亚太经合组织工商领导人峰会上发表演讲，提出了新形势下国际关系的一连串课题：世界现在面临的变局百年未有，变革虽然可能会催生新机遇，但其过程往往会充满着风险和挑战，“人类又一次站在了十字路口。合作还是对抗？开放还是封闭？互利共赢还是零和博弈？如何回答这些问题，关乎各国利益，关乎人类前途命运”[④]。历史经验表明，国家之间走上对抗道路，不会有真正赢家。

三是防范化解传统安全和非传统安全等领域的重大风险，确保新时代我国的总体国家安全。作为一个道路、制度、意识形态等不同于西方国家，经济、社会又快速发展的东方大国，中国面临的风险与日俱增。2019年1月下旬，中央召开省部级主要领导干部坚持底线思维着力防范化解重大风险专题研讨班，习近平深刻分析了必须高度重视和防范化解政治、意识形态、经济、科技、社会、外部环境、党的建设等领域的重大风险问题。对可能出现的“黑天鹅”事件、“灰犀牛”事件都要高度警惕和严加防范。[⑤]2020年新冠肺炎疫情发生以后，习近

① 习近平：《顺应时代潮流 实现共同发展——在金砖国家工商论坛上的讲话》，《人民日报》2018年7月26日第2版。

② 中共中央党史和文献研究院编：《十九大以来重要文献选编》上，中央文献出版社2019年版，第639页。

③ 中共中央党史和文献研究院编：《十九大以来重要文献选编》上，中央文献出版社2019年版，第641页。

④ 习近平：《同舟共济创造美好未来——在亚太经合组织工商领导人峰会上的主旨演讲》，《人民日报》2018年11月18日第2版。

⑤《习近平在省部级主要领导干部坚持底线思维着力防范化解重大风险专题研讨班开班式上发表重要讲话》，《人民日报》2019年1月22日第1版。

平总书记亲自指挥、亲自部署，领导全国人民打赢了这场疫情防控的人民战争、总体战、阻击战。

其次，新时代实现伟大梦想一定要开展中国共产党自我革命。新时代建设伟大工程必须勇于和善于推进中国共产党自我革命。习近平总书记2016年2月在中央政治局常委会会议审议“两学一做”学习教育方案时就提出：“我们党要搞好自身建设，真正成为世界上最强大的一个政党。”[①]他强调指出：“实践充分证明，中国共产党能够带领人民进行伟大的社会革命，也能够进行伟大的自我革命。”[②]党之所以必须推进自我革命，是因为它必须能够适应和成功应对新时代的各种风险考验和严峻挑战。习近平总书记主持新一届中共中央政治局首次集体学习时，指出：“新征程上，不可能都是平坦的大道，我们将会面对许多重大挑战、重大风险、重大阻力、重大矛盾。”[③]自我革命必须坚持正确的政治方向，必须不忘初心、牢记使命。他带领新一届政治局常委集体瞻仰上海中共一大会址，指出：“只有不忘初心、牢记使命、永远奋斗，才能让中国共产党永远年轻。”[④]2018年1月，他在学习贯彻十九大精神研讨班上阐述了党的自我革命的必要性、可能性和坚定决心。他强调指出：新时代坚持和发展中国特色社会主义，党必须勇于自我革命，使自己更加坚强有力。“在新时代，我们党必须以党的自我

① 中共中央党史和文献研究院编：《十八大以来重要文献选编》下，中央文献出版社2018年版，第177页。

② 中共中央党史和文献研究院编：《十九大以来重要文献选编》上，中央文献出版社2019年版，第86—87页。

③ 《习近平在中共中央政治局第一次集体学习时强调 切实学懂弄通做实党的十九大精神 努力在新时代开启新征程续写新篇章》，《人民日报》2017年10月29日第1版。

④ 《习近平在瞻仰中共一大会址时强调 铭记党的奋斗历程时刻不忘初心 担当党的崇高使命矢志永远奋斗》，《人民日报》2017年11月1日第1版。

革命来推动党领导人民进行的伟大社会革命。”[①]自我革命必须全面从严治党，进一步加强党的建设，不断提高党的建设质量。自我革命的目的是要把党建设得更加坚强有力；党的建设必须要以自我革命的勇气和精神来奋勇推进。新时代党的建设要以政治建设为统领。十八大以来的实践经验表明，“党的政治建设决定党的建设方向和效果，不抓党的政治建设或背离党的政治建设指引的方向，党的其他建设就难以取得预期成效”[②]。习近平总书记深刻阐述了政治方向、政治生态、民心等党的政治建设的一系列重要问题。中共中央先后召开了全国组织、宣传等党的建设工作会议，习近平总书记亲临指导，就勇于自我革命、以政治建设为统领、提高党的建设质量、开创党的建设新局面等问题进行了深刻阐述。在全国政协2019年新年茶话会上，他强调：“人心是最大的政治，共识是奋进的动力。”[③]习近平总书记2019年1月11日在十九届中央纪委三次全会上讲话指出：要以党的政治建设为统领，全面推进党的建设，取得全面从严治党更大战略性成果。[④]为了指导新时代党的政治建设，中共中央于2019年1月31日发布了《关于加强党的政治建设的意见》。

最后，新时代实现伟大梦想必须奋力推进伟大事业和社会革命，全面启动和深化党和国家机构改革，全力推进和扩大新一轮高水平对外开放，推动全面深化改革进入新阶段。改革开放是开辟、坚持和拓

---

① 《习近平在学习贯彻党的十九大精神研讨班开班式上发表重要讲话强调 以时不我待只争朝夕的精神投入工作 开创新时代中国特色社会主义事业新局面》，《人民日报》2018年1月6日第1版。

② 《习近平在中共中央政治局第六次集体学习时强调 把党的政治建设作为党的根本性建设 为党不断从胜利走向胜利提供重要保证》，《人民日报》2018年7月1日第1版。

③ 习近平：《在全国政协新年茶话会上的讲话》，《人民日报》2018年12月30日第2版。

④ 《习近平在十九届中央纪委三次全会上发表重要讲话强调 取得全面从严治党更大战略性成果 巩固发展反腐败斗争压倒性胜利》，《人民日报》2019年1月12日第1版。

展中国道路的一大法宝。党的十九大以后，全面深化改革推进到了深化党和国家的机构改革的阶段。党和国家机构改革的深化，是全面深化改革的客观要求。2018年1月至2月，党的十九届二中全会和三中全会召开，审议通过了《中共中央关于修改宪法部分内容的建议》《中共中央关于深化党和国家机构改革的决定》。2019年10月下旬，党的十九届四中全会审议并通过了《中共中央关于坚持和完善中国特色社会主义制度 推进国家治理体系和治理能力现代化若干重大问题的决定》。中国共产党召开的这一系列中央委员会的全体会议对深化党和国家的机构改革、坚持完善中国特色社会主义制度、推进国家治理现代化等重大问题作出了决定和部署。十九大以后，为了加强对全面深化改革的领导、协调和督促，中央全面深化改革领导小组调整扩大为中央全面深化改革委员会。习近平总书记2018年3月28日主持这个委员会的第一次会议，明确指出："深化党和国家机构改革全面启动，标志着全面深化改革进入了一个新阶段。"[①]这一阶段改革深化的重点是进一步开展党和国家机构这些掌握权力的机关和部门的深层次利益格局的调整和制度体系的变革，实际上就是党和政府壮士断腕、刀刃向内、自我革命，因此，改革将更加凸显其复杂性、敏感性和艰巨性。深化国家监察体制改革是深化党和国家机构改革的重要组成部分，是党和国家机构体系的一次重大重构，对深入推进新时代中国特色社会主义事业有着重大意义。习近平总书记2018年12月13日在十九届中央政治局第十一次集体学习时指出：要强化国家监察，构建集中统一、权威高效的国家监察体系，组建国家监察委员会，目的是要形成以党内监督为主、其他监督相贯通的监察合力，把权力关进制度的笼子里。他强调：各级国家机关和公职人员的权力不是无限的，而是有界受控的。要围绕权力运行的各环节完善防范机制和矫正机制，管好关键的人、

① 《习近平主持召开中央全面深化改革委员会第一次会议强调 加强和改善党对全面深化改革统筹领导 紧密结合深化机构改革推动改革工作》，《人民日报》2018年3月29日第1版。

处、事和时，尤其是把一把手管住管好。[①]经过一年多的努力，适应新时代要求的党和国家机构职能体系主体框架已经初步建立。2019年7月上旬，中央召开深化党和国家机构改革总结会议，习近平总书记讲话指出：深化党和国家机构改革，“是推进国家治理体系和治理能力现代化的一次集中行动”[②]。他强调：“要用好机构改革创造的有利条件，推动全面深化改革向纵深发展，以深化党和国家机构改革新成效，推动开创全面深化改革新局面。”[③]

推进伟大事业和社会革命必须全力推进和扩大新一轮高水平对外开放，加快建设强大的现代化经济体系，共建创新包容的开放型世界经济。建设现代化经济体系是十九大提出的重要任务，是实现经济高质量发展的重要目标和主要任务。2018年1月30日，习近平总书记在中央政治局第三次集体学习时指出：“国家强，经济体系必须强。只有形成现代化经济体系，才能更好顺应现代化发展潮流和赢得国际竞争主动，也才能为其他领域现代化提供有力支撑。”[④]建设现代化经济体系必须进一步扩大开放。十九大提出要推动新一轮高水平对外开放，形成陆海内外联动、东西双向互济的开放格局，共建创新包容的开放型世界经济。2018年4月13日，利用海南建省办经济特区30周年的机会，习近平总书记发出了海南要“争创新时代中国特色社会主义生动范例”的号召：海南要抓住历史机遇，“建设自由贸易试验区和中国特色自由贸易港”，“着力打造全面深化改革开放试验区、国家生态文明

---

① 《习近平总书记在中共中央政治局第十一次集体学习时强调 持续深化国家监察体制改革 推进反腐败工作法治化规范化》，《人民日报》2018年12月15日第1版。

② 《习近平在深化党和国家机构改革总结会议上强调 巩固党和国家机构改革成果 推进国家治理体系和治理能力现代化》，《人民日报》2019年7月6日第1版。

③ 《习近平在深化党和国家机构改革总结会议上强调 巩固党和国家机构改革成果 推进国家治理体系和治理能力现代化》，《人民日报》2019年7月6日第1版。

④ 《习近平在中共中央政治局第三次集体学习时强调 深刻认识建设现代化经济体系重要性 推动我国经济发展焕发新活力迈上新台阶》，《人民日报》2018年2月1日第1版。

试验区、国际旅游消费中心、国家重大战略服务保障区”，“让海南成为展示中国风范、中国气派、中国形象的靓丽名片”①。海南省是以海岛为主的省份，建设以“三区一中心”为主要内容和功能的自由贸易试验区和中国特色自由贸易港，是中国在新时代推进新一轮高水平对外开放的一次战略性举措，对新时代坚持和拓展中国道路有着重大意义。同年10月23日，连接香港、澳门、珠海的港珠澳大桥举行开通仪式，习近平总书记指出：建设大桥又一次充分地体现了我国逢山开路和遇水架桥的奋斗精神，充分地体现了我国综合国力和自主创新能力，充分地体现了中华民族勇创世界一流的民族志气。②港珠澳大桥对粤港澳大湾区建设具有极为重要的价值。为了进一步扩大开放，如同中国政府当年在广州举办中国出口商品交易会一样，同年11月5日，在改革开放即将迎来四十周年之际，中国政府在上海举办了首届中国国际进口博览会。习近平总书记在博览会开办仪式上发表讲话，阐明了中国举办国家级国际进口博览会的意义、目的、意图和决心。他指出：“中国国际进口博览会，是迄今为止世界上第一个以进口为主题的国家级展会，是国际贸易发展史上一大创举。”③中国举办博览会的目的，是“着眼于推动新一轮高水平对外开放作出的重大决策”，是“主动向世界开放市场的重大举措”④。中国举办博览会，充分体现了我们坚决“支持多边贸易体制、推动发展自由贸易的一贯立场”，是我们坚决

① 习近平：《在庆祝海南建省办经济特区30周年大会上的讲话》，《人民日报》2018年4月14日第2版。

② 《习近平出席开通仪式并宣布港珠澳大桥正式开通》，《人民日报》2018年10月24日第1版。

③ 习近平：《共建创新包容的开放型世界经济——在首届中国国际进口博览会开幕式上的主旨演讲》，《人民日报》2018年11月6日第3版。

④ 习近平：《共建创新包容的开放型世界经济——在首届中国国际进口博览会开幕式上的主旨演讲》，《人民日报》2018年11月6日第3版。

“推动建设开放型世界经济、支持经济全球化的实际行动”①。为了进一步扩大对外开放，办好上海中国国际进口博览会，他宣布中国政府将“长江三角洲区域一体化发展提升为国家战略”，以“推进更高起点的深化改革和更高层次的对外开放”。“长江三角洲区域一体化发展”将同“一带一路”建设等互相协调合作，“完善中国改革开放空间布局”②。习近平总书记分析了世界经济发展所面临的风险和挑战，阐明了中国共建创新包容的开放型世界经济的坚定决心，介绍了相关政策举措，彰显了中国的能力与担当。他指出：世界现在正经历新的一轮大的发展、变革和调整，各个国家的经济和社会发展之间的联系愈益密切，全球治理体系和国际秩序的变革正在快速推进；但是保护主义和单边主义正在抬头，多边主义和自由贸易体制受到严重的冲击，世界经济政治的不稳定和不确定因素仍然很多，风险和挑战日益加剧。所有这些因素需要我们“从纷繁复杂的局势中把握规律、认清大势，坚定开放合作信心，共同应对风险挑战”③。他表示，中国推动自身更高水平的开放、建设开放型的世界经济、构建人类命运共同体的坚定决心不会变，“脚步不会停滞”④。他宣布：中国将始终是“全球共同开放的重要推动者”，是“世界经济增长的稳定动力源”，是“各国拓展商机的活力大市场”，是“全球治理改革的积极贡献者”⑤。习近平总书记强调了我国经济不惧风险挑战、继续开放发展的坚强意志和战

① 习近平：《共建创新包容的开放型世界经济——在首届中国国际进口博览会开幕式上的主旨演讲》，《人民日报》2018年11月6日第3版。

② 习近平：《共建创新包容的开放型世界经济——在首届中国国际进口博览会开幕式上的主旨演讲》，《人民日报》2018年11月6日第3版。

③ 习近平：《共建创新包容的开放型世界经济——在首届中国国际进口博览会开幕式上的主旨演讲》，《人民日报》2018年11月6日第3版。

④ 习近平：《共建创新包容的开放型世界经济——在首届中国国际进口博览会开幕式上的主旨演讲》，《人民日报》2018年11月6日第3版。

⑤ 习近平：《共建创新包容的开放型世界经济——在首届中国国际进口博览会开幕式上的主旨演讲》，《人民日报》2018年11月6日第3版。

略定力，豪情满怀而又充满自信地指出：作为有着14亿多人口的大市场和960多万平方公里的辽阔国土的第二大世界经济体，“中国经济是一片大海，而不是一个小池塘”。狂风骤雨虽然可以掀翻小池塘，但绝对不可能掀翻大海。“经历了无数次狂风骤雨，大海依旧在那儿！经历了5000多年的艰难困苦，中国依旧在这儿！面向未来，中国将永远在这儿！”[①]中国一定能够通过全力推进新一轮高水平的对外开放，建设现代化经济体系，为世界经济发展作出贡献。

统揽“四个伟大”的提出和阐述，是以习近平同志为核心的党中央着眼于全面建成小康社会，并实现中国人民美好生活、中华民族伟大复兴和社会主义现代化强国的强国方略，是习近平总书记关于中国道路理论进一步丰富和发展的标志性成果。从中国道路来说，党的十九大报告特别是新时代中国共产党人历史使命和“四个伟大”强国方略的提出，是新时代坚持和拓展中国道路的理论宣示和行动纲领，是既包含又超越了关于“四个全面”战略布局的习近平总书记在新时代治国理政的总的方略，丰富了习近平总书记关于中国道路的理论，极大地推动了中国道路的进一步拓展的伟大进程。

第四，全面阐述了在世界百年未有之大变局中把握正确航向，以共商共建共享“一带一路”推动构建人类命运共同体。党的十九大报告明确提出了中国共产党为人类作贡献、为人类进步事业而奋斗的历史使命。[②]习近平总书记对正处于大发展大变革大调整时期世界面临的困难和挑战进行了深刻分析，肯定了国际力量对比更趋平衡和有利于和平发展的有利条件，指出了世界发展所面临的突出的不确定性不稳定性，以及增长动能不足、贫富分化、地区热点、恐怖主义、网络安

---

① 习近平：《共建创新包容的开放型世界经济——在首届中国国际进口博览会开幕式上的主旨演讲》，《人民日报》2018年11月6日第3版。

② 习近平：《决胜全面建成小康社会　夺取新时代中国特色社会主义伟大胜利——在中国共产党第十九次全国代表大会上的报告》，人民出版社2017年版，第57—58页。

全、重大传染性疾病、气候变化等很多问题。他郑重呼吁：“各国人民同心协力，构建人类命运共同体，建设持久和平、普遍安全、共同繁荣、开放包容、清洁美丽的世界。”[①]构建人类命运共同体，建设持久和平、普遍安全、共同繁荣、开放包容、清洁美丽世界，一个极为重要的途径就是共建“一带一路”。在2017年11月10日召开的亚太经合组织工商领导人峰会上，他指出：共建“一带一路”“重点面向亚欧非大陆，更向所有伙伴开放”，其核心内涵是“促进基础设施建设和互联互通，加强经济政策协调和发展战略对接，促进协同联动发展，实现共同繁荣”[②]。2018年8月27日，在推进“一带一路”建设工作五周年之际，中国召开了座谈会，习近平总书记指出：共建“一带一路”工作已经完成了总体布局，绘就了一幅“大写意”，今后要聚焦重点、精雕细琢，共同绘制好精谨细腻的“工笔画”。共建“一带一路”彰显了命运共同体意识，有助于完善全球治理体系。要推动“一带一路”走深走实，推动构建人类命运共同体。[③]

3.丰富发展阶段小结

党的十九大以后，习近平总书记进一步阐述了坚持和拓展中国道路的基本命题，阐述了当代中国“从哪里来”的历史传承、文化传统和文化基因；深刻阐释了新时代及其主要矛盾和时代课题，全面地回答了关于当代中国“现在在哪里”的历史方位问题，系统地阐明了以“四个伟大”强国方略为主要内容的新时代中国共产党的历史使命，进

① 习近平：《决胜全面建成小康社会 夺取新时代中国特色社会主义伟大胜利——在中国共产党第十九次全国代表大会上的报告》，人民出版社2017年版，第58—59页。

② 习近平：《抓住世界经济转型机遇 谋求亚太更大发展——在亚太经合组织工商领导人峰会上的主旨演讲》，《人民日报》2017年11月11日第2版。

③《习近平在推进“一带一路”建设工作5周年座谈会上强调 坚持对话协商共建共享合作共赢交流互鉴 推动共建“一带一路”走深走实造福人民》，《人民日报》2018年8月28日第1版。

一步回答了当代中国“到哪里去”的问题；全面地阐述了新时代实现伟大梦想必须开展伟大斗争；深入地阐述了伟大梦想的实现有赖于伟大事业和社会革命的推进，全面启动了党和国家机构改革，全力推进和扩大新一轮高水平对外开放，推动全面深化改革进入新阶段；深刻地阐述了新时代实现伟大梦想必须进行中国共产党的自我革命，以党的政治建设统领全面推进党的建设伟大工程；全面地阐述了在世界百年未有之大变局中把握正确航向，以共商共建共享“一带一路”等国际合作推动构建人类命运共同体等重要思想观点，极大地丰富和发展了关于中国道路的理论。

综上所述，习近平总书记关于中国道路的理论不是先知先觉、一蹴而就的，它有一个初步形成、正式形成和丰富发展的过程。他逐步提出和阐述了关于当代中国“从哪里来、现在在哪里、到哪里去”的坚持和拓展中国道路的基本命题，并结合新的实践逐步揭示了基本命题的答案。习近平总书记关于中国道路理论的初步形成、正式形成和丰富发展，是以当代中国“从哪里来、现在在哪里、到哪里去”道路问题为中心，以破解坚持和拓展中国道路的基本命题为主线而进行的。首先是关于当代中国“从哪里来”，他从“四个走出来”到“五个历史”，再到“五个得来的”和中国人民传扬的四个伟大精神等论断，一步步地阐述了中国道路深远的历史渊源和深刻的历史逻辑，论证了中国特色社会主义是实现中华民族伟大复兴的必由之路；其次是关于当代中国“现在在哪里”，他从“两个更”和中等收入大国向高收入国家迈进，到经济处于新常态，再到中国特色社会主义进入新时代等，一步步地揭示了党的十八大以后中国所处的历史方位；再次是关于当代中国“往哪里去”，他从提出中国梦、“人民对美好生活的向往就是我们奋斗的目标”，到坚持以人民为中心的发展思想和发展理念，再到“全面建成社会主义现代化强国”，从“倡导人类命运共同体意识”到“树立人类命运共同体意识”，再到“构建人类命运共同体行动”等，一步步地阐述了当代中国前进的方向和奋斗的目标，并逐步阐述了坚持中国共产党对一切工作的领导、坚持以人民为中心的发展思想和发展理念推动发展全局的变革、协调推进“四个全面”战略布局、统揽“四个伟大”强国方略、共商共建共享“一带一路”等实现目标的基本路径。概括起来说，党的十八大以后，从高调宣示实现中国梦的伟大目标和执政理念，到逐步形成协调推进“四个全面”战略布局，再到阐述“四个伟大”强国方略，习近平总书记关于中国道路的理论确实经历了一个初步形成、正式形成和丰富发展的过程。这个过程，既是一个实践逻辑逐步演变的过程，又是一个理论逻辑逐步展开的过程，体现了实践逻辑与理论逻辑的辩证统一。

从思想生成的逻辑关系来说，实现中华民族伟大复兴中国梦、协调推进“四个全面”战略布局、统揽“四个伟大”强国方略，共同构成了习近平总书记关于中国道路理论生成脉络的三个重要环节。这一生成脉络上的三个重要环节不是一个先后接替、取代的逻辑关系，而是一个逐步展开、拓展、丰富和深化的逻辑关系。实现中华民族伟大复兴的中国梦是习近平总书记关于中国道路理论生成的逻辑起点，既是实践逻辑的起点，也是理论逻辑的原点。中国梦的宣示，开启了以习近平同志为核心的党中央在新的历史起点上坚持和拓展中国道路的伟大实践；中国梦的阐述，是建构习近平总书记关于中国道路理论的理论原点和核心概念的起始环节。以习近平同志为核心的党中央治国理政的实践历程是新时代实现中华民族伟大复兴中国梦的伟大实践，是实现中华民族伟大复兴中国梦的关键时期和冲刺阶段。从这个意义上说，习近平总书记关于中国道路的重要论述是围绕新时代实现中华民族伟大复兴中国梦而展开和演绎的。协调推进“四个全面”战略布局是中国梦这一理论原点和实践起点在新时代展开的第一个理论成果和实践形态。统揽“四个伟大”强国方略是中国梦这一理论原点和实践起点在新时代展开的更宏大更丰富的理论成果和实践形态。统揽“四个伟大”强国方略不是对协调推进“四个全面”战略布局的取代、代替，而是包容了协调推进“四个全面”战略布局。因为，实现伟大梦想包含了全面建成小康社会和全面建设社会主义现代化强国两个百年奋斗目标和任务，建设伟大工程包含了全面从严治党，推进伟大事业包含了全面深化改革和全面依法治国，开展伟大斗争则贯穿于协调推进“四个全面”战略布局进程的始终。协调推进全面建设小康社会、全面深化改革、全面依法治国、全面从严治党的战略布局是统揽“四个伟大”强国方略的一个重要组成部分，是统揽“四个伟大”强国方略的第一个具体的理论成果和实践形态。协调推进全面建设社会主义现代化国家、全面深化改革、全面依法治国、全面从严治党的战略布局也是统揽“四个伟大”强国方略的一个重要组成部分，是统揽“四个伟大”强国方略的第二个具体的理论成果和实践形态。因此，统揽“四个伟大”这一强国方略，是习近平总书记关于中国道路理论的主体内容、理论框架和实践形态。它既是新时代实现中华民族伟大复兴中国梦实践逻辑、理论逻辑的辩证统一，也是新时代实现中华民族伟大复兴中国梦实践展开、理论演绎的集中体现。可以肯定，习近平总书记关于中国道路的理论，在以习近平同志为核心的党中央治国理政实践逐步开展中初步形成、正式形成和丰富发展，也必将随着这一实践的进一步深入而继续丰富和完善。

第三章 中国道路新时代之思的思想内涵

习近平总书记关于中国道路的重要论述是马克思主义关于人类社会发展的基本原理与中华文明的悠久传承相融合、与中国共产党变革和发展中国的历史经验相统一、与党的十八大以后中国特色社会主义的伟大实践相结合的理论成果。这一思想从理论与实践、历史与现实、现实与未来、中国与世界等结合上，围绕着当代中国“从哪里来、现在在哪里、到哪里去”的关于中国道路问题的基本命题，科学地回答了在新的历史起点上为什么要坚持和拓展中国道路、坚持和拓展什么样的中国道路、怎么样坚持和拓展中国道路、如何着眼于全球视野坚持和拓展中国道路，以及坚持和拓展中国道路迫切需要回答的时代课题和诸如方向、目标、内涵、实质、特征、路径、渊源、基础、价值和意义等关于中国道路的一系列全局性、战略性和长远性的基本理论问题，在中国道路的问题上形成了一系列相互联系、相互贯通的重要观点，构成了习近平总书记关于中国道路的理论体系。

一、为什么要坚持和拓展中国道路

中国道路是以毛泽东同志为主要代表的中国共产党人艰辛探索、以邓小平同志为主要代表的中国共产党人成功开辟、以江泽民同志和胡锦涛同志为主要代表的中国共产党人丰富发展的。党的十八大以来，为什么要继续坚持和拓展中国道路，是习近平总书记深入思考的一个重大的问题。这一问题之所以重大，是因为经过三十多年改革开放，中国特色社会主义至十八大前已发展到了一个新的重大历史关头，如果对这一道路问题不能予以明确而透彻的回答，那么我们将很有可能在发展方向和基本路径上模糊不清，跌落发展陷阱。因此，中国道路为什么要继续坚持和拓展，是一个在重大历史关头一定要科学回答的重大政治问题。习近平总书记对为什么要坚持和拓展中国道路问题阐述了很多重要的思想观点。这些思想观点概括起来主要是：道路问题是中国共产党进行革命、建设和改革的最根本的问题，是事关党的事业兴衰成败的首要问题，也是事关党的生死存亡的重大问题；走出符合中国国情的正确道路是伟大事业不断取得成功的根本原因；中国特色社会主义道路是一条正确的发展道路；这一道路具有深厚久远的历史渊源及内在统一的历史逻辑，具有深刻的历史必然性，是中华民族再次创造辉煌、实现伟大复兴、为人类作出更大贡献的必由之路。

1.中国道路是党探索出来的正确道路

道路是发展之道及其实现路径的有机统一。习近平总书记认为，道路问题极端重要，中国道路是中国共产党历经千辛万苦探索出来的正确道路，必须坚持和拓展。

第一，道路问题是中国共产党进行革命、建设和改革的最根本的问题，是事关党的事业兴衰成败的首要问题，也是事关党的生死存亡的重大问题。习近平总书记多次强调道路问题的重要性。他反复阐述关于道路问题的重要性观点，使用的都是诸如“党的生命”“第一位的问题”[①]“最根本的问题”[②]等语言表述。这些表述，尤其是将道路与“党的生命”等同起来，这表明，与理论问题、制度问题、文化问题等

① 习近平：《关于坚持和发展中国特色社会主义的几个问题》，见中共中央文献研究室编：《十八大以来重要文献选编》上，中央文献出版社2014年版，第117页。

② 《习近平在中共中央政治局第七次集体学习时强调 在对历史的深入思考中更好走向未来 交出发展中国特色社会主义合格答卷》，《人民日报》2013年6月27日第1版。

相比较，道路问题是首位问题。虽然理论问题、制度问题和文化问题等也非常重要，但是道路是理论、制度和文化的基础，是理论、制度和文化的源泉。理论是道路的认识概括，制度是道路成果的法律规范，文化是道路成果的精神内核。道路是从实践中走出来的，是实践的产物。实践说到底就是往哪里走、怎么走。道路就是明确了往哪里走、怎么走。道路有正确与错误之分。中国共产党推进中国社会革命实践和党的自我革命实践，首先是必须正确地解决革命往哪里走、怎么走的问题，也就是正确地解决革命的方向与路径、发展之道与实现路径的道路问题。无论是新民主主义革命的方向与路径、社会主义革命的方向与路径，还是社会主义建设的方向与路径、社会主义改革开放的方向与路径，都是这样；无论是党的建设伟大工程的方向与路径，还是党的建设新的伟大工程的方向与路径，也都是这样。离开了正确道路，也就没有了党的社会革命和党的自我革命。

第二，走出符合中国基本国情的正确道路是中国共产党伟大事业能够不断取得成功的根本原因。中国共产党之所以能够从小到大、由弱到强并成为全国范围的执政党，之所以能够取得新民主主义革命的胜利、社会主义革命的成功、社会主义改革的成就，从根本上说，是因为走出了符合中国国情的正确道路。正确道路是符合社会规律、顺应民心民意的道路。只有符合社会规律、顺应民心民意的道路，党领导的社会革命和党的自我革命才能够不断前进，不断胜利。但是，走出正确的道路绝对不是一件容易的事，很多时候需要历尽千辛万苦、千难万险，甚至误入歧途、功亏一篑。大革命失败以后，在革命处于低潮的情况下，中国共产党连续犯了盲目暴动、冒险主义、教条主义等三次“左”的错误，最后使党、红军和根据地等遭到严重打击，中共中央和中央红军被迫开始长征。正是在历经坎坷、风雨如磐的长征路上，毛泽东推动遵义会议改变了前进的方向和路径，新民主主义革命才开始不断地从胜利走向胜利。正是在寻找正确道路这个意义上说，长征对中国共产党的社会革命和自我革命有着特殊的历史意义和时代价值。因此，在纪念红军长征胜利80周年大会上，习近平总书记指出：不记得来路的民族是没有出路的民族。“长征给我们的根本经验和启示，就是要坚持马克思主义基本原理同中国具体实际相结合，坚定不移走符合中国国情的革命、建设、改革道路。”[①]可以说，一百年来，中国共产党的历史，从根本上说，是一部寻找正确道路的历史，是一部沿着正确的道路坚持不懈地推进中国社会的变革和发展的历史。习近平总书记在主持中共十九届中央政治局第五次集体学习时使用了四个“道路”的新提法来概括中国共产党所走过的路：“我们党开辟的新民主主义革命道路、社会主义革命道路、社会主义建设道路、中国特色社会主义道路，都是把马克思主义基本原理同中国具体实际相结合的伟大创造。”[②]这“四个道路”构成了一部中国共产党的道路探索史、道路寻找史、道路选择史、道路创造史和道路前进史。习近平总书记第一次将“社会主义建设道路”与新民主主义革命道路、社会主义革命道路、中国特色社会主义道路并提，认为这一道路同样是将马克思主义基本原理同中国具体实际相结合的创造。这一提法充分肯定了以毛泽东同志为主要代表的中国共产党人探寻中国自身建设社会主义道路的成就。

第三，中国特色社会主义道路是科学运用马克思主义基本原理解决新时期中国发展问题的正确道路。习近平总书记指出：改革开放以来，“我们能够创造出人类历史上前无古人的发展成就，走出了正确道路是根本原因”[③]。这一“正确道路”就是中国特色社会主义道路。它

---

① 习近平：《弘扬伟大长征精神，走好今天的长征路》，见中共中央党史和文献研究院编：《十八大以来重要文献选编》下，中央文献出版社2018年版，第398页。

② 《习近平在中共中央政治局第五次集体学习时强调 深刻感悟和把握马克思主义真理力量 谱写新时代中国特色社会主义新篇章》，《人民日报》2018年4月25日第1版。

③ 《习近平在中共中央政治局第七次集体学习时强调 在对历史的深入思考中更好走向未来 交出发展中国特色社会主义合格答卷》，《人民日报》2013年6月27日第1版。

与新民主主义革命道路、社会主义革命道路、社会主义建设道路既一脉相承又与时俱进。在纪念领导中国人民成功开辟中国特色社会主义道路的邓小平同志诞辰110周年座谈会上，习近平总书记特别使用了"三个决不能"强调了改革开放和社会主义现代化建设与中国革命和建设的历史连续性，表明了坚持走中国特色社会主义道路的坚定决心和战略定力："新民主主义革命的胜利成果决不能丢失，社会主义革命和建设的成就决不能否定，改革开放和社会主义现代化建设的方向决不能动摇。"[①]"三个决不能"的核心要义，就是"决不能"丢失中华人民共和国，"决不能"否定社会主义基本制度和建设社会主义的历史成就，"决不能"动摇继续走中国特色社会主义道路的坚定意志。这"三个决不能"是中国共产党和中国人民能够安身立命和风雨前行的资格，"是解决中国所有问题的正确之道"[②]。没有中国特色社会主义道路，中国共产党和中国人民在当今复杂多变的世界上就无法安身立命和风雨前行。因此，必须继续坚持和不断拓展中国特色社会主义道路。

2. 中国道路有着深厚久远的历史渊源

一个国家发展道路的历史根基和文化底蕴越深厚，其道路的内涵和意义就越丰富，道路的影响也就越广阔和深远。中国道路之所以内涵和意义丰富、影响广阔而深远，是因为它具有极为深厚的历史根基和文化底蕴。中国道路之所以能够形成，习近平总书记认为这并非一朝一夕之功，而是有着深远的历史文化根基，概括起来主要有四点。

第一，中国道路的形成既是改革开放的伟大实践的直接产物，而且可以肯定地说还与改革开放之前中国历史的发展演变有关。众所周

① 习近平：《在纪念邓小平同志诞辰一百一十周年座谈会上的讲话》，见中共中央文献研究室编：《十八大以来重要文献选编》中，中央文献出版社2016年版，第48页。

② 习近平：《在纪念邓小平同志诞辰一百一十周年座谈会上的讲话》，见中共中央文献研究室编：《十八大以来重要文献选编》中，中央文献出版社2016年版，第48页。

知，中国道路是中国共产党领导人民在改革开放的伟大进程中成功地开辟和不断地发展出来的。习近平总书记充分肯定了改革开放对探索当代中国发展道路、开辟中国道路的重大意义，指出："40年的实践充分证明，改革开放是党和人民大踏步赶上时代的重要法宝，是坚持和发展中国特色社会主义的必由之路，是决定当代中国命运的关键一招，也是决定实现'两个一百年'奋斗目标、实现中华民族伟大复兴的关键一招。"[①]改革开放作为中国共产党的一次伟大觉醒，极大地推动了当代中国从道路到理论、从制度到文化的伟大创新。中国道路是改革开放伟大实践的直接产物。社会主义市场经济、社会主义和谐社会、社会主义生态文明等都是在改革开放进程中逐步形成的，社会现代化、民族复兴和人民美好生活的实现路径也是在改革开放进程中逐步发现的。问题是，中国道路仅仅是改革开放伟大实践的产物吗？它与改革开放之前的历史究竟有没有关系？它与中国的历史文化究竟有没有关系？它究竟有没有中国历史文化的根基和底蕴？这些问题事关对中国道路内涵和实质的理解，事关对中国道路价值和意义的把握，事关对中国道路是否继续坚持和不断拓展的认识和实践。

第二，中国道路的历史渊源不仅可以追溯到新中国几十年的持续探索和中国共产党一百多年来的伟大革命实践，而且可以追溯到近代以来中华民族由衰到盛的历史进程和对近代以来中华民族发展历程的深刻总结，更可以追溯到对中华文明5000多年的传承和发展。习近平总书记认为，中国道路既是改革开放实践的伟大创造，也是中国历史演变的必然结果。他提出了关于中国道路"四个走出来"的重要论断，阐述了中国道路的历史渊源问题。在十二届全国人大一次会议上，他首次提出了"四个走出来"重要论断：中国道路得之不易，"它是在改革开放三十多年的伟大实践中走出来的，是在中华人民共和国成立六十多年的持续探索中走出来的，是在对近代以来一百七十多年中华民

① 习近平：《在庆祝改革开放40周年大会上的讲话》，《人民日报》2018年12月19日2版。

族发展历程的深刻总结中走出来的，是在对中华民族五千多年悠久文明的传承中走出来的”[①]。习近平总书记将中国道路之所以能够形成，不仅仅归因于改革开放的伟大实践，而且归因于新中国的持续探索和对中华民族鸦片战争以来演变历程的深刻总结，更是前所未有地将这一道路归因于对中华民族数千年历史的文明传承，从而深刻揭示了中国道路深厚而久远的历史渊源。将中国道路的形成与改革开放之前的新中国持续探索和鸦片战争以来演变历程的深刻总结，尤其是与中华文明传承联系起来，是习近平总书记对中国道路历史渊源问题的理论创新和重要贡献，既极大地延伸了中国道路形成的时间链，也前所未有地扩展了中国道路的历史文化内涵。

第三，中国道路探索的主体是多层面的，它不仅仅是中国共产党和中华人民共和国持续探索、顽强奋斗的产物，而且也是中华民族和中国人民千百年来自强不息、奋力拼搏的历史结晶。近代以来，中国共产党理所应当地成为中华民族和中国人民根本利益的代表者。这个“代表者”不仅仅是代表了全民族和全体人民的现实的切身的重要利益，同时，更是代表了全民族和全体人民的长远的整体的根本利益。习近平总书记提出了关于中国道路“五个历史”的重要论断，进一步阐述了中国道路的历史渊源问题。2014年4月，他在“四个走出来”论断的基础上，阐述了中国道路与“五个历史”之间的关系以及“五个历史”之间“一脉相承，不可割裂”[②]的历史联系。这“五个历史”并不是前后并列的更替关系，而是长短有别的包容关系。它们分别指的是“中华民族5000多年文明史，中国人民近代以来170多年斗争史，中国共产党90多年奋斗史，中华人民共和国60多年发展史，改革开放

① 习近平：《在第十二届全国人民代表大会第一次会议上的讲话》，见中共中央文献研究室编：《十八大以来重要文献选编》上，中央文献出版社2014年版，第234页。

② 习近平：《在布鲁日欧洲学院的演讲》，《人民日报》2014年4月2日第2版。

30多年探索史”[①]。关于中国道路的“五个历史”重要论断，相比“四个走出来”的论断增加了一个中国共产党的奋斗史。这一增加突出了中国共产党这一道路探索新的历史主体。从对中国道路历史渊源的揭示来说，这一增加应该说客观、全面和合理。中国道路之所以能够形成，是与中华民族、中国人民、中国共产党、中华人民共和国等历史主体的共同探索、深入奋进是分不开的。近代以来，政党的探索在一定程度上、一定范围内代表了民族、人民、国家的探索，从根本上说是集中反映了民族、人民、国家探索的意愿。民族和人民的探索是具有根本意义上的探索，他们推动了政党和国家的探索。民族、人民、政党和国家等历史主体的探索和奋斗，这本身就充分体现了中国道路之所以能够生成的历史主体接续奋斗的精神和深厚的历史伟力。

第四，中国道路之所以能够“得来”，完全是中华民族、中国人民和中国共产党人一步步地走出来、干出来、拼出来的，绝对不可能是“从天上掉下来的”。中国道路是历经了千辛万苦、付出了沉重代价而得出来的。习近平总书记提出了关于中国道路“五个得来的”重要论断，进一步阐述了中国道路的历史渊源问题。在前述“四个走出来”“五个历史”两个论断的基础上，“五个得来的”论断进一步阐述了中国道路的所得不易：“中国特色社会主义不是从天上掉下来的，而是在改革开放40年的伟大实践中得来的，是在中华人民共和国成立近70年的持续探索中得来的，是在我们党领导人民进行伟大社会革命97年的实践中得来的，是在近代以来中华民族由衰到盛170多年的历史进程中得来的，是对中华文明5000多年的传承发展中得来的。”[②]虽然这一论断说的是“中国特色社会主义”，但很显然，“中国特色社会主义道路”正是“中国特色社会主义”实践形态。因此，这一论断实际上阐

① 习近平：《在布鲁日欧洲学院的演讲》，《人民日报》2014年4月2日第2版。

② 《习近平在学习贯彻党的十九大精神研讨班开班式上发表重要讲话强调 以时不我待只争朝夕的精神投入工作 开创新时代中国特色社会主义事业新局面》，《人民日报》2018年1月6日第1版。

述的也是"中国特色社会主义道路"。这"五个得来的"重要论断建立在"四个走出来"和"五个历史"两个重要论断的基础上，是对"四个走出来"重要论断的发展。这个发展除了体现在从"四个"到"五个"的变化，更重要的是，在"走出来"的基础上进一步强调了"得来的"，强调了中国道路不是天上"掉"下来的，而是"走"出来、干出来的。这"五个得来的"论断与"四个走出来"论断和"五个历史"论断一起构成了习近平总书记关于中国道路历史渊源的论述。

习近平总书记关于中国道路历史渊源的思想，深入揭示了中国道路悠久的历史渊源和深厚的文化根基。中国道路既传承发展了中华民族悠久的文明文脉，又深刻总结了中华民族近代以来的历史教训，历尽千辛万苦，确实是来之不易。

3. 中国道路有着深刻的内在历史逻辑

历史渊源不等于历史逻辑。历史渊源所呈现的事实还只是历史逻辑的表象，而历史逻辑才是历史渊源所呈现的事实的本质。回溯和梳理中国道路的历史渊源非常重要，但这并不等于就发现和揭示了中国道路的历史逻辑。中国道路的历史渊源和形成发展中的各个历史时段之间，究竟有没有内在的逻辑关系？其历史渊源里是否存在着一种历史逻辑能够指向中国道路的必然形成？如果答案是否定的，那么这些历史时段之间只是一种形式上的、偶然的、各自孤立的存在，不能真正构成中国道路的河流之源和历史必然。习近平总书记认为答案是肯定的，这些历史时段之间有着一种内在的、必然的历史联系及其逻辑，这一历史逻辑可以指向中国道路生成的历史必然性。

中国道路生成的历史逻辑，概括起来主要有四点。

第一，中国道路的选择决定于中国独特的历史条件。道路选择的历史条件丰富复杂，主要包括历史命运、文化传统和基本国情等方面。不同民族和国家的历史条件的差异性，决定了世界上民族和国家的发展道路的多样性。习近平在纪念毛泽东同志诞辰120周年座谈会上提出了这一重要观点。[①]一个民族和国家的发展道路与其文化传统、历史命运、基本国情等历史条件密切相关。这既是一个关于现代化道路理论的基本原理，也是一个世界现代化进程的基本事实。从已经完成现代化的国家道路来说，同为欧洲大陆国家，德国与法国不同；同为岛国，日本与英国相异；而同为北美洲国家，美国与加拿大也不一样。正在实现现代化进程中的中国，其发展道路绝不可能照搬和复制美国等发达国家的现代化模式。2013年8月，在全国宣传思想工作会议上，习近平总书记提出了两个关于发展道路问题的新论断：一个是“每个国家和民族的历史传统、文化积淀、基本国情不同，其发展道路必然有着自己的特色”；另一个则是“独特的文化传统，独特的历史命运，独特的基本国情，注定了我们必然要走适合自己特点的发展道路”[②]。这两个论断前一个是一般的、带有普遍性的论断，后一个是特殊的、关于中国自身的论断。两个重要论断特别是两个论断中关于“发展道路必然有着自己的特色”“注定了我们必然要走适合自己特点的发展道路”的表述，深刻地阐明了中国道路的生成是有着中国自己的独特而丰富的历史条件的，阐明了这些独特而丰富的历史条件对生成中国道路的决定性影响。在党的十一届三中全会以后，中国共产党之所以能开辟中国道路，这不是一个历史的偶然和意外，而是我国历史传承和文化传统等决定了这一必然结果。中国道路的生成及其独特性不是哪个政党和领导人主观性的作品，它是决定于中华民族五千多年来的文化传统、近代以来的历史命运和当代中国的基本国情等独特历史条件的客观产物。

第二，中华民族有史以来一直走着一条独特的文明发展道路。习

① 习近平：《在纪念毛泽东同志诞辰一百二十周年座谈会上的讲话》，见中共中央文献研究室编：《十八大以来重要文献选编》上，中央文献出版社2014年版，第699页。

② 《习近平在全国宣传思想工作会议上强调 胸怀大局把握大势着眼大事 努力把宣传思想工作做得更好》，《人民日报》2013年8月21日第1版。

近平总书记指出："数千年来，中华民族走着一条不同于其他国家和民族的文明发展道路。"[①]在人类文明发展的历史长河里，中华民族的文明发展道路不是今天才有这样的独特性，而是几千年来一直都是独一无二的。中华文明几千年来的发展完全有着自身的演变脉络和演化逻辑。应该说，中华民族几千年来文明发展道路的独特性为世界历史学、考古学、人类学、民族学、语言学和文化学等学科的研究成果所验证。近代以来，中华民族所遭遇的灾难痛苦和经历的坎坷历程也是举世罕见。因此，中华文明发展道路的独特性根深蒂固，存在于历史发展演变的事实之中，包含在国家治理体系发展演变的事实之中。中国道路的独特性实际上是中华文明发展道路独特性的当代体现和光大弘扬。譬如国家治理，习近平总书记认为，国家治理体系的逐步形成和最终选择，实际上是由这个国家的历史传统、发展水平和人民群众决定的。"我国今天的国家治理体系，是在我国历史传承、文化传统、经济社会发展的基础上长期发展、渐进改进、内生性演化的结果。"[②]譬如，国家治理体系重要的经济基础——土地所有制，中华大地上从古至今一直可以看到国家对土地的最终所有权和最终支配权。[③]当代中国土地的国家所有制和集体所有制存在着一定的历史渊源和历史逻辑。同样，中国秦朝以后陆续创制的郡县制、官僚制以及隋唐时期形成的科举制等国家治理制度对当代中国仍然有着深刻的影响。可以说，中国问题

---

① 《习近平主持中共中央政治局第十八次集体学习时强调 牢记历史经验历史教训历史警示 为国家治理能力现代化提供有益借鉴》，《人民日报》2014年10月14日第1版。

② 《习近平在省部级主要领导干部学习贯彻十八届三中全会精神全面深化改革专题研讨班开班式上发表重要讲话强调 完善和发展中国特色社会主义制度 推进国家治理体系和治理能力现代化》，《人民日报》2014年2月18日第1版。

③ 《中国社会科学》2020年第1期刊发了一组关于中国古代土地制度问题的论文，包括：臧知非的《战国秦汉土地国有制形成与演变的几点思考》，周国林的《魏晋南北朝时期土地制度演变的轨迹》，耿元骊的《隋唐土地制度变迁与时代分期》，李华瑞的《宋代的土地政策与抑制"兼并"》等，分析和阐述国家对土地具有最终的所有权和支配权问题。

的解决需要立足国情，不能简单照搬他国模式，只能在中国大地上寻觅适合中国情况的办法和路径，在当代中国发展道路问题上亦是如此。王学典先生认为“中国历史是一辆有轨电车，无法乱开。从传说中的三皇五帝到商周、到秦朝，再到现在，未曾中断”。“只有这样的文明道路才带有典范性。其他文明都带有某种偶然性。”[①]中国道路完全是中国历史演变的必然结果。

第三，变革和开放从总体上说是数千年来中国的历史常态。中华民族在党的十一届三中全会以后实行改革开放政策，并以坚定的改革开放的姿态和形象走向未来，有着深厚的文化根基。在庆祝改革开放40周年大会上，习近平总书记深刻指出：“以数千年大历史观之，变革和开放总体上是中国的历史常态。”[②]他以宏大的、长时段的视野指出，变革和开放实际上是中华文明发展的一个常态和传统，当今的“改革开放”与历史上的“变革和开放”在基本精神和历史本质上实际上是完全一致的。所以，改革开放同样有着“深远的历史渊源、深厚的文化根基”，与中华文明变革和开放的传统同样是一脉相承、一以贯之的。他明确指出：“中华民族充满变革和开放精神。”[③]《诗经》有言：“周虽旧邦，其命维新”（《诗经·大雅》）。中国虽然是世界上一个古老的国家，但是以“维新”作为自己的使命。中华文明是不断变革和创新的古老而又崭新的文明。中华民族秉持着“周虽旧邦，其命维新”的精神，一直在推进缔造和发展中华文明的伟大历程。五千多年来，中华民族开展了无数次的变法图强运动，以“厚德载物”“天下大同”“协和万邦”的宽广胸怀与域外民族进行着交往和交流，谱写了强汉、盛唐等盛世的文明乐章。习近平总书记强调：“正是这种‘天行

① 张博：《专访王学典：中国历史是辆有轨电车，中国道路由传统规定》，2017年5月10日。来源：澎湃新闻。

② 习近平：《在庆祝改革开放40周年大会上的讲话》，《人民日报》2018年12月19日第2版。

③ 习近平：《在庆祝改革开放40周年大会上的讲话》，《人民日报》2018年12月19日第2版。

健，君子以自强不息’、‘地势坤，君子以厚德载物’的变革和开放精神”①，创造了人类历史上独一无二的能绵延五千多年至今仍然生生不息的灿烂的中华文明。这种文明发展变革、创新继承的精神和传统体现了一种变与不变有机统一的精神和传统，因变而不断创新，因不变而一脉相承。当代中国的改革开放必须要遵循这样一个历史逻辑和发展之道。习近平总书记对“改什么、怎么改”的大是大非的改革道路问题提出了“一个根本尺度”和“两个坚决”的重要论断，明确指出：“改什么、怎么改必须以是否符合完善和发展中国特色社会主义制度、推进国家治理体系和治理能力现代化的总目标为根本尺度，该改的、能改的我们坚决改，不该改的、不能改的坚决不改。”②他的这种关于“志不改、道不变”的恢弘气度、清醒意识和坚定决心，是建立在对中华文明发展之道的正确理解和准确把握的基础上的，有着深刻的历史逻辑的支撑。

第四，中国道路虽然是通过改革开放创造的，但改革开放前与改革开放后这两个历史时期对中国道路的探索都有着重要的价值。两个历史时期在探索社会主义建设道路上是相互联系、不能分割、持之以恒、一以贯之的。习近平总书记明确指出：“改革开放前的社会主义实践探索，是党和人民在历史新时期把握现实、创造未来的出发阵地，没有它提供的正反两方面的历史经验，没有它积累的思想成果、物质成果、制度成果，改革开放也难以顺利推进。”③改革开放是在改革开放前新中国对社会主义持续探索取得的历史经验、思想成果、物质基础和制度成果的基础上进行的。因此，改革开放后时期与改革开放前

① 习近平：《在庆祝改革开放40周年大会上的讲话》，《人民日报》2018年12月19日第2版。

② 习近平：《在庆祝改革开放40周年大会上的讲话》，《人民日报》2018年12月19日第2版。

③ 习近平：《在纪念毛泽东同志诞辰一百二十周年座谈会上的讲话》，见中共中央文献研究室编：《十八大以来重要文献选编》上，中央文献出版社2014年版，第695页。

时期、进而改革开放伟大实践与改革开放前新中国的持续探索，在中国道路形成的问题上是存在着因果联系等逻辑关系的。揭示改革开放前后两段历史之间的持续探索的逻辑关系极为重要，否则中国道路生成的最直接的历史进程及其历史逻辑就不能成立，因为，这一历史逻辑首先在改革开放前后两个时期这里就不存在了，就已经中断了。正是在肯定了改革开放前后两个时期历史逻辑的基础上，习近平总书记深刻揭示了中国道路生成的历史逻辑。

4. 中国道路是中华民族伟大复兴的必由之路

历史逻辑支撑历史必然，历史必然决定必由之路。中国道路既是中国社会发展演变的历史必然，也是中华民族再创辉煌并为人类作出新的贡献的必由之路。

习近平总书记关于中国道路是必由之路的思想内涵，具体说来主要有四点。

第一，历史渊源和历史逻辑充分说明了中国道路具有深刻的历史必然性。习近平总书记对中国道路的历史必然性问题有着很多的重要论述。对中国道路生成的历史必然性，他不仅是通过对中华民族近现代发展历程、新中国成立以来艰辛探索，特别是改革开放实践经验的深刻总结予以论证，而且是通过进一步拓展视野、着眼于中华民族五千多年历史的文明传承给予了扎实而有力的说明。习近平总书记的重要论述实际上是阐明了一个深刻道理：我们要走一个什么样的道路、建立一个什么样的现代文明，其答案深藏于中国文明发展的历史演变、历史传承和历史智慧之中。因此，我们必须系统认识中国道路的历史必然性，而认识中国道路的历史必然性就必须认真地不断地总结历史经验、吸取历史教训、认识历史命运、破解文化基因、传承文化传统，这样我们才能理解和把握中国道路的历史必然性，真正地走好中国道路。为了进一步加强中国历史的研究，中国社科院成立了中国历史研究院。习近平总书记要求：“新时代坚持和发展中国特色社会主义，更加需要系统研究中国历史和文化，更加需要深刻把握人类发展历史规律，在对历史的深入思考中汲取智慧、走向未来。”[①]以习近平同志为核心的党中央在政治局集体学习时，多次聚焦关于现实问题的历史经验讨论（如历史上的治国理政、反腐败、官员选拔、吏治等），而不是简单地一味地从西方取经，这是理解和把握中国道路历史必然性、重视历史经验、汲取历史智慧、更好走向未来的典范。

第二，历史必然决定着现实必须，决定着必由之路。现实来源于历史，又指向未来。历史必然与必由之路有着密切联系。中国道路既然是历史必然性的当代实现，那么它也一定是中华民族再创辉煌、实现伟大复兴和为人类作出新的贡献的必由之路。习近平总书记第一次主持十八届中共中央政治局集体学习时，就明确地阐述了这一深刻的道理。他指出：中国特色社会主义道路“是实现我国社会主义现代化的必由之路，是创造人民美好生活的必由之路”[②]。2013年1月，他进一步指出：这一道路“是全面建成小康社会、加快推进社会主义现代化、实现中华民族伟大复兴的必由之路”[③]。习近平总书记这几个关于“必由之路”的重要论断，深刻揭示了中国道路在实现中国社会的现代化、中华民族的伟大复兴、中国人民的美好生活三个方面所具有的独一无二的重大的道路价值和道路意义。可以说，无论是我们的国家、民族、人民，还是我们社会的现代化、民族的伟大复兴、人民的美好生活，都必须由也只能由继续坚持和拓展中国道路来实现和创造。

第三，现实要求必须在新的历史起点上继续坚持和不断拓展中国

---

① 《习近平致信祝贺中国社会科学院中国历史研究院成立强调 总结历史经验揭示历史规律把握历史趋势 加快构建中国特色历史学学科体系学术体系话语体系》，《人民日报》2019年1月4日第1版。

② 习近平：《紧紧围绕坚持和发展中国特色社会主义 学习宣传贯彻党的十八大精神》，见中共中央文献研究室编：《十八大以来重要文献选编》上，中央文献出版社2014年版，第75页。

③ 习近平：《关于坚持和发展中国特色社会主义的几个问题》，见中共中央文献研究室编：《十八大以来重要文献选编》上，中央文献出版社2014年版，第118页。

道路。只有继续坚持并不断地拓展中国道路，中华民族伟大复兴才能实现。在改革开放以来的历次党代会上，“道路”一词曾经两次进入党代会报告的题目：一次是党的十三大报告题目中出现了“沿着有中国特色的社会主义道路前进”表述，一次是党的十八大报告题目中出现的“坚定不移沿着中国特色社会主义道路前进”提法。这两次党代会的报告题目之所以使用了“道路”一词，是因为社会主义建设的实践创新取得了丰硕成果和进一步创新发展的需要。党的十三大报告用这个词，是因为中国共产党经过九年的改革开放，第一次肯定和确定了十一届三中全会开启的建设中国社会主义的富有特色的新道路，在党代表大会的层面第一次肯定和确定了党在社会主义初级阶段的基本路线，同时也第一次明确地将这条新道路概括为“有中国特色的社会主义道路”。党的十八大报告用这个词，是因为经过三十多年改革开放和现代化建设，中国的发展站在了一个新的历史起点上，面临着如何正确理解和准确把握这条道路的历史性课题，因而明确宣示要“坚定不移”地沿着“中国特色社会主义道路”继续前进。党的十一届三中全会以后，可以说，中国共产党能够不断取得辉煌的建设成就，根源在于始终坚持和不断发展中国特色社会主义道路。党的十八大以来，中国共产党之所以要继续坚持和拓展中国特色社会主义道路，在习近平总书记看来，这条道路是能够使我们继续不断取得成就并实现民族复兴的唯一的正确的发展道路。

第四，在新的历史条件下继续坚持中国道路一定要有发展的观点，勇于开路架桥。坚持和拓展中国道路必须要用发展的观点，要勇于开路架桥，全面地拓展中国道路。中国道路为什么在坚持的同时还必须要不断发展？习近平总书记阐述了关于坚持与发展的辩证关系道理。2013年1月，他对新任中共十八届中央委员和候补中央委员指出：坚持马克思主义“一定要有发展的观点”①，“永远要有逢山开路、遇河

① 习近平：《关于坚持和发展中国特色社会主义的几个问题》，见中共中央文献研究室编：《十八大以来重要文献选编》上，中央文献出版社2014年版，第114页。

架桥的精神”[①]，不断地有所创造和发现，推进实践的、理论的、制度的进一步创新。他强调：“坚持和发展中国特色社会主义是一篇大文章，邓小平同志为它确定了基本思路和基本原则，以江泽民同志为核心的党的第三代中央领导集体、以胡锦涛同志为总书记的党中央在这篇大文章上都写下了精彩的篇章。现在，我们这一代共产党人的任务，就是继续把这篇大文章写下去。”[②]写好这一篇“大文章”的关键，是坚定不移地继续坚持和不断拓展中国道路。在深入思考如何从历史更好地走向未来时，习近平总书记将“必须坚持走自己的路”置于新的历史条件下坚持和发展中国特色社会主义“五个必须”的第一个。[③]他指出：“世界上没有放之四海而皆准的发展道路和发展模式，也没有一成不变的发展道路和发展模式。”[④]这“两个没有”是关于发展道路、发展模式问题的一个极为重要的思想观点。其内涵至少包括两个方面：一方面，从横向上来说，发展道路和发展模式不可能放之四海而皆准。不同民族和国家由于历史传承、文化系统和历史命运等历史条件不一样，其发展道路和发展模式就绝对不可能完全相同。没有所谓的能够普世的发展道路和发展模式。另一方面，从纵向上来说，发展道路和发展模式也不可能是一成不变、永远适用的。同样一个民族和国家，由于时代条件的发展变化，其原有的正确的发展道路和发展模式也要在坚持基本原则的基础上不断地发展和完善。至于原有的错误的发展道路和发展模式则更是要予以改变和抛弃的。中国道路是推动当今中

---

① 习近平：《关于坚持和发展中国特色社会主义的几个问题》，见中共中央文献研究室编：《十八大以来重要文献选编》上，中央文献出版社2014年版，第115页。

② 习近平：《关于坚持和发展中国特色社会主义的几个问题》，见中共中央文献研究室编：《十八大以来重要文献选编》上，中央文献出版社2014年版，第114页。

③《习近平在中共中央政治局第七次集体学习时强调 在对历史的深入思考中更好走向未来 交出发展中国特色社会主义合格答卷》，《人民日报》2013年6月27日第1版。

④ 习近平：《关于坚持和发展中国特色社会主义的几个问题》，见中共中央文献研究室编：《十八大以来重要文献选编》上，中央文献出版社2014年版，第114页。

国前进的必由之路。习近平总书记强调指出："现在，最关键的是坚定不移走这条道路、与时俱进拓展这条道路，推动中国特色社会主义道路越走越宽广。"[①]

科学回答在新的历史起点上为什么坚持和拓展中国道路，是习近平总书记关于中国道路重要论述的一个重要方面。习近平总书记在这一方面提出了很多重要的思想观点。这些思想观点相互联系、相互作用，有着内在的理论逻辑，对十八大以后进一步坚定对中国特色社会主义道路的信心和定力，进一步开拓中国特色社会主义道路等有着很强的指导作用。习近平总书记关于坚持和拓展中国道路的理论创新，内涵丰富，寓意深刻。很多观点和论断因为公开发表的文本没有见到作者具体的分析和论证，所以还需要我们将历史、现实与未来结合起来，将中国与世界结合起来，将理论与实践结合起来，准确地理解和把握，深入地讨论和研究。例如：关于中国道路生成的历史逻辑论述，习近平总书记提出的诸如关于"数千年来，中华民族走着一条不同于其他国家和民族的文明发展道路"，"独特的文化传统，独特的历史命运，独特的基本国情，注定了我们必然要走适合自己特点的发展道路"，"我国今天的国家治理体系，是在我国历史传承、文化传统、经济社会发展的基础上长期发展、渐进改进、内生性演化的结果"，"以数千年大历史观之，变革和开放总体上是中国的历史常态"等重要论断，尤其是两个关于"数千年"的重要论断，其深刻含义究竟应该如何理解和把握，我们还需要进一步讨论和研究。首先，这些论断包括两个"数千年"的重要论断应该是实然论断，是符合世界和中国的文明发展实际的事实论断，当然这需要历史学、考古学、人类学等学科继续予以全面深入论证；其次，中华民族数千年来到底走着一条什么样的独特的文明发展道路，其独特性到底表现在哪里；再次，中国几

① 《习近平在中共中央政治局第七次集体学习时强调 在对历史的深入思考中更好走向未来 交出发展中国特色社会主义合格答卷》，《人民日报》2013年6月27日第1版。

千年来总体上的变革和开放的历史常态到底蕴含着中华文明进步、中华文化发展的什么样的基因和密码；最后，中华文明发展进步的独特的基因和密码对当代中国意味着什么，对我们今天坚持和拓展中国道路有着什么样的启示、价值和意义；等等。这些都需要我们进一步讨论和研究。

二、坚持和拓展什么样的中国道路

坚持和拓展什么样的中国道路问题是有关中国道路的含义，即中国特色社会主义道路是什么的问题。对坚持和拓展什么样的中国道路问题，习近平总书记进行了全面、系统、深刻阐述，进一步明确了中国特色社会主义道路的主要内涵、重要外延、关键特征、核心要义等。

1.中国道路的内涵：两个逻辑的辩证统一

习近平总书记从理论与实践相结合上对中国道路的基本含义进行的阐释和概括是建立在党的十七大和十八大报告阐释的基础上的。中国道路是什么，它包括哪些主要内容和构成要素？党的十七大、十八大的报告对此先后有初步的概括，指明了这一道路主要包括党的领导，以经济建设为中心，四项基本原则与改革开放相结合，建设社会主义的市场经济、民主政治、先进文化、和谐社会、生态文明，不断促进人的全面发展，逐步实现共同富裕，建设富强、民主、文明、和谐的社会主义现代化国家等重要内容。其构成要素是目标、方向、任务、布局、动力、保障等。这一概括主要是以党在社会主义初级阶段的基本路线为核心和主体，根据跨世纪前后二十年左右建设中国特色社会主义的新经验，丰富以基本国情、总体布局、根本任务、奋斗目标（增加了“促进人的全面发展，逐步实现全体人民共同富裕”的目标内涵）等新的内容和元素。党的十八大以后，习近平总书记对中国道路基本含义的重要阐述，迄今为止比较集中的主要有四次，先后是2012

年11月主持中共十八届中央政治局第一次集体学习时的讲话，2013年1月在新进中央委员会的委员和候补委员学习和贯彻十八大精神研讨班开班式上的讲话，2017年1月在达沃斯国际会议中心出席世界经济论坛2017年年会开幕式上发表的题为《共担时代责任 共促全球发展》的主旨演讲，2018年4月10日在博鳌亚洲论坛年会开幕式上的主旨演讲。

习近平总书记对中国道路含义的四次阐述各有侧重点，一步步地揭示了中国道路的主要内涵和核心要义。他在主持中共十八届中央政治局第一次集体学习时指出："中国特色社会主义道路，既坚持以经济建设为中心，又全面推进经济建设、政治建设、文化建设、社会建设、生态文明建设以及其他各方面建设；既坚持四项基本原则，又坚持改革开放；既不断解放和发展社会生产力，又逐步实现全体人民共同富裕、促进人的全面发展。"[①]这一论述的主要内容虽然与十八大报告概括的内容基本上相同，但他用三个"既……又……"语式从中心建设与全面建设、四项基本原则与改革开放、根本任务与根本目标等三个层面相结合的视角概括中国道路的主要内涵，体现了重点与一般、动力与保障、任务与目标的统一，融入了总书记对中国道路含义的阐发，有着明显的新意。时隔六年，改革开放四十周年之际，在海南博鳌亚洲论坛2018年年会开幕式上，他指出：40年来，"中国人民坚持立足国情、放眼世界，既强调独立自主、自力更生又注重对外开放、合作共赢，既坚持社会主义制度又坚持社会主义市场经济改革方向，既'摸着石头过河'又加强顶层设计，不断研究新情况、解决新问题、总结新经验，成功开辟出一条中国特色社会主义道路"[②]。他同样是用了

① 习近平：《紧紧围绕坚持和发展中国特色社会主义 学习宣传贯彻党的十八大精神》，见中共中央文献研究室编：《十八大以来重要文献选编》上，中央文献出版社2014年版，第75页。

② 习近平：《开放共创繁荣 创新引领未来——在博鳌亚洲论坛2018年年会开幕式上的主旨演讲》，《人民日报》2018年4月11日第3版。

三个“既……又……”的语式揭示了中国道路将独立自主与对外开放、基本制度与改革方向、顶层设计与大胆探索等结合起来的重要内涵，阐释了中国道路的实践在立场、制度、方法等上的内在统一。在出席世界经济论坛2017年年会的开幕式上发表的主旨演讲中，他强调指出：中国道路是一条“从本国国情出发确立的道路”、“把人民利益放在首位的道路”、“改革创新的道路”、“在开放中谋求共同发展的道路”[①]。主旨演讲着重阐述了中国道路是符合本国国情、重视人民利益、坚持改革开放的发展道路。习近平总书记在学习贯彻十八大精神研讨班开班式上对中国道路的内涵进行了深刻的阐述，指出：“中国特色社会主义，是科学社会主义理论逻辑和中国社会发展历史逻辑的辩证统一，是根植于中国大地、反映中国人民意愿、适应中国和时代发展进步要求的科学社会主义，是全面建成小康社会、加快推进社会主义现代化、实现中华民族伟大复兴的必由之路。”[②]他以“必由之路”阐释“中国特色社会主义”，从“科学社会主义理论”与“中国社会发展历史”的维度和视角深刻揭示了中国特色社会主义道路的含义。

中国道路的主要内涵，在习近平总书记看来，概括起来就是科学社会主义理论逻辑与中国社会发展历史逻辑的辩证统一。这实际上也就深刻揭示了中国道路的核心要义，即将马克思、恩格斯、列宁阐述的关于人类社会发展演变的基本原理与当代中国社会发展变革的具体实际有机地结合起来的道路。中国道路是基本原理与具体实际相结合、两个逻辑辩证统一的重大成果。“科学社会主义理论”和“中国社会发展历史”两个维度、两个逻辑的结合，是习近平总书记阐释中国道路内涵的一个极为重要的观点、视角和方法，在揭示中国道路含义问题上具有极为重要的认识论意义和方法论价值，为我们理解和把握习近

① 习近平：《共担时代责任 共促全球发展——在世界经济论坛2017年年会开幕式上的主旨演讲》，《人民日报》2017年1月18日第3版。

② 习近平：《关于坚持和发展中国特色社会主义的几个问题》，见中共中央文献研究室编：《十八大以来重要文献选编》上，中央文献出版社2014年版，第118页。

平总书记关于中国道路内涵的重要论述提供了基本遵循，具体说来有两点。

首先，从基本观点来说，习近平总书记关于“科学社会主义理论”和“中国社会发展历史”两个维度、两个逻辑辩证统一的观点，深刻揭示了中国道路的主要内涵和核心要义，深刻揭示了中国道路本质上是马克思主义关于人类社会演变和解放的一般原理与中国当代社会发展变化的具体实际有机地结合起来，就是科学社会主义的理论逻辑这一中国发展之道与中国社会发展的历史逻辑（含改革开放的实践逻辑）这一实现路径的有机统一，就是“社会主义”的发展之道与“中国特色”的实现路径的有机统一。

其次，从视角和方法来说，习近平总书记关于“科学社会主义理论”和“中国社会发展历史”两个维度、两个逻辑的辩证统一的视角和方法，实际上是从“道”与“路”的辩证统一、“发展之道”与“实现路径”的辩证统一、“社会主义”与“中国特色”的辩证统一、道路本质与道路形式的辩证统一等方面的辩证统一的视角和方法深刻揭示了中国道路的丰富含义。“科学社会主义理论”和“中国社会发展历史”两个维度，一个是理论的维度，实际上是发展之道的维度，是道路本质的维度；一个是历史和实践的维度，实际上是实现路径的维度，是道路形式的维度。两个维度和视角的统一，实际上是将理论与实际统一起来，将本质与形式统一起来，以揭示中国道路的含义。这种两个维度相结合的方法本质上就是唯物辩证法。

因此，中国道路的内涵，分析起来说，应该从两个方面来理解和把握：一方面，从发展之道来说，中国道路是科学社会主义理论逻辑这一当代中国“发展之道”的具体体现、实现形式和实践展开，是马克思主义关于人类社会发展的基本原理在当代中国的具体运用、表现形式和实践样态。科学社会主义理论逻辑作为当代中国的发展之道主要体现在：坚持中国共产党领导，坚持马克思主义指导，坚持人民民主专政，整体推进社会主义经济建设、政治建设、文化建设、社会建设、生态文明建设，实现人民共同富裕，促进人的全面发展等。这些含义具体而充分地体现了中国道路的社会主义的本质要求和根本方向，具体而充分地体现了中国道路的人民性，具体而充分地体现了中国道路的本质即“道”或“发展之道”。究其原因，是因为：中国共产党是以马克思主义、中国化马克思主义为指导思想的党，是以为人民谋幸福、为民族谋复兴为自身的初心和使命的党，是以为人民服务为自身根本宗旨的党，其党性与人民性是根本一致的；马克思主义阐述的科学社会主义理论，揭示了人类社会演变的一般规律，指明了人民解放乃至人类解放的正确方向和基本路径；人民民主专政是中华人民共和国的国体，确保了全体人民当家作主；整体推进社会主义经济建设、政治建设、文化建设、社会建设、生态文明建设，是建设社会主义的理论逻辑的应有之义和实践逻辑的必然要求，体现了社会主义建设“全面性”的内在要求；实现人民共同富裕、促进人的全面发展，是建设社会主义的目标和任务。所有这些含义都是属于发展的根本方向、根本目标、基本原则等内容，是中国道路的本质和实质，是当代中国发展之道的具体体现、实现形式和实践展开。

另一方面，从实现路径来说，中国道路又是中国社会发展历史逻辑这一实现路径的当代形式和实践创新，是当代中国发展实践逻辑演变的必然的结果和要求。中国社会发展历史逻辑作为当代中国发展之道的实现路径主要体现在：在经济文化不发达的社会主义初级阶段条件下，建设社会主义必须坚持以经济建设为中心，坚持改革开放，建立和完善社会主义市场经济，注重在对外开放中的合作共赢，不断解放和发展社会生产力，坚持和发展社会主义根本制度和基本制度，坚持独立自主、自力更生，坚持摸着石头过河等。这些含义具体而充分地体现了中国道路的民族性和中国特点，具体而充分地体现了中国道路是中华民族自身发展逻辑的必然结果和必然要求，具体而充分地体现了中国道路的实现路径。究其原因，是因为：经济文化不发达是新中国成立以后的基本国情，也是中国进入社会主义时期的历史起点，中国要建设社会主义，必须走符合本国基本国情的正确道路；必须以经济建设为中心，把经济建设放在党和国家各项工作的中心，才能够迅速地建立强大的社会主义物质基础；必须通过经济体制的改革和经济体系的开放不断地解放和发展社会生产力，推动中国经济持续快速的发展；必须坚持和发展人民代表大会制度、中国共产党领导的多党合作和政治协商制度、民族区域自治制度、基层群众自治制度、公有制经济为主体与多种所有制经济共同发展制度、按劳分配为主体和多种分配方式并存制度、社会主义市场经济体制等在内的中国特色社会主义的制度体系；在扩大对外开放的同时要坚持独立自主、自力更生，这样才能够保证中国这样一个大国持续健康发展；在注意改革开放顶层设计的同时，坚持摸着石头过河，这样才能够保持中国社会发展的强劲动力等。所有这些含义都是“中国特色”发展的具体体现、具体做法、具体经验等内容，是中国道路的形式和表现，是当代中国发展之道的实现路径。

科学社会主义理论逻辑和中国社会发展历史逻辑这两个方面绝不是能够截然分开、相互分离的。中国道路必须是这两个方面的辩证统一，既是科学社会主义理论逻辑在中国的伟大实践，又是中华文明发展演变，尤其是近代以来中国社会注定要向科学社会主义方向不断变革和发展的必然结果。总而言之，习近平总书记阐述的中国道路的主要内涵，其核心观点就是：中国道路是马克思主义关于人类社会演变的一般原理同当代中国社会发展的实际的有机统一，是科学社会主义发展之道与中国社会发展实现路径的有机统一，是科学社会主义的价值追求与中国社会的发展规律的有机统一，是人民性与民族性的有机统一，是合理性与必然性的有机统一。

2. 中国道路的外延：多领域多层面的展开

中国道路的含义是其内涵和外延的统一。中国道路的外延和中国道路的内涵一样，都是中国道路含义的重要组成部分。内涵决定外延，外延是内涵的延伸和拓展。内涵是中国道路含义的核心与实质，是中国道路质的规定性；外延是中国道路在具体领域和具体层面的实现形式，是中国道路的深刻内涵在具体领域和具体层面的展现，体现了中国道路在表现形式上的丰富性、多样性。坚持和拓展什么样的中国道路问题，从外延来说，涉及当代中国在政治、经济、生态、安全等诸多领域和诸多层面要坚持和拓展什么样的具体的发展道路问题。

关于中国道路的外延问题，党的十八大以来，习近平总书记在处理内政外交国防等重要事务的过程中有过很多阐述，包括中国特色社会主义政治发展道路、中国特色社会主义文化发展道路、中国特色社会主义乡村振兴道路、中国特色社会主义法治道路、中国特色社会主义教育发展道路、中国特色社会主义群团发展道路、中国特色自主创新道路、中国特色现代化农业道路、中国特色工业化道路、中国特色城市发展道路、中国特色新型城镇化道路、中国特色减贫道路、中国特色卫生与健康发展道路、中国特色解决民族问题的道路、中国特色强军道路、中国特色国家安全道路、中国特色人权发展道路、中国特色大国外交道路、和平发展道路、两岸关系和平发展道路，生产发展、生活富裕、生态良好的文明发展道路等多个领域或层面的道路问题。这些道路都是中国道路的具体体现，是中国道路在不同领域、不同层面的外在延伸和实现形式，是中国道路的重要组成部分。这些中国道路的外延表述，有一部分是党的十八大之前就已经存在，如中国特色社会主义文化发展道路、中国特色社会主义政治发展道路、中国特色自主创新道路、和平发展道路、两岸关系和平发展道路，以及生产发展、生活富裕、生态良好的文明发展道路等；但大部分是习近平总书记的新概括和新表述，体现了他对具体层面、具体领域应该坚持和拓展什么样的中国道路问题的新思考和新成果，也进一步体现了他对坚持和拓展什么样的中国道路问题的新认识和新观点。

习近平总书记关于中国道路的外延的新认识、新观点、新概括和新表述，充分显示了他在新的历史起点上坚定道路自信、深化道路理论、拓展道路实践的坚定意志和战略考量。首先，从坚定道路自信来说，习近平总书记之所以要在不同领域和层面拓展中国道路的外延，就是因为他坚定地认为中国道路是发展中国的必由之路、科学之路、正确之路。要坚定不移地走这一道路，要与时俱进地拓展这一道路。其次，从深化道路理论来说，习近平总书记一方面在新中国成立以来党的历代领导人探索的基础上，进一步分析和论证了中国特色社会主义文化发展道路、中国特色社会主义政治发展道路、中国特色自主创新道路、和平发展道路、两岸关系和平发展道路，以及生产发展、生活富裕、生态良好的文明发展道路等具体的中国道路问题，丰富和深化了对这些道路的认识；另一方面又根据实践的发展和需要，提出、概括和阐述了诸如中国特色社会主义乡村振兴道路、中国特色社会主义法治道路、中国特色社会主义教育发展道路、中国特色社会主义群团发展道路、中国特色现代化农业道路、中国特色工业化道路、中国特色城市发展道路、中国特色新型城镇化道路、中国特色减贫道路、中国特色卫生与健康发展道路、中国特色解决民族问题的道路、中国特色强军道路、中国特色国家安全道路、中国特色人权发展道路、中国特色大国外交道路等道路问题，进一步丰富了中国道路的理论成果，深化了对中国道路的理性认识。如对前六个道路的概括和阐述，即对加上“中国特色社会主义”前置词的中国特色社会主义教育发展道路、中国特色社会主义法治道路、中国特色社会主义群团发展道路、中国特色社会主义妇女发展道路、中国特色社会主义工会发展道路、中国特色社会主义乡村振兴道路的概括和阐述，可以说是进一步深化和拓展了我们对原有的中国特色社会主义的政治发展道路、文化发展道路等道路含义的认识和理解。中国特色社会主义法治道路、中国特色社会主义群团发展道路、中国特色社会主义妇女发展道路、中国特色社会主义工会发展道路，深化和拓展了对中国特色社会主义政治发展道路的认识和理解。中国特色社会主义乡村振兴道路，深化和拓展了对中国特色社会主义经济、社会发展道路的认识和理解。中国特色社会主义教育发展道路，深化和拓展了对中国特色社会主义文化发展道路的认识和理解。因为法治、群团、工会、妇女、教育和乡村振兴等问题在中国是具有很强的人民性、全面性和政治性的问题，其发展必须要坚持中国特色社会主义的正确方向。而对后十二个道路的概括和阐述，即对加上“中国特色”前置词的道路的概括和阐述，也明显地丰富和拓展了我们对这十二个具体层面的发展道路含义的认识和理解。现代化农业、工业化、城市发展、新型城镇化、减贫、扶贫开发、解决民族问题、卫生与健康发展、强军、国家安全、人权发展、大国外交等，虽然它们在属性上也都具有人民性、全面性和政治性，因而必须坚持社会主义方向；但在当代中国主要是属于一些具体领域和具体层面的工作，需要在政治方向的基础上更突出它们的发展道路所具有的民族和国家的特色。再次，从拓展道路实践来说，习近平总书记要将中国道路坚定不移地、与时俱进地坚持和拓展到诸如新时代中国的法治建设、教育发展、工会发展、妇女发展、群团发展、乡村振兴、现代化农业、工业化、城市发展、新型城镇化、减贫、扶贫开发、解决民族问题、卫生与健康发展、强军、国家安全、人权发展和大国外交等领域和层面中去，极大地开拓了中国道路的实践空间，推进了新时代中国道路的实践进程。

习近平总书记在坚持和拓展什么样的中国道路问题上，可以说是极大地丰富了中国道路的外延，极大地拓展了中国道路的领域和层面，极大地深化了我们对中国道路含义的认识和理解，极大地坚定了我们对进一步拓展中国道路的信心和决心，也极大地发展了新时代中国道路的实践。

3. 中国道路的关键：中国特色政治发展道路

中国道路诸多外延问题中一个关键和焦点，即如何正确认识和准确理解中国特色社会主义政治发展道路。政治发展同文化发展一样，属于上层建筑领域。由于国家本身就是上层建筑，所以在一定程度上说，国家的发展道路问题主要属于上层建筑领域的问题。习近平总书记认为，一个国家的发展道路最重要、最关键的是其政治发展道路。中国特色社会主义政治发展道路是中国道路在政治领域的实现形式和具体体现，是中国道路所有外延中的一个最重要的外延。习近平总书记关于中国特色社会主义政治发展道路问题有很多重要论述。从在首都各界纪念现行宪法公布施行30周年大会上的讲话，到2014年9月在庆祝全国人民代表大会成立60周年和中国人民政治协商会议成立65周年之际发表的重要讲话等，他较为集中地深入地阐述了关于中国特色社会主义政治发展道路问题的思想观点。

第一，关于坚持和拓展中国特色社会主义政治发展道路的必要性。在习近平总书记看来，政治发展道路和政治制度在国家发展道路和制度体系中居于关键地位，有着头等的重要性。在国家的制度体系中，“政治制度处于关键环节。所以，坚定中国特色社会主义制度自信，首先要坚定对中国特色社会主义政治制度的自信，增强走中国特色社会主义政治发展道路的信心和决心”[①]。有学者因此认为，“政治发展道路是关系根本、关系全局的重大问题”[②]。相对于文化发展道路、生态文明建设道路、社会建设道路、经济发展道路等领域和层面的发展道路，政治发展道路是一个国家最重要的道路，是一个国家发展道路中的关键和根本。在这个意义上说，中国道路的坚持和拓展，最重要的是中国特色社会主义政治发展道路的坚持和发展。习近平总书记强调指出：“以什么样的思路来谋划和推进中国社会主义民主政治建设，在

① 习近平：《在庆祝全国人民代表大会成立六十周年大会上的讲话》，见中共中央文献研究室编：《十八大以来重要文献选编》中，中央文献出版社2016年版，第62页。

② 房宁、丰俊功：《中国特色社会主义政治发展道路的内在逻辑》，《人民日报》2019年10月22日第13版。

国家政治生活中具有管根本、管全局、管长远的作用。”[①]从道路选择是一个主观认识活动——这个认识活动决定于客观条件——这个意义上说，思路决定道路，选择什么样的道路取决于什么样的思路。民主政治建设思路和政治发展道路一旦谋划和选择错误，对于一个大国来说，后果很可能是社会动荡、国家分裂和人亡政息。中国地域辽阔，人口众多，民族关系复杂，发展不平衡，因此，在民主政治建设思路的谋划上和政治发展道路的选择上，绝对不能犯方向性和颠覆性的错误，否则就极有可能发生严重的社会动荡、国家分裂和人亡政息的历史性的政治悲剧。习近平总书记强调，选择和设计一个国家的政治发展道路，一定要符合这个国家政治发展的基本国情，顺应这个国家政治发展历史逻辑、理论逻辑和实践逻辑的要求。政治制度是政治发展道路的制度成果和集中体现。他认为：不能割断一个国家政治发展演变的历史，也不能想象照搬“一座政治制度上的‘飞来峰’”[②]来解决本国的政治问题。过去，中国社会在政治制度问题上实际上存在着两种有代表性的观点：一种是照搬照套，别国有，我们没有，就要搬过来；一种是去除否定，我们有而别国没有，就要去除掉。他认为，两种观点都是过于片面的、简单化的和不正确的。他强调指出：“中国特色社会主义政治制度之所以行得通、有生命力、有效率，就是因为它是从中国的社会土壤中生长起来的。”[③]“从中国的社会土壤中生长起来”指的就是中国实行的政治制度、走的政治发展道路都是从中国的

---

① 习近平：《在庆祝全国人民代表大会成立六十周年大会上的讲话》，见中共中央文献研究室编：《十八大以来重要文献选编》中，中央文献出版社2016年版，第59页。

② 习近平：《在庆祝全国人民代表大会成立六十周年大会上的讲话》，见中共中央文献研究室编：《十八大以来重要文献选编》中，中央文献出版社2016年版，第59页。

③ 习近平：《在庆祝全国人民代表大会成立六十周年大会上的讲话》，见中共中央文献研究室编：《十八大以来重要文献选编》中，中央文献出版社2016年版，第60页。

历史传承、文化传统、近代命运和革命实践中一步步地生长出来的，有着庞大而深厚的根基。“社会主义协商民主”就是从中国的社会土壤中生长起来的政治制度、政治发展道路。关于社会主义协商民主的渊源问题，习近平总书记从五个时段作了阐述，指出它源自中华民族优秀政治文化、近代中国政治演变的现实进程、中国共产党的长期实践、新中国政治制度的创造和改革开放对政治体制的创新，有着“深厚的文化基础、理论基础、实践基础、制度基础”①。党的十九大召开之际，国内外的形势发展要求中国共产党对中国特色社会主义政治发展道路的历史必然、现实必要和理论内涵等进行更透彻的阐释。习近平总书记指出：“中国特色社会主义政治发展道路，是近代以来中国人民长期奋斗历史逻辑、理论逻辑、实践逻辑的必然结果。”②总书记从历史、理论、实践三大逻辑阐释了中国特色社会主义政治发展道路的必然性、必要性等深刻道理。这一政治发展道路是三大逻辑在当代中国政治领域和层面有机统一的必然结果，有着深远而广泛的历史根基、理论依据、实践基础。

第二，关于中国特色社会主义政治发展道路的内涵和要义。在纪念现行宪法公布施行30周年大会上，习近平总书记阐明了这一道路的内涵、根本、关键、方向和目标。他指出：“坚持中国特色社会主义政治发展道路，关键是要坚持党的领导、人民当家作主、依法治国有机统一，以保证人民当家作主为根本，以增强党和国家活力、调动人民

① 习近平：《在庆祝中国人民政治协商会议成立六十五周年大会上的讲话》，见中共中央文献研究室编：《十八大以来重要文献选编》中，中央文献出版社2016年版，第74页。

② 习近平：《决胜全面建成小康社会　夺取新时代中国特色社会主义伟大胜利——在中国共产党第十九次全国代表大会上的报告》，人民出版社2017年版，第36页。

积极性为目标，扩大社会主义民主，发展社会主义政治文明。”[①]这一段话含义极为丰富和深刻。中国特色社会主义政治发展道路的核心要义是实现中国共产党、人民、法治的有机统一；其根本方向是实现全体人民当家作主，调动全体人民积极性，增强中国共产党和国家的整体活力，发展社会主义政治文明。社会主义政治文明是一个比资本主义政治文明更高更先进的政治文明。这一政治文明之所以比资本主义政治文明更高更先进，是因为它能够真正地保证实现人民民主，也就是能够真正地有效地保证实现全体人民当家作主。资本主义国家的政治学者和民众普遍认为，民主最大的保障是法治。所以，资本主义政治文明认同民主和法治的政治理念，以为法治可以保障民主。问题是，资本主义政治文明的历史和实践都充分表明，他们的民主虽然有所谓法治及其体系的保障，但是仍然缺乏实质性的、真正有利于全体人民根本利益的内涵和成效。其原因主要有两点：一是法治从来不可能脱离政治，不可能完全摆脱政治的影响；二是多党制政治使得代表不同群体、地区的选民利益的政党在议会、媒体、社会等相互博弈、相互争斗，由于时常无法达成共识，所以常常严重影响甚至干扰国家的立法、行政和司法，也就无法真正实现人民的利益和愿望。这个时候就需要有一个愿意而又能够代表全体人民利益、反映全体人民愿望和心声的政党来领导国家，来引领有利于全体人民的法治体系的构建，以真正地实现人民民主，真正地实现全体人民当家作主。因此，中国共产党领导、全体人民当家作主、依照宪法和法律治理国家这三者的有机统一，是坚持和拓展中国特色社会主义政治发展道路的核心和关键。实现人民民主的形式也是丰富多样的，不存在一种放之四海而皆准的评判标准和固定模式。习近平总书记指出：“在中国社会主义制度下，有事好商量，众人的事情由众人商量，找到全社会意愿和要求的最大

① 习近平：《在首都各界纪念现行宪法公布施行三十周年大会上的讲话》，见中共中央文献研究室编：《十八大以来重要文献选编》上，中央文献出版社2014年版，第88—89页。

公约数，是人民民主的真谛。”[①]古今中外的政治实践充分表明，保证和支持人民民主，通过依法选举非常重要，“通过选举以外的制度和方式让人民参与国家生活和社会生活的管理也是十分重要的”[②]。习近平总书记认为，人民只有投票权利，投票时被唤醒、投票后就休眠，缺乏广泛参与的意识，那么这种所谓民主是形式主义的。中国特色社会主义政治发展道路的最终目的就是为了全体人民当家作主。为了这个正确方向、确保这个根本、实现这个发展目标，在中国的基本国情下，中国的政治发展必须按照其历史逻辑、理论逻辑、实践逻辑演变的要求来进行，必须将中国共产党领导、人民当家作主、依法治国有机结合起来。“三个统一”虽然也包含了民主和法治，但其关键是坚持党的领导。只有坚持中国共产党的领导，才能抵御各种风险挑战和消除各种障碍干扰，才能稳步地建设民主和法治，真正实现全体人民的当家作主，最终建成社会主义政治文明。

第三，关于中国特色社会主义政治发展道路的优越性。政治发展道路的优越性通过政治制度的优越性体现出来。之所以说中国特色社会主义政治发展道路优越，是因为中国特色社会主义政治制度充分显示出了优越性。习近平总书记认为，一个国家的政治制度好不好，评价的根本标准应该有两条，即是否民主和是否有效。民主和有效相互结合、缺一不可。民主而无效，有效而专制，这两者都不是好的政治制度。一个国家的政治制度怎么样，主要看国家领导层更替、人民管理国家、人民表达利益要求、社会参与国家政治生活、国家决策、人才进入国家领导和管理体系、执政党领导国家事务、权力制约和监督等八个方面如何。这八个方面如果既民主又有效，既有民主性又有有

---

① 习近平：《在庆祝中国人民政治协商会议成立六十五周年大会上的讲话》，见中共中央文献研究室编：《十八大以来重要文献选编》中，中央文献出版社2016年版，第73页。

② 习近平：《在庆祝中国人民政治协商会议成立六十五周年大会上的讲话》，见中共中央文献研究室编：《十八大以来重要文献选编》中，中央文献出版社2016年版，第74页。

效性，那就是好的政治制度；否则就不是好的政治制度。可以说，民主与有效的结合，是习近平总书记考察人类社会政治发展演变的历史经验教训得出的科学结论，是对世界政治发展的理论创新。用民主和有效这两条根本标准考察中国和世界上一些资本主义国家政治制度的八个方面，习近平总书记认为，中国特色社会主义政治发展道路是正确道路。中国实行的这一套政治制度是好的管用的政治制度，因为它既是民主的，也是有效的。这一政治制度具有四个方面的优势，“能够有效”保障人民民主，调节和发展政治关系，促进人民生活质量和水平不断提高，维护国家独立自主等。①中国特色社会主义政治发展道路表现出来的一个突出的优越性就是社会主义协商民主。习近平总书记指出：中国社会主义协商民主丰富了民主的形式、拓展了民主的渠道、加深了民主的内涵。②他用五个“可以……有效……”语式深入分析了“中国社会主义协商民主的独特优势”③。总的来说，民主和有效这两条标准，全面而客观地衡量出了中国特色社会主义政治制度和中国特色社会主义政治发展道路的优越性。

第四，坚定不移地坚持和发展中国特色社会主义政治发展道路。习近平总书记用“六个坚持”和“六个切实防止”指明了我国政治发展的方向。“发展社会主义民主政治，关键是要增加和扩大我们的优势

① 习近平：《在庆祝全国人民代表大会成立六十周年大会上的讲话》，见中共中央文献研究室编：《十八大以来重要文献选编》中，中央文献出版社2016年版，第61—62页。

② 习近平：《在庆祝中国人民政治协商会议成立六十五周年大会上的讲话》，见中共中央文献研究室编：《十八大以来重要文献选编》中，中央文献出版社2016年版，第75页。

③ 习近平：《在庆祝中国人民政治协商会议成立六十五周年大会上的讲话》，见中共中央文献研究室编：《十八大以来重要文献选编》中，中央文献出版社2016年版，第76页。

和特点，而不是要削弱和缩小我们的优势和特点。”[①]中国政治发展的优势和特色包括中国特色新型政党制度、协商民主等。习近平总书记强调：“协商民主是中国社会主义民主政治中独特的、独有的、独到的民主形式。”[②]他提出：总结新中国人民民主实践，在党的领导下进行广泛协商体现了民主和集中的统一。中国社会主义民主有两种重要形式：一种是人民选举投票，一种是人民协商。两种民主形式都非常重要，两者“共同构成了中国社会主义民主政治的制度特点和优势”[③]。新型政党制度也是我国具有独特优势的政治制度。习近平总书记认为，这一新型政党制度的“新型”所在和长处，主要体现在三个方面。[④]习近平总书记关于社会主义协商民主和中国特色新型政党制度等的论述，有助于我们深刻理解和准确把握坚持和拓展什么样的中国道路问题。

4. 中国道路的核心：中国共产党的领导

坚持和拓展什么样的中国道路，核心问题是如何正确理解和准确把握坚持中国共产党领导问题。中国共产党领导是中国道路的关键要素和核心要义。党的领导之所以是中国道路的关键要素，是因为在中国道路诸多要素中，它是确保正确的前进方向的根本保证；党的领导之所以是中国道路的核心要义，是因为离开了它，中国道路就失去了

① 习近平：《在庆祝全国人民代表大会成立六十周年大会上的讲话》，见中共中央文献研究室编：《十八大以来重要文献选编》中，中央文献出版社2016年版，第63页。

② 习近平：《在庆祝中国人民政治协商会议成立六十五周年大会上的讲话》，见中共中央文献研究室编：《十八大以来重要文献选编》中，中央文献出版社2016年版，第74页。

③ 习近平：《在庆祝中国人民政治协商会议成立六十五周年大会上的讲话》，见中共中央文献研究室编：《十八大以来重要文献选编》中，中央文献出版社2016年版，第74页。

④《习近平在看望参加全国政协十三届一次会议的民盟致公党无党派人士侨联界委员时强调 坚持多党合作发展社会主义民主政治 为决胜全面建成小康社会而团结奋斗》，《人民日报》2018年3月5日第1版。

方向性、目标性和保障性的核心内容。在理解和把握中国道路含义的问题上，习近平总书记特别强调了中国共产党领导在当代中国发展中的必然性和必要性。

习近平总书记对此先后作出了两个新的重要论断。一个是关于中国共产党领导与中国特色社会主义的关系。2013年12月10日，在中央经济工作会议上，习近平总书记提出："中国特色社会主义有很多特点和特征，但最本质的特征是坚持中国共产党领导。"[①]在中国特色社会主义诸多特点特征中，党的领导被强调是其中"最本质"的一个特征。一年多以后的2014年2月17日，在学习贯彻十八届三中全会精神研讨班上，他进一步指出："中国共产党领导是中国特色社会主义最本质的特征。"[②]这一论断的含义虽然与上述论断没有什么不同，但是其语言表述的坚定性、肯定性明显增强。在此基础上，同年6月30日，他主持十八届中央政治局第十六次集体学习时明确指出："中国特色社会主义最本质的特征就是坚持中国共产党的领导。"[③]习近平总书记的这一论断是一个属于事物含义性质的论断，是一个关于事物属性的论断，是关于中国特色社会主义重要属性的论断。另一个论断是关于中国共产党领导与中国特色社会主义制度的关系的论断，实际上是关于事物功能的论断。在庆祝中国共产党成立95周年大会上，习近平总书记指出："中国特色社会主义制度的最大优势是中国共产党领导。"[④]"优势"是一个关于事物功能的概念。从事物功能角度来说，我们在表述

① 习近平：《中国共产党领导是中国特色社会主义最本质的特征》，《求是》2020年第14期，第4页。

② 习近平：《中国共产党领导是中国特色社会主义最本质的特征》，《求是》2020年第14期，第5页。

③《习近平在中共中央政治局第十六次集体学习时强调 坚持从严治党落实管党治党责任 把作风建设要求融入党的制度建设》，《人民日报》2014年7月1日第1版。

④ 习近平：《在庆祝中国共产党成立九十五周年大会上的讲话》，见中共中央党史和文献研究院编：《十八大以来重要文献选编》下，中央文献出版社2018年版，第355页。

上不能说“中国特色社会主义”功能，应该说“中国特色社会主义制度”功能。因为“中国特色社会主义”是事物的本质性的概念，不是事物的实体性的概念。党的领导是中国特色社会主义制度最具优越性的一个功能。正因为中国共产党领导在中国特色社会主义中所具有的特殊的属性和功能，因此，在十九大报告中，“中国特色社会主义最本质的特征是中国共产党领导，中国特色社会主义制度的最大优势是中国共产党领导”两个论断被纳入习近平新时代中国特色社会主义思想“八个明确”丰富内涵的第八个明确之中，成为这一思想内容的重要组成部分。

习近平总书记关于党的领导的两个新论断，深刻阐释了中国共产党领导在推进中国特色社会主义伟大事业中的地位和作用，进一步阐释了中国共产党领导与中国特色社会主义的结构和功能的关系，寓意深刻，意义重大。党的领导能够引领中国发展的方向和目标并能够指导、动员和推动人民群众破解前进道路上的矛盾和问题。中国特色社会主义是科学社会主义的发展之道与中国社会进步的实现路径的高度统一。科学社会主义作为当代中国社会的发展之道，就是中国社会发展的正确方向，需要引领和指引；当代中国社会践行科学社会主义发展之道必须找到其具体的实现路径，要不断地解决前进道路上遇到的各种问题，这就需要通过党的引领、指导和推动来实现，需要一种掌握科学理论武器和拥有稳固群众基础的强大的政治力量。中国共产党就是这样一种理论上和实践上强大的政治领导力量，是中国特色社会主义的引领者和推动者，能够引领当代中国的前进方向，能够破解前进道路上各种矛盾和问题，推动当代中国不断地发展和进步。中国共产党之所以能够成为当代中国发展方向的引领者，是因为它是以马克思主义为指导，并不断地实现马克思主义中国化时代化大众化，实现马克思主义在当代中国的理论创新并使之成为群众的理论武器；中国共产党之所以能够成为当代中国进步的推动者，是因为它拥有坚实的工人阶级基础和广泛的群众基础。

如果说毛泽东确立了中国共产党在社会主义建设事业中的领导核心地位，邓小平强调了中国共产党在“中国特色社会主义建设事业”中的关键作用，那么习近平总书记则进一步地从结构和功能上阐明了中国共产党领导在中国特色社会主义中的特殊地位和巨大作用。这种特殊地位和巨大作用的含义主要体现在两个方面：一是从中国特色社会主义的构成要素和重要特征方面来说，中国共产党的领导是中国特色社会主义诸多的要素和特征中最本质的一个要素和特征，因为它在中国特色社会主义结构中居于引领方向、达成目标和推动前进的关键性的特殊地位，没有了中国共产党的领导就不可能坚持和发展中国特色社会主义；二是从中国特色社会主义的制度功能方面来说，中国共产党领导是中国特色社会主义制度诸多的优势中最大的一个优势，因为中国共产党是以民主集中制为根本组织原则的马克思主义政党，既能够广泛充分发展全过程人民民主、听取人民心声，又能够集中智慧、集中力量办大事，办好事，有很强的行动力、执行力。习近平总书记关于中国共产党领导的地位和作用的阐述，丰富和发展了毛泽东、邓小平关于坚持中国共产党领导的理论，为新时代坚定不移地坚持和拓展中国特色社会主义道路提供了根本的政治理论依据。

总之，要不断坚持和完善中国共产党领导，这关系到党和国家的根本和命脉，关系到人民的利益和幸福。现代政治不同于古代政治的一个重要方面，就是由政党政治取代了家族政治。政党是群众的集合，代表了一部分群众的利益。现代政治发展道路与政党的作用和影响息息相关。中国共产党是能够代表中国最广大人民群众长远和根本利益的政党，是必然性与合理性的统一、规律性要求与价值性追求的统一、国际性与民族性的统一、党性与人民性的统一。中国共产党在推动革命、建设和改革的长期奋斗的过程中，将马克思主义关于人类解放的一般原理同中国发展变革的实际结合起来，既深刻揭示了当代中国发展之道，又成功找到了实现发展之道的正确路径。坚持中国共产党的领导是我们能够成功开辟、不断坚持和丰富拓展中国道路的最重要的政治保证。

科学回答坚持和拓展什么样的中国道路问题，是习近平总书记关于中国道路重要论述及重要理论的又一个重要方面。习近平在毛泽东、邓小平、江泽民、胡锦涛关于艰辛探索、成功开辟、丰富发展什么样的中国特色社会主义道路理论的基础上，深入总结四十多年改革开放和中国特色社会主义道路开辟和发展的历史经验，深入总结党的十八大以后坚持和拓展中国特色社会主义道路新的实践经验，全面、系统而深刻地揭示了中国特色社会主义道路的丰富内涵、基本特征和核心要义。可以肯定地说，坚持和拓展什么样的中国道路问题在习近平总书记关于中国道路的重要论述中已经有了明确的基本的答案。当然，中国特色社会主义道路仍然在继续坚持和不断拓展之中，新的实践是理论创新之源泉。我们有理由坚信，随着新时代实践的发展，习近平总书记关于坚持和拓展什么样的中国道路的理论一定会进一步丰富、发展和完善。

三、怎么样坚持和拓展中国道路

怎么样坚持和拓展中国道路的核心，是在坚持中国道路确定的发展之道和基本路径的基础上，进一步丰富发展之道的基本内涵，创新发展之道的实现路径。习近平总书记认为，在新的历史起点上坚持和拓展中国道路，必须坚持一切从实际出发，认识和把握中国社会发展变化的阶段性特征，直面矛盾问题，勇于开路架桥，坚持党对一切工作的领导，坚持党的基本理论、党在社会主义初级阶段的基本路线和党在新时代的基本方略，坚持以人民为中心和以创新为引领的发展思想和发展理念，推动中国的发展全局实现深刻变革，围绕“两个一百年”奋斗目标及其主要任务，进一步明确、构建和推进新时代中国特色社会主义建设的布局和战略，开创新时代中国特色社会主义事业的新局面。

1.从新时代的实际出发进行道路创新

坚持和拓展中国道路必须一切从实际出发，充分认识我国经济社会发展进入了一个新的阶段，要正确理解和准确把握新的发展阶段的内涵、特征、矛盾和课题，抓住新机遇，迎接新挑战，不断推进道路创新。党的十八大以后，习近平总书记科学分析我国发展出现的新情况、新特征、新矛盾、新课题，全面认识当代中国最大的客观实际仍然是处于社会主义初级阶段，全面而深刻地理解我国基本国情。从我国经济发展已经进入了新常态，到中国经济已经从高速增长的阶段转向高质量发展的阶段；从我国正处于由中等收入大国向高收入国家迈进的阶段，到中国特色社会主义进入了新时代等，习近平总书记逐步地深化了对坚持和拓展中国道路真正的实践起点的认识。

要全面认识社会主义初级阶段这个当代中国最大的基本国情，全面理解基本国情在一些方面出现的发展变化。习近平总书记明确指出：当代中国最大的最基本的实际，是“我国仍处于并将长期处于社会主义初级阶段”[①]。社会主义初级阶段是我们坚持和拓展中国道路的客观基点，不能脱离这个基点。同时，他又认为：经过几十年的改革开放和现代化建设，我国基本国情的内涵已经发生了变化，社会生产力、综合国力和人民生活水平已经实现了历史性跨越。既要看到基本国情没有变，也要看到经济社会发展新阶段的新特点。[②]习近平总书记指出：“现在，我们比历史上任何时期都更接近中华民族伟大复兴的目

① 《习近平在中共中央政治局第二十次集体学习时强调 坚持运用辩证唯物主义世界观方法论 提高解决我国改革发展基本问题的本领》，《人民日报》2015年1月25日第1版。

② 《习近平在中共中央政治局第二十次集体学习时强调 坚持运用辩证唯物主义世界观方法论 提高解决我国改革发展基本问题的本领》，《人民日报》2015年1月25日第1版。

标，比历史上任何时期都更有信心、有能力实现这个目标。”[①]这一论断是习近平总书记对新阶段中国基本国情变与不变的最早的认识和判断，实际上是指出了十八大以后我国国情的新变化，指明了我国经济社会发展进入新阶段所呈现出来的新特点。这一论断充分表明，十八大以后的中国，比近代以来任何时期，也比新中国成立以来任何时期，都更加接近和更加有信心、有能力实现民族复兴的伟大梦想。那么，新阶段的内涵、特征是什么呢？

首先，习近平总书记从经济方面分析了新的发展阶段的特征和内涵，先后作出了关于我国经济发展已经进入了新常态、中国经济已经从高速增长的阶段向高质量发展的阶段深刻转变两个重要的论断。关于我国经济的发展已经进入了“新常态”阶段的判断，在担任总书记的第三个年头的2014年，习近平提出了一个“新常态”概念，用以概括我国经济发展出现的阶段性特征。在全党研究和制定2016年至2020年国民经济和社会发展第十三个五年规划时，他深刻阐述了“新常态”阶段的主要特征，指出：“十三五”时期，我国经济发展进入了新常态，经济的增长速度、经济结构、发展方式、发展动力等都已经或正在发生着有着历史性意义的变化，速度降为中高速，方式转向质量效率型，结构转向调整存量和做优增量并举，动力转向创新驱动等。当然，经济领域的这一系列转向并不是简单而容易的事情，实际上这是一个广泛而深刻的变化，对我们来说是一个巨大挑战。[②]“新常态”主要是指我国经济的发展进入了一个新的阶段。这是对我国社会发展阶段性特征的一个重要的认识成果。不过，党的十九大报告在经济方面没有继续采用“新常态”提法，而是提出了一个新的重要提法，即

① 习近平：《中国梦，复兴路》，见中共中央文献研究室编：《十八大以来重要文献选编》上，中央文献出版社2014年版，第83页。

② 习近平：《在省部级主要领导干部学习贯彻党的十八届五中全会精神专题研讨班上的讲话》，《人民日报》2016年5月10日第2版。

“我国经济已由高速增长阶段转向高质量发展阶段”[①]。报告将这个转向概括为我国经济“正处在转变发展方式、优化经济结构、转换增长动力的攻关期”[②]。比较这两种提法，从主要内容来说，十九大报告的论断与新常态提法的含义基本上是一致的，两者都是从速度、方式、结构、动力等来界定我国经济发生的新的变化。不过，十九大报告的论断比新常态提法的含义更加明确、准确和科学，更能够使人明白，也更能够鼓舞全国人民的心气。

在此基础上，习近平总书记从整体上进一步揭示了新的发展阶段的内涵和特征，作出了关于我国已经进入由中等收入国家向高收入国家迈进的新阶段的论断，特别是作出了关于中国特色社会主义进入新时代的重大判断。关于我国已经进入由中等收入国家向高收入国家迈进的新阶段的论断，是习近平总书记2016年1月在省部级主要领导干部学习和贯彻十八届五中全会精神研讨班上首次提出来的，与关于经济发展进入新常态的认识是有关系的。这一论断主要是从国民收入和经济发展协调性的角度阐述了我国国情出现的一个重大变化。习近平总书记指出：“我国正处于由中等收入国家向高收入国家迈进的阶段，国际经验表明，这个阶段是各种矛盾集中爆发的时期，发展不协调、存在诸多短板也是难免的。”[③]由中等收入国家向高收入国家迈进，是社会主义初级阶段发展进程中的一个重要变化，既表明中国改革开放和现代化建设取得了突出成就，又预示着我国发展进入了一个各种矛盾集中爆发的风险时期。当然，关于我国由中等收入国家向高收入国

---

① 习近平：《决胜全面建成小康社会 夺取新时代中国特色社会主义伟大胜利——在中国共产党第十九次全国代表大会上的报告》，人民出版社2017年版，第30页。

② 习近平：《决胜全面建成小康社会 夺取新时代中国特色社会主义伟大胜利——在中国共产党第十九次全国代表大会上的报告》，人民出版社2017年版，第30页。

③ 习近平：《深入理解新发展理念》，见中共中央党史和文献研究院编：《十八大以来重要文献选编》下，中央文献出版社2018年版，第161页。

家迈进的论断还不是从我国发展总体上概括和阐述我国发展新阶段的内涵和特征，还不能完全揭示我国发展进入新阶段的价值和意义；但是，正是在这些关于我国国情发展变化的具体认识成果的基础上，习近平总书记郑重地作出了中国特色社会主义进入新时代的重大论断。

习近平总书记从总体上深刻地揭示和阐述了我国社会发展的阶段性变化及其内涵和特征。2017年10月18日，在中共十九大报告中，他明确提出："经过长期努力，中国特色社会主义进入了新时代，这是我国发展新的历史方位。"[①]十九大报告关于新时代的论断是关于我国社会发展阶段问题的一个全局性的整体性的重大论断。对这一论断的含义可以从两个方面来理解。一方面，"新时代"作为我国社会发展的一个大的阶段，应该是包含了经济新常态和国民收入由中等到高等转变等内容。如果说前述新常态和向高收入国家迈进等主要还是经济增长、国民收入等若干具体方面的判断，那么十九大报告的"新时代"则是关于我国社会发展具有整体性、方位性、历史性的重大论断。关于新时代的论断包含了党的十八大以后习近平总书记关于我国基本国情问题的所有已经取得的认识成果。另一方面，"进入"是一个动态的、逐步的历史过程，其本身并没有一个具体的起点或开始。虽然学术界对新时代的起点问题有一些讨论，有的观点认为是党的十八大，有的观点认为是党的十九大，但党的十九大报告并没有明确新时代的起点。应该说，新时代的"进入"与社会主要矛盾的"转化"是同一个历史过程，它的起点问题可以进一步讨论和研究。我认为，新时代的"进入"与社会主要矛盾的"转化"作为同一个历史过程，它们有若干个重要环节和历史节点。这些环节和节点包括2010年我国经济总量跃居世界第二位，包括党的十八大新一代领导人登上历史舞台，包括党的十九大明确提出关于新时代重大论断和概括习近平新时代中国特色社

① 习近平：《决胜全面建成小康社会　夺取新时代中国特色社会主义伟大胜利——在中国共产党第十九次全国代表大会上的报告》，人民出版社2017年版，第10页。

会主义思想，还包括2021年我国在全面建成小康社会基础上正式启动全面建设社会主义现代化国家的伟大征程等。因此，“进入”新时代可能是一个持续近十年的历史过程。综上两个方面所述，中国特色社会主义进入新时代论断是习近平总书记对中国基本国情的全面而系统的重大论断，是以习近平同志为核心的党中央关于厘清坚持和拓展中国道路伟大时代和实践起点的重大论断。

新时代作为我国社会发展的一个崭新的历史阶段，其内涵、特征和面临的课题等都出现了新的情况。新时代的内涵和特征主要有五个层面：一是从改革开放以来党的全部理论和实践的主题来说，从总体上来看，新时代是在新的历史条件下继续夺取中国特色社会主义伟大胜利的时代。“新的历史条件”主要指两个方面，既包括新中国成立以后尤其是改革开放以来创造的历史成就，也包括党的十八大以后形成的新的实践成果。“新的历史条件”就为在“新的历史起点”上坚持和拓展中国道路奠定了坚实的基础，提出了崭新的课题。二是从现代性来说，新时代是我们在决胜全面建成小康社会的基础上，全面建设社会主义现代化强国的时代。“全面建设社会主义现代化强国”①表明我们要在新时代为高标准地完成社会主义现代化的历史任务而冲刺。三是从人民性来说，新时代是不断创造美好生活、逐步实现全体人民共同富裕的时代。“美好生活”“共同富裕”等人民的需要和向往会在这个时代“不断”地“逐步”地得到实现。四是从民族性来说，新时代是中华民族奋力实现自己的伟大复兴中国梦的时代。中华民族将在这个时代再次正式进入世界伟大民族的行列。五是从世界性来说，新时代是我国不断为人类社会作出更大贡献的时代。换句话说，这个时代是夺取伟大胜利的中国特色社会主义、全面建成社会主义现代化强国的中华人民共和国、实现共同富裕的十几亿中国人民、完成伟大复兴

① 习近平：《决胜全面建成小康社会 夺取新时代中国特色社会主义伟大胜利——在中国共产党第十九次全国代表大会上的报告》，人民出版社2017年版，第11页。

的中华民族，发挥自己的重大作用和影响，为人类社会进步作出更大贡献的时代。[1]可以说，上述这些现代性、人民性、民族性和世界性，都是总体阶段性的具体体现，它们共同表明，中国特色社会主义经过多年的发展，确实已经发生了全方位的重大变化。

进入中国特色社会主义新时代，中国社会的主要矛盾从1956年中国进入社会主义历史时期（实际上是中国社会主义时期的第一个阶段）以后就已经客观存在，但到20世纪80年代初中国共产党才明确概括的人民日益增长的物质文化需要同落后的社会生产之间的矛盾，经过长期的社会主义建设，特别是改革开放和社会主义现代化建设的努力，已经历史性地得到了总体解决。现在这一主要矛盾已转变为“人民日益增长的美好生活需要和不平衡不充分的发展之间的矛盾”[2]。主要矛盾的两个方面尤其是其主要方面即人民的需要，出现了历史性的巨大变化。与此同时，进入新时代，中国共产党面临的时代课题也相应地发生了历史性的巨大变化。国内外形势变化和我国各项事业发展向中国共产党和中国人民提出了一个新的重大时代课题和时代问卷，即“必须从理论和实践结合上系统回答新时代坚持和发展什么样的中国特色社会主义、怎样坚持和发展中国特色社会主义”[3]。中国社会出现的新的主要矛盾，尤其是主要矛盾的主要方面，即如何实现中国十几亿人民日益增长的美好生活愿望，如何满足人民日益增长的高品质经济文化生活和政治发展、社会进步、环境友好、国家安全等方面的需要，

① 习近平：《决胜全面建成小康社会　夺取新时代中国特色社会主义伟大胜利——在中国共产党第十九次全国代表大会上的报告》，人民出版社2017年版，第11页。

② 习近平：《决胜全面建成小康社会　夺取新时代中国特色社会主义伟大胜利——在中国共产党第十九次全国代表大会上的报告》，人民出版社2017年版，第11页。

③ 习近平：《决胜全面建成小康社会　夺取新时代中国特色社会主义伟大胜利——在中国共产党第十九次全国代表大会上的报告》，人民出版社2017年版，第18页。

如何推进民主、法治、公平、正义、环境、安全等持续发展，确实是向中国共产党提出了全方位的要求；新的重大时代课题，特别是关于怎样坚持和发展中国特色社会主义的课题，也向中国共产党提出了进一步推进和拓展中国特色社会主义道路的时代问卷和时代要求。

2. 坚持党对一切工作的领导

坚持和拓展中国道路的关键和核心是中国共产党的领导。历史与人民选择了中国共产党作为时代课题的答卷人和主要矛盾的破解者。在新的历史起点上坚持和拓展中国道路，必须坚定不移地坚持党对一切工作的领导。这是拓展中国道路的必然要求。

首先，坚持党对一切工作的领导是坚持和拓展中国道路的内在要求。这是习近平总书记关于坚持拓展中国道路与坚持中国共产党对一切工作领导两者关系的一个重要观点。究其原因，概括起来主要有四点：一是中国道路一个核心要义就是坚持中国共产党的领导。这是中国特色社会主义最本质特征和最大的制度优势。历史和现实的经验反复表明，近现代中国发展的关键靠的就是中国共产党的领导，靠的就是中国共产党对中国前进方向的引领和对基本路径的指导。离开了中国共产党的领导就一定会背离中国道路的正确方向，就一定会脱离中国道路发展的科学路径，也就不可能有中国道路的坚持和拓展。中国共产党是中国特色社会主义事业"最高政治领导力量"[①]。二是中国共产党的根本宗旨、初心使命和政治属性是中国共产党领导的内在品质和根本依据，也是坚持和拓展中国道路的根本保证。中国共产党的第二个百年奋斗目标就是要领导全国各族人民沿着中国道路前进，以实现中国社会现代化、实现人民的美好生活、实现民族复兴的中国梦。在新时代的中国，没有哪一支政治力量同样具有中国共产党这样的政

---

① 《习近平在中共中央政治局第六次集体学习时强调 把党的政治建设作为党的根本性建设 为党不断从胜利走向胜利提供重要保证》，《人民日报》2018年7月1日第1版。

治属性、政治目标和政治意志，能够对中国的发展和变革发挥这样的正确的领导作用。三是中国共产党是时代课题和时代问卷的最佳答卷者。习近平总书记指出："时代是出卷人，我们是答卷人，人民是阅卷人。"[①]历史和现实的经验反复告诉我们，社会革命取得最终胜利需要经过一个漫长而艰难的实践过程。新时代中国特色社会主义是中国共产党领导全国各族人民进行伟大社会革命的成果和继续，必须一以贯之进行下去。党的十八大以后，正是在中国共产党的坚强领导下，我们胜利完成了"十二五"规划的目标和任务，顺利实施了"十三五"规划并完成了规划的目标和任务，解决了许多历史性的难题，办成了许多大事，取得了具有全面性的、开创性的、历史性的成就，发生了深层次的、根本性的变革，"党和国家事业全面开创新局面"[②]，在坚持和拓展中国道路上取得了显著的成绩。当然，历史成就不能成为自豪和自喜的资本，初心宗旨也不能必然确保新的实践的正确方向和正确途径。四是坚持中国共产党对新时代中国特色社会主义事业发展的全面领导。推进社会革命的历史和实践都表明，中国共产党的领导必须是全面的，党的领导绝对不能可有可无、可选可弃、可强可弱，党必须领导党政军民学等一切工作、工农商学兵等一切领域、东西南北中等一切地方。因为在中国这样一个历史悠久而命运坎坷、地域辽阔而差异巨大、人口众多而民族关系复杂、区域情况多样而地方治理形式多种、周边国家众多而国际环境动荡不定的亚洲太平洋西岸大国，如果没有一个强有力的政治力量能够总揽全局、协调各方，没有一个强有力的政治力量能够把握前进的正确航向、谋划长远的战略全局、制定有效的方针政策、促进科学的变革和发展，那是绝对不行的。因

①《习近平在学习贯彻党的十九大精神研讨班开班式上发表重要讲话强调 以时不我待只争朝夕的精神投入工作 开创新时代中国特色社会主义事业新局面》，《人民日报》2018年1月6日第1版。

②习近平：《决胜全面建成小康社会 夺取新时代中国特色社会主义伟大胜利——在中国共产党第十九次全国代表大会上的报告》，人民出版社2017年版，第2页。

此，在新时代继续坚持和拓展中国道路，一定要坚定不移地将一切工作都置于党的领导之下。

其次，坚持党对一切工作的领导，必须坚持十九大报告概括和阐述的党的基本理论、基本路线和基本方略，这是在新时代继续坚持和不断拓展中国道路的必然要求。习近平总书记在党的十九大报告中明确提出："全党同志必须全面贯彻党的基本理论、基本路线和基本方略，更好引领党和人民事业发展。"①习近平新时代中国特色社会主义思想、党在社会主义初级阶段的基本路线和党在新时代的基本方略，是新时代中国共产党的指导思想和行动纲领。坚持党的基本理论、基本路线和基本方略，是新时代坚持党对一切工作的领导和继续推进伟大事业的必然要求。党的基本理论科学分析了近代以来中国社会发展的基本规律，正确指明了中国社会发展的正确方向；党在社会主义初级阶段，特别是中国特色社会主义新时代的基本路线科学擘画了中国社会主义初级阶段即新中国第一个一百年发展的路线图，明确了初级阶段社会主义新中国第一个一百年前进的目标和路径；党在新时代的十四条基本方略正确制定了新时代中国特色社会主义尤其是实现中华民族伟大复兴关键时期的政治行动纲领，有效地引领着中国特色社会主义继续前进。只有坚持和贯彻党的基本理论、基本路线和基本方略，党对一切工作的领导才能真正得到贯彻落实，中国道路才能真正得到坚持和拓展。

最后，坚持党对一切工作的领导，必须勇于推进党的自我革命，这是新时代坚持和拓展中国道路的根本保证。习近平总书记在党的十九届一中全会一闭幕就公开发出了要推进自我革命的新的伟大工程的新号召和动员令。他指出，"中国共产党是世界上最大的政党。大就要有大的样子。实践充分证明，中国共产党能够带领人民进行伟大的社

① 习近平：《决胜全面建成小康社会 夺取新时代中国特色社会主义伟大胜利——在中国共产党第十九次全国代表大会上的报告》，人民出版社2017年版，第26页。

会革命，也能够进行伟大的自我革命”[①]，必须以全党的强大正能量在全社会凝聚起推动中国发展进步的磅礴力量。他在学习和贯彻十九大精神研讨班上强调：“要把新时代坚持和发展中国特色社会主义这场伟大社会革命进行好，我们党必须勇于进行自我革命，把党建设得更加坚强有力。”[②]社会革命和自我革命是中国共产党同时推进的两场伟大革命。这两场伟大革命是相互联系、相互协调、相互促进的。没有领导和推进社会革命的政党，是不可能有自我革命的动力和信心的；同样，缺乏进行自我革命的政党也是不可能正确地持续地领导和推进社会革命的。习近平总书记强调：“勇于自我革命，从严管党治党，是我们党最鲜明的品格。”[③]只有勇于和善于进行自我革命，不断推进党的自身建设，中国共产党才能建设成为世界上最强大的政党。只要勇于和善于进行自我革命，不断推进党的自身建设，中国共产党就一定能够将自己建设成为世界上最强大的政党。自我革命必须把党的政治建设摆在突出位置。习近平总书记指出，十八大以后的党建实践表明：“党的政治建设决定党的建设方向和效果，不抓党的政治建设或背离党的政治建设指引的方向，党的其他建设就难以取得预期成效。”[④]他强调，民心是最大的政治，我们党一定要把赢得民心作为政治建设着力点。良好政治生态的营造是党的政治建设的一项经常性、基础性和长

---

① 《习近平在十九届中共中央政治局常委同中外记者见面强调 新时代要有新气象更要有新作为 中国人民生活一定会一年更比一年好》，《人民日报》2017年10月26日第2版。

② 《习近平在学习贯彻党的十九大精神研讨班开班式上发表重要讲话强调 以时不我待只争朝夕的精神投入工作 开创新时代中国特色社会主义事业新局面》，《人民日报》2018年1月6日第1版。

③ 《习近平在学习贯彻党的十九大精神研讨班开班式上发表重要讲话强调 以时不我待只争朝夕的精神投入工作 开创新时代中国特色社会主义事业新局面》，《人民日报》2018年1月6日第1版。

④ 《习近平在中共中央政治局第六次集体学习时强调 把党的政治建设作为党的根本性建设 为党不断从胜利走向胜利提供重要保证》，《人民日报》2018年7月1日第1版。

期性的工作，必须养正气以固根本，锲而不舍以久久为功。[①]进入新时代，中国共产党把加强政治信仰、政治生活、政治生态、政治纪律等方面的政治建设摆在党的建设的首要位置，在坚定政治信仰等方面取得了显著的成效。新时代党的自我革命的难点和亮点是党的基层组织建设。习近平总书记高度重视、高度关注党的基层组织建设。2018年11月，他在上海考察了基层的党建工作，指出：党建工作的难点在基层，亮点同样也在基层。他希望上海在加强基层党建工作上能够继续探索、走在前头。党的基层组织与广大的工人阶级和广泛的各界群众有着经常性、多面性和动态性的政治联系和工作联系，所以新时代必须全面加强党的基层组织建设。只要有效地加强党的基础建设，世界上最强大政党的伟大目标就一定能够实现。新时代中国共产党通过不断提高自身建设，一定能够将自己锻造成为真正走在时代发展的前列、得到全国各族人民衷心拥护和支持的马克思主义执政党。

坚持党对一切工作的领导，能够确保中国道路的拓展始终坚持在正确的方向和轨道上，能够有效地应对和破解前进道路遇到的困难和险阻，能够确保新时代的中国道路行稳致远并愈益宽广，能够确保"两个一百年"奋斗目标和中华民族伟大复兴的最终实现。

3.以人民为中心实现发展全局的深刻变革

在新的历史起点上坚持和拓展中国道路必须坚持以人民为中心的发展思想，贯彻落实新发展理念，推动我国发展全局实现深刻变革。中国道路是实现全体人民根本利益的道路。习近平总书记把"人民"始终放在心中最高的位置，念兹在兹。从2013年8月提出"要树立以

① 《习近平在中共中央政治局第六次集体学习时强调 把党的政治建设作为党的根本性建设 为党不断从胜利走向胜利提供重要保证》，《人民日报》2018年7月1日第1版。

人民为中心的工作导向”[①]，到2014年10月在文艺工作座谈会上强调“坚持以人民为中心的创作导向”[②]，再到2015年在十八届五中全会提出以人民为中心等，习近平总书记始终心系人民群众，主张要把增进人民群众的福祉、朝着全体人民共同富裕的方向一步一步地扎实前进，作为经济和社会工作根本的出发点和落脚点。连任国家主席以后，习近平深刻阐述了中国人民的特质和禀赋以及这些特质和禀赋在历史发展中的伟大作用。新时代坚持和拓展中国道路，必须坚持以人民为中心的发展思想，推动中国发展的全局实现深刻变革。

坚持以人民为中心的发展思想，推动发展全局实现深刻变革，其要求主要有五点。

第一，发展必须以人民对美好生活的向往和实现全体人民的共同富裕作为根本方向和奋斗目标。习近平总书记指出：“为人民谋幸福，是中国共产党人的初心。”要“把人民对美好生活的向往作为奋斗目标”[③]。他强调：“党的一切工作，必须以最广大人民根本利益为最高标准。”[④]党推动中国社会的变革和发展，其根本目的是为了人民。在新时代，中国共产党要不断地关注和解决人民群众最现实、最直接、最关心的利益问题，尽全力让人民群众过上更加美好幸福的生活。共同富裕不仅是全体中国人民过上美好幸福生活的阶段性目标，也体现了以人民为中心的立场和要求，必须一步一步地扎实实现。习近平总书记指出：“以人民为中心的发展思想，不是一个抽象的、玄奥的概念，不能只停留在口头上、止步于思想环节，而要体现在经济社会发

---

① 《习近平在全国宣传思想工作会议上强调 胸怀大局把握大势着眼大事 努力把宣传思想工作做得更好》，《人民日报》2013年8月21日第1版。

② 习近平：《在文艺工作座谈会上的讲话》，《人民日报》2015年10月15日第2版。

③ 习近平：《在党的十九届一中全会上的讲话》，《求是》2018年第1期，第5页。

④ 习近平：《在纪念毛泽东同志诞辰120周年座谈会上的讲话》，《人民日报》2013年12月27日第2版。

展各个环节。”[①]我们一定要紧扣新时代中国社会主要矛盾的新变化，着力破解发展不平衡不充分问题；要以充分保障和逐步改善全体人民的民生为重点，多做解民忧和谋民利的工作；要坚决打赢脱贫攻坚战，加大整个社会调节分配的力度，不断促进整个社会的公平正义，不断满足人民日益增长的美好生活需要。

第二，新时代中国的发展要继续依靠全体人民来创造新的历史伟业。习近平总书记强调指出，中国人民书写了中华民族发展史，创造了中华文明，培育了中华民族精神，实现了中华民族“三个起来”的伟大飞跃。“人民是历史的创造者。”[②]真正的英雄不是什么王侯将相，而是中国人民。中国人民才是真正决定党和国家前途和命运的根本力量。因此，在新时代创造历史伟业一定要紧紧地依靠全体人民，坚信人民群众才是创造历史的主体。中国共产党是领导中国人民的政治力量，但中国人民是创造中国历史的主体，党必须深深扎根于人民之中才有领导力量。习近平总书记说：“老百姓是天，老百姓是地。忘记了人民，脱离了人民，我们就会成为无源之水、无本之木，就会一事无成。”[③]中国共产党的根基、血脉和力量都存在于人民群众之中。因此，中国共产党工作和奋斗的得失成败都必须由全体人民来验证，其工作做得好不好的根本标准只能是以人民高兴不高兴、满意不满意、答应不答应、赞成不赞成、拥护不拥护来判断。

第三，贯彻落实新发展理念，自觉用新发展理念统领发展全局。习近平总书记坚持以人民为中心的发展思想，顺应时代发展的新要求，提出了创新、协调、绿色、开放、共享的新发展理念。五大新发展理念是以人民为中心的发展思想的集中体现和具体要求。创新是实现高

---

① 习近平：《深入理解新发展理念》，见中共中央党史和文献研究院编：《十八大以来重要文献选编》下，中央文献出版社2018年版，第168页。

② 习近平：《在第十三届全国人民代表大会第一次会议上的讲话》，《人民日报》2018年3月21日第2版。

③ 习近平：《在纪念红军长征胜利80周年大会上的讲话》，《人民日报》2016年10月22日第2版。

质量发展、充分发展的第一理念，协调、绿色、开放是实现经济结构体系中各区域和领域、经济与社会、人与自然、国内与国外等平衡发展的应有之义，共享是实现全体人民根本利益、高质量发展、平衡充分发展的根本要求。习近平总书记在党的十八届五中全会上所作的中共中央关于制定“十三五”规划建议的说明中指出：“发展理念是发展行动的先导。”[①]发展新理念“是我们在深刻总结国内外发展经验教训的基础上形成的，也是在深刻分析国内外发展大势的基础上形成的，集中反映了我们党对经济社会发展规律认识的深化，也是针对我国发展中的突出矛盾和问题提出来的。”[②]习近平总书记强调指出，五大新发展理念是相互贯通和相互促进的、具有内在联系的集合体。新发展理念是对科学发展观重要思想的坚持和发展，是我国经济由高速增长阶段到高质量发展阶段转变、由中等收入大国向高收入强国迈进的历史性课题的破解的有效药方，是推动我国经济社会平衡充分地发展、更好地实现人民不断增长的美好生活需要的新时代社会主要矛盾的正确指针，是中国共产党坚持以人民为中心的发展思想的具体体现和基本要求。坚持五大新发展理念，“是关系我国发展全局的一场深刻变革”[③]；也只有坚持五大新发展理念，我国发展全局才能真正完成这场历史性的深刻变革。发展全局并不仅仅是经济发展的各个方面、各个层面、各个领域和各个环节，还包括政治、文化、社会、生态等各大领域的发展的整体。党的十九届五中全会按照新发展理念的要求，提

① 习近平：《关于〈中共中央关于制定国民经济和社会发展第十三个五年规划的建议〉的说明》，见中共中央文献研究室编：《十八大以来重要文献选编》中，中央文献出版社2016年版，第774页。

② 习近平：《以新的发展理念引领发展，夺取全面建成小康社会决胜阶段的伟大胜利》，见中共中央文献研究室编：《十八大以来重要文献选编》中，中央文献出版社2016年版，第825页。

③ 习近平：《以新的发展理念引领发展，夺取全面建成小康社会决胜阶段的伟大胜利》，见中共中央文献研究室编：《十八大以来重要文献选编》中，中央文献出版社2016年版，第827页。

出了“坚持创新在我国现代化建设全局中的核心地位”①等关于科技创新、产业体系和经济体系、经济体制、乡村振兴、区域发展和城镇化、文化事业和文化产业、绿色发展、高水平开放、人民生活品质、平安中国、国防和军队现代化等主要任务。习近平总书记要求全党一定要深刻理解以人民为中心的发展思想，着力提升贯彻落实新发展理念的能力和水平，全力推动我国的发展全局实现深刻的变革，不断开拓我国经济社会发展的新境界。

第四，围绕“两个一百年”的目标和任务，统筹推进“五位一体”总体布局，全面发展中国特色社会主义。“两个一百年”奋斗目标涉及经济、政治、文化、社会、生态等很多领域，必须统筹推进各个领域具体目标和任务的完成。以习近平同志为核心的党中央在治国理政的新实践中逐步形成了关于“统筹推进”中国特色社会主义“五位一体”总体布局的思想。对“五位一体”总体布局为什么必须“统筹推进”的问题，党中央的认识有一个发展过程。党的十八大提出，建设中国特色社会主义总布局是“五位一体”，这表明中国特色社会主义是需要全面发展的社会主义。十八届五中全会公报在中央全会文献里首次使用了“统筹推进经济建设、政治建设、文化建设、社会建设、生态文明建设和党的建设”②的提法，但这还不是“统筹推进‘五位一体’总体布局”。习近平总书记第一次提出“统筹推进‘五位一体’总体布局”，迄今为止发现的材料是2016年5月17日在哲学社会科学工作座谈会上的讲话。这一提法以后成为关于“五位一体”总体布局的标准表述。这一过程表明，党中央对“五位一体”总体布局的内涵、特征、结构和实践要求的理解和把握有一个逐步深入的过程。习近平总书记对经济、政治、文化、社会、生态等领域中一些重要问题，如适应我国经济已从高速增长阶段向高质量发展阶段转变、推动供给侧结构性改革、建设现代化经济体系，健全人民当家作主制度体系、发展社会

① 《中共十九届三中全会在京举行》，《人民日报》2020年10月30日第1版。

② 《中共十八届五中全会在京举行》，《人民日报》2015年10月30日第1版。

主义民主政治，坚定文化自信、推动社会主义文化繁荣兴盛、建设社会主义文化强国，提升保障和改善民生水平、强化和创新社会治理，加快改革生态文明体制、建设美丽中国等建设中国特色社会主义总体布局中五大领域的一系列重要问题，进行了深入的、系统的阐述，为全面拓展中国道路指引了明确的方向和科学路径。

第五，加快构建以国内大循环为主体、国内国际双循环相互促进的新发展格局。面对新冠疫情暴发以后"逆全球化"加速、所谓"中美脱钩"论在美国一些政客那里甚嚣尘上和时代主题仍然是和平与发展、我国经济进入高质量发展新阶段等复杂多变的国际国内形势，以习近平同志为核心的党中央作出了"当前经济形势仍然复杂严峻，不稳定性不确定性较大，我们遇到的很多问题是中长期的，必须从持久战的角度加以认识，加快形成以国内大循环为主体、国内国际双循环相互促进的新发展格局"①这一重大战略部署。以国内大循环为主体、国内国际双循环相互促进的新发展格局，当然是一个内外两个循环相互联系、相互促进的完整的经济体系，不要将两个循环割裂开来，不能关闭对外开放的国门，而且要创造条件进一步扩大开放，提高开放的质量和水平。但是，新发展格局之所以"新"，正是因为这个新的经济体系和发展格局是以国内大循环为主体的，其着眼点和着力点都是加快建立国内大循环，并且加快形成内循环的经济结构，确立内循环的主体地位，发挥内循环的主体作用。加快形成新发展格局，从本质上说，是充分体现了以人民为中心的发展思想，是以中国全体人民为中心推动我国发展全局实现深刻变革的具体体现和战略行动，与以公有制经济为主体、以按劳分配为主体等我国基本经济制度的核心在实

① 《中共中央政治局召开会议 决定召开十九届五中全会 分析研究当前经济形势和经济工作 中共中央总书记习近平主持会议》，《人民日报》2020年7月31日第1版。据已经公布的文献资料，习近平总书记最早提出"新发展格局"可能是2020年4月10日在中央财经委员会第七次会议上的讲话，见习近平：《国家中长期经济社会发展战略若干重大问题》，《求是》2020年第21期，第5页。

质上是对应的，目的是更好更快地促进中国经济社会平衡充分的发展，不断增进我国各族人民的利益，实现全体人民的美好幸福生活。经过长期的社会主义现代化建设和改革开放，我们已经拥有了加快形成新发展格局的雄厚条件。这些条件包括全球最完整、规模最大的工业体系，1亿多市场主体，1.7亿多受过高等教育或拥有各类专业技能的人才，4亿多中等收入群体，14亿人口的超大规模的潜在内需市场等。只要坚持以人民为中心的发展思想，科学应对国际国内各种风险挑战，我国完全能够加快形成以国内大循环为主体、国内国际双循环相互促进的新发展格局，实现新时代中国发展全局的深刻变革。

发展全局的深刻变革是新时代坚持和拓展中国道路的重要内容，对实现中国人民的美好生活、中国社会的社会主义现代化、中华民族的伟大复兴等有着巨大而深远的影响，必须坚持以人民为中心，确保这一深刻变革沿着正确的方向和轨道前进。

4. 推进新时代的战略布局和强国方略

在新的历史起点上坚持和拓展中国道路，必须协调推进“四个全面”战略布局，统揽“四个伟大”强国方略，为全面建成小康社会、全面建成社会主义现代化强国制定有效的战略举措，奠定坚实的制度基础，开展伟大斗争，深入推进伟大事业和伟大工程。

首先，坚持和拓展中国道路，必须协调推进“四个全面”战略布局，为全面建设小康社会、社会主义现代化国家和全面建成社会主义现代化强国奠定坚实的制度基础。习近平总书记指出：协调推进“四个全面”战略布局是十八大以后“党中央从实现‘两个一百年’奋斗目标、实现中华民族伟大复兴的中国梦的战略高度，统筹国内国际两个大局，把握我国发展新特征确定的治国理政新方略”，是在新的时代条件下进一步推进改革开放和社会主义现代化建设、“坚持和发展中国特色社会主义的战略抉择”[①]。韩庆祥教授认为，“习近平治国理政的突破口，首要是从协调推进‘四个全面’战略布局切入的”[②]。这是很有见地的观点。可以说，协调推进“四个全面”战略布局，在十八大以后治国理政的实践中，已经成功地打开了在新的历史起点上坚持和拓展中国道路的新局面。

全面深化改革是以习近平同志为核心的党中央拓展中国道路的第一个重大战略举措。全面深化改革的战略意义主要体现在确定了新阶段改革开放的总目标和路线图。从改革目标的确定来说，这是继党的十四大确定经济体制改革目标是建立社会主义市场经济体制以来的又一次重要决定，是改革开放以来确定改革目标的真正意义上的第二次。党的十二届三中全会明确了“改革是为了建立充满生机的社会主义经济体制”[③]，这主要是改革目的，还不是改革目标。党的十四大确定的“社会主义市场经济体制”只是经济体制改革这一个领域的目标。党的十八届三中全会确定的“完善和发展中国特色社会主义制度，推进国家治理体系和治理能力现代化”是全面深化改革这一改革新阶段的总目标。这一总目标是包含经济、政治等所有这些具体领域的改革的综合的整体目标。确定这一改革整体目标，主要有两个方面的含义：一方面表明，多年来经济体制改革，特别是建立社会主义市场经济体制的改革已经取得了重大成就；另一方面也表明，实践要求必须进一步全面地深入地进行整个体制改革。全面深化改革总目标的确定是改革开放以来客观实际发展变化的必然结果，是中国进一步解放生产力、解放社会活力、实现社会主义现代化和中华民族伟大复兴中国梦的必

---

① 习近平：《关于〈关于新形势下党内政治生活的若干准则〉和〈中国共产党党内监督条例〉的说明》，见中共中央党史和文献研究院编：《十八大以来重要文献选编》下，中央文献出版社2018年版，第407页。

② 韩庆祥：《强国时代》，红旗出版社2018年版，第38页。

③ 中共中央文献研究室编：《十二大以来重要文献选编》中，人民出版社1986年版，第561页。

然要求和应有之义。[①]全面深化改革总目标的确定有重大的历史意义，习近平总书记着眼于宏大的历史视野明确指出：我国社会主义实践从形成更加成熟和定型的制度来看，实际上存在着前后两个半程。两个半程的主要历史任务不完全一样。前半程主要是建立社会主义基本制度并进行改革，目前已经有了很好基础；后半程的任务则是要逐步完善、发展中国特色社会主义制度。[②]后一个半程“必须是全面的系统的改革和改进，是各领域改革和改进的联动和集成，在国家治理体系和治理能力现代化上形成总体效应、取得总体效果”[③]。中国特色社会主义制度的完善和发展、国家治理现代化这一总目标的确定，要求十八届三中全会必须讨论和研究关于全面深化改革的问题，这正是“从国家治理体系和治理能力的总体角度考虑的”[④]。全面深化改革的目的实际上就是要完成我国社会主义实践后半程在形成更加成熟定型制度方面的历史任务。

从改革路线图的确定来说，十八届三中全会通过的《中共中央关于全面深化改革若干重大问题的决定》勾画了“六个紧紧围绕”。这个路线图是：经济体制改革的深化须围绕市场在资源配置中起决定性作用，政治体制改革的深化须围绕坚持中国共产党领导、人民当家作主和依法治国的有机统一，文化体制改革的深化须围绕建设社会主义核心价值体系和社会主义文化强国，社会体制改革的深化须围绕更好保障和改善民生和促进社会公平正义，生态文明体制改革的深化须围绕

① 《习近平在省部级主要领导干部学习贯彻十八届三中全会精神全面深化改革专题研讨班开班式上发表重要讲话强调 完善和发展中国特色社会主义制度 推进国家治理体系和治理能力现代化》，《人民日报》2014年2月18日第1版。

② 中共中央文献研究室编：《习近平关于协调推进“四个全面”战略布局论述摘编》，中央文献出版社2015年版，第80页。

③ 中共中央文献研究室编：《习近平关于协调推进“四个全面”战略布局论述摘编》，中央文献出版社2015年版，第80页。

④ 习近平：《切实把思想统一到党的十八届三中全会精神上来》，见中共中央文献研究室编：《十八大以来重要文献选编》上，中央文献出版社2014年版，第547页。

建设美丽中国，党的建设制度改革的深化须围绕提高科学执政、民主执政和依法执政的水平。全面深化改革路线图主要有两个方面的特点：一方面，经济、政治、文化、社会、生态、党的建设等六大领域有各自领域的体制改革深化的重点。这些重点牵引了各自领域改革的不断深入。六个重点的牵引作用实际上是形成了六个具体领域改革的小路线图。另一方面，整体改革的重点是经济体制改革，“突出强调以经济体制改革为重点，发挥经济体制改革牵引作用”①，强调“经济体制改革对其他方面改革具有重要影响和传导作用，重大经济体制改革的进度决定着其他方面很多体制改革的进度，具有牵一发而动全身的作用”②。这是一个大的改革路线图。全面深化改革的这两个方面改革路线图，尤其是大的改革路线图是科学的路线图和全面深化改革的施工图，是符合历史唯物主义的基本原理、符合中国社会基本矛盾运动的一般规律的，也是契合了我国改革开放的成功经验的。习近平总书记指出：“坚持和发展中国特色社会主义，必须不断适应社会生产力发展调整生产关系，不断适应经济基础发展完善上层建筑。”③党的十一届三中全会以来，我国经济社会发展之所以能够取得重大成就，其根本原因是我们注意通过持续调整生产关系以解放和发展社会生产力，同时通过持续完善上层建筑以适应经济基础发展的要求，使得生产关系与生产力、上层建筑与经济基础不断地相互协调促进。因此，全面深化改革实际上“就是要适应我国社会基本矛盾运动的变化来推进社会发展”④。

① 习近平：《切实把思想统一到党的十八届三中全会精神上来》，见中共中央文献研究室编：《十八大以来重要文献选编》上，中央文献出版社2014年版，第550页。

② 习近平：《切实把思想统一到党的十八届三中全会精神上来》，见中共中央文献研究室编：《十八大以来重要文献选编》上，中央文献出版社2014年版，第550页。

③ 中共中央文献研究室编：《习近平关于协调推进“四个全面”战略布局论述摘编》，中央文献出版社2015年版，第74页。

④ 中共中央文献研究室编：《习近平关于协调推进“四个全面”战略布局论述摘编》，中央文献出版社2015年版，第74页。

与全面深化改革一样，全面依法治国是以习近平同志为核心的党中央推出的又一个重大战略举措。全面依法治国的战略性也主要是体现在它确定了新阶段法治建设的总目标，体现在它的战略考量上。全面推进依法治国总目标是建设中国特色社会主义法治体系和社会主义法治国家。其内涵是："在中国共产党领导下，坚持中国特色社会主义制度，贯彻中国特色社会主义法治理论，形成完备的法律规范体系、高效的法治实施体系、严密的法治监督体系、有力的法治保障体系，形成完善的党内法规体系，坚持依法治国、依法执政、依法行政共同推进，坚持法治国家、法治政府、法治社会一体建设，实现科学立法、严格执法、公正司法、全民守法，促进国家治理体系和治理能力现代化。"①全面依法治国之所以说是又一个重大的战略举措，是因为它有着宏大的战略考量。这一战略考量具体来说，由规范体系、实施体系、监督体系、保障体系、党内法规体系等五个体系构建一个完整的中国特色社会主义法治体系，并以这一整套中国特色社会主义法治体系为基础全面建成一个真正意义上的社会主义法治国家，再以全面建成一个真正意义上的社会主义法治国家促进国家治理体系和治理能力的现代化，从而实现改革与法治的有机结合、破与立的辩证统一，为全面建成小康社会和全面建成社会主义现代化强国奠定可靠的制度基础。

全面从严治党作为一个与全面建成小康社会、全面依法治国等相互联系和相互促进的重大战略举措，其目的是在新的时代条件下，勇于推进中国共产党的自我革命，以完成中国特色社会主义事业的社会革命。全面从严治党的所谓"全面从严"，主要是体现在诸如思想从严、管党从严、执纪从严、治吏从严、作风从严和反腐从严等六个方面。习近平总书记指出："全面从严治党，既需要全方位用劲，也需要重点发力。加强和规范党内政治生活、加强党内监督就是重点发力的

---

① 习近平：《关于〈中共中央关于全面推进依法治国若干重大问题的决定〉的说明》，见中共中央文献研究室编：《十八大以来重要文献选编》中，中央文献出版社2016年版，第147页。

抓手。”[①]十八届六中全会分析了全面从严治党的形势，对《关于新形势下党内政治生活的若干准则》《中国共产党党内监督条例》两个重要文件进行了认真审议和表决通过。这两个文件之间“内在统一、相辅相成，是推进全面从严治党的重要制度法规保障”[②]。两个文件也是全面从严治党可以重点发力的两个抓手和重要体现。十八届六中全会通过并颁布的两个重要文件，尤其是《关于新形势下党内政治生活的若干准则》，在党的法律法规中的地位更重要一些，有利于全面加强和严格规范党内的政治生活，净化党内的政治生态。习近平总书记强调指出：“开展严肃认真的党内政治生活，是我们党作为马克思主义政党区别于其他政党的重要特征，是我们党的光荣传统。”[③]在他看来，严肃认真的党内政治生活是中国共产党能够始终“坚持党的性质和宗旨、保持先进性和纯洁性的重要法宝”[④]。他用“金钥匙”“大熔炉”“净化器”三个词形象地阐释了关于严肃认真的党内政治生活是重要法宝的含义，认为严肃认真的党内政治生活是一把“金钥匙”，能够用来解决党内矛盾和问题；是一个“大熔炉”，可以锤炼广大党员和干部的党性；是一台“净化器”，可以纯洁党风。

其次，坚持和拓展中国道路，必须统揽“四个伟大”强国方略，以确保最终实现民族复兴的伟大梦想。习近平总书记指出：在新时代实现中华民族伟大复兴这一近代以来一代代仁人志士和人民群众的伟大梦想，必须进行伟大斗争，建设新的伟大工程，推进中国特色社会主义伟大事业。习近平总书记强调，“四个伟大”是一个“紧密联系、

---

① 习近平：《在党的十八届六中全会第二次全体会议上的讲话（节选）》，《求是》2017年第1期，第4页。

② 习近平：《在党的十八届六中全会第二次全体会议上的讲话（节选）》，《求是》2017年第1期，第4页。

③ 习近平：《在党的十八届六中全会第二次全体会议上的讲话（节选）》，《求是》2017年第1期，第4—5页。

④ 习近平：《在党的十八届六中全会第二次全体会议上的讲话（节选）》，《求是》2017年第1期，第5页。

相互贯通、相互作用”[①]的治国理政的新的整体方略和新的行动纲领。这个整体方略和行动纲领有目标、有精神、有主体、有保障，是一个围绕着实现伟大梦想的完整的强国方略。之所以说统揽“四个伟大”是强国方略，是因为实现伟大梦想，表现在人民生活层面上，是人民美好生活需要的实现；表现在社会层面上，是社会主义现代化的完成；表现在民族层面上，是中华民族伟大复兴中国梦的最终实现；表现在国家层面上，是富强民主文明和谐美丽的社会主义现代化强国的全面建成。之所以说统揽“四个伟大”是强国方略，是因为进行伟大斗争、建设伟大工程和推进伟大事业是实现伟大梦想的三个战略性重大举措，是实现伟大梦想的三大具有战略意义的保障。在统揽“四个伟大”强国方略中，“起决定性作用的是党的建设新的伟大工程”[②]。伟大工程与其他三个“伟大”是一个整体。推进伟大工程的目的还是要确保党在世界形势深刻变化、应对国内外各种风险和考验、发展中国特色社会主义等进程中，能够始终走在时代前进的前列，成为全国各族人民的主心骨，成为坚强的领导核心。[③]习近平总书记的深刻阐述，强调了党的建设新的伟大工程在“四个伟大”中的地位和作用，提出了在“四个伟大”中推进伟大工程的基本要求和重要目标。尤其是关于在三个“历史进程”中确保做到三个“始终”的要求和目标的论述，为统揽“四个伟大”提供了重要指针。

可以说，“四个伟大”与“四个全面”之间应该存在着一种理论上

① 习近平：《决胜全面建成小康社会 夺取新时代中国特色社会主义伟大胜利——在中国共产党第十九次全国代表大会上的报告》，人民出版社2017年版，第17页。

② 习近平：《决胜全面建成小康社会 夺取新时代中国特色社会主义伟大胜利——在中国共产党第十九次全国代表大会上的报告》，人民出版社2017年版，第17页。

③ 习近平：《决胜全面建成小康社会 夺取新时代中国特色社会主义伟大胜利——在中国共产党第十九次全国代表大会上的报告》，人民出版社2017年版，第17页。

的和实践上的逻辑关系。如果说“四个全面”是立足于长远、主要是为了先后实现全面建成小康社会、全面建成社会主义现代化强国的阶段性战略布局，那么“四个伟大”则可以理解为是实现伟大梦想的宏大方略。“四个伟大”是一个既包含“四个全面”在内又远超“四个全面”更宏大的强国方略。全面建成小康社会、全面建成社会主义现代化强国先后是伟大梦想的两个阶段性的目标和任务，全面深化改革和全面依法治国是伟大事业的重要内容，全面从严治党是伟大工程的一个重要的着力点，“四个全面”都必须开展伟大斗争。统揽“四个伟大”既包含了“四个全面”，又有着更丰富更宏大的内容。正如党中央对“四个全面”布局的战略性有一个逐步深化认识、逐步深刻阐述的过程一样，“四个伟大”的战略意义也必将随着坚持和拓展中国道路实践的深入，尤其是全面建成小康社会历史任务的胜利完成、全面建设社会主义现代化国家进程的开启和展开而逐步得到揭示。迄今为止，习近平总书记对“四个伟大”的论述已有不少，关于“四个伟大”强国方略的内涵和实质，我们可以在习近平总书记关于中国道路重要论述的进一步发展中获得答案。

总之，以习近平同志为核心的党中央在新的时代条件下坚定不移地继续坚持和不断拓展中国道路，必须坚持一切从实际出发，认识和把握中国社会发展变化的阶段性特征，直面矛盾问题，勇于开路架桥，坚持党对一切工作的领导，坚持党的基本理论、党在社会主义初级阶段的基本路线和党在新时代的基本方略，坚持以人民为中心和以创新为引领的发展思想和发展理念，推动中国的发展全局实现深刻变革，围绕“两个一百年”奋斗目标及其主要任务，进一步明确、构建和推进新时代中国特色社会主义建设的布局和战略。只有坚持一切从实际出发，才能认清当代中国的基本国情及其发展变化，认清中国特色社会主义已经进入了新时代；只有坚持和加强党对一切工作的领导，新时代中国发展的巨型航空母舰才会有可靠的舵手和航线；只有坚持马克思列宁主义、毛泽东思想、中国特色社会主义理论体系，尤其是习近平新时代中国特色社会主义思想为科学指导，才能正确理解和准确把握新时代中国的发展规律；只有坚持以人民为中心的发展思想和新发展理念，新时代中国的发展才能始终保持正确的航向；只有统筹推进“五位一体”总体布局，新时代中国特色社会主义才能全面发展；只有协调推进“四个全面”战略布局，新时代中国特色社会主义伟大事业才能不断地打开新局面、创建新局面；只有统揽“四个伟大”的强国方略，新时代的中国才能最终真正实现中华民族伟大复兴的中国梦和强国梦。

四、如何着眼于全球视野坚持和拓展中国道路

在全球化时代，中国的发展与世界各国的发展既相互区别又相互联系。作为一个人口和领土大国，中国的发展道路不能与其他国家的发展道路混为一谈，应有自己的体系和规律；同时，坚持和拓展中国道路与创新人类文明发展道路密不可分。坚持和拓展中国道路，从某种意义上说，必须在脚踏实地、立足中国的基础上，跳出中国认识中国，跳出中国谋划中国，着眼于全球视野来认识中国、谋划中国、发展中国、发展世界。着眼于全球视野坚持和拓展中国道路有两个方面的意义：一方面是要在全球范围内更科学地、更有效地谋划和推动中国的发展，推进中国道路的不断拓展和创新；另一方面也是要在世界百年不遇的大变局中更科学地、更有效地谋划和推动整个世界的发展，并努力为创新人类文明发展道路贡献中国的智慧和方案。着眼于全球视野坚持和拓展中国道路，概括起来说，必须以马克思主义为指导考察世界和中国，在马克思主义所指明的历史时代中提出和回应新的课题；必须将中国人民的命运与世界人民的命运结合起来，推动构建人类命运共同体，尊重各国人民走自己的发展道路；必须共商共建共享“一带一路”。

1.在马克思主义指明的历史时代中回应新课题

着眼于全球视野坚持和拓展中国道路，必须在马克思主义所指明的历史时代中，回应新课题和新挑战。在百年巨变的时代坚持和拓展中国道路，必须坚持以马克思主义为指导，放眼全世界，把握世界历史发展大势，透析当代世界复杂格局，破解当代世界发展难题，在推动世界和平发展中创新发展自己，进一步推进马克思主义中国化时代化。

当今世界虽然距离马克思恩格斯在世的世界已经有了很大的变化，但仍然处在马克思主义指明的历史时代。这是习近平总书记考察世界的一个基本观点。习近平总书记着眼于人类历史发展的大视野，明确指出："尽管我们所处的时代同马克思所处的时代相比发生了巨大而深刻的变化，但从世界社会主义500年的大视野来看，我们依然处在马克思主义所指明的历史时代。这是我们对马克思主义保持坚定信心、对社会主义保持必胜信念的科学根据。"[①]总书记强调，我们依然处在马克思主义所指明的历史时代。在这个时代，工人阶级与资产阶级、社会主义生产方式和社会制度与资本主义生产方式和社会制度并存竞争，"其本质和发展趋势是从资本主义向社会主义过渡"[②]。人类社会经过500年的社会主义思想发展和170多年的国际共产主义运动，确实是发生了翻天覆地的、有的甚至是带有革命性的变化，但时代的根本性质和人类社会总的演变趋势仍然处在马克思主义所指明的从资本主义向社会主义大过渡的历史时代。

马克思诞辰200多年来，虽然世界确实出现了一些巨大变化，但人

① 《习近平在中共中央政治局第四十三次集体学习时强调 深刻认识马克思主义时代意义和现实意义 继续推进马克思主义中国化时代化大众化》，《人民日报》2017年9月30日第1版。

② 本刊记者：《我们依然处在马克思主义所指明的历史时代——访中国社会科学院党组成员、当代中国研究所所长姜辉》，《马克思主义研究》2019年第1期，第16页。

类社会在本质上没有发生根本性的改变，它仍然处在从资本主义到社会主义过渡的大的历史时代。一方面，世界出现了一些深刻的巨大的变化。人类社会的生产力，特别是科学技术和产业已经历经多次革命性突破，有了突飞猛进的发展和进步。人类社会的生产关系、社会关系、国际关系、治理体系等也已经出现了很多新的情况，面临着很多新的课题。习近平总书记指出：颠覆性的科技革新能够带来社会生产力的大解放和生活水平的大跃升，根本改变人类历史的发展轨迹。他将正在经历的新一轮的科技革命和产业革命定位为“一场更大范围、更深层次的科技革命和产业变革”[①]。这将使得各国的利益和命运更加紧密相连、深度交融。但是，另一方面，人类社会演变在本质上并没有发生根本变化，它仍然处在从资本主义到社会主义过渡的大的历史时代。两种社会形态、两种社会制度的矛盾斗争仍然贯穿于当今这个时代。因此，人类社会的贫富严重分化、世界南北关系严重失衡、阶级矛盾和民族矛盾持续紧张等深层次、结构性问题并没有被消除和解决。这使得一些国家内部社会动荡不安，地缘政治的冲突此起彼伏，保护主义和单边主义的行动愈演愈烈。[②]“怎么看、怎么办”的时代课题日益突显。

马克思主义作为人类探索历史规律和寻求自身解放道路的科学理论，能够“不断探索时代发展提出的新课题、回应人类社会面临的新挑战”[③]。习近平总书记指出：“要立足时代特点，推进马克思主义时代化”，要科学把握和运用马克思主义基本原理“观察时代、解读时代、引领时代，真正搞懂面临的时代课题，深刻把握世界历史的脉络

① 习近平：《让美好愿景变为现实——在金砖国家领导人约翰内斯堡会晤大范围会议上的讲话》，《人民日报》2018年7月27日第3版。

② 习近平：《让美好愿景变为现实——在金砖国家领导人约翰内斯堡会晤大范围会议上的讲话》，《人民日报》2018年7月27日第3版。

③ 习近平：《在纪念马克思诞辰200周年大会上的讲话》，《人民日报》2018年5月5日第2版。

和走向”[①]。新中国成立以来，特别是改革开放以来，中国发生了深刻变革，取得了巨大成就，正因为如此，中国人才更有资格也更有能力“为发展马克思主义作出中国的原创性贡献”[②]，我们一定要有创新和发展马克思主义的理论自觉和理论自信。习近平总书记提出了三个理论创新的课题和任务：一是要深入总结中国特色社会主义实践经验；二是要加强对当代资本主义的研究；三是要深入分析世界转型过渡期国际形势的演变规律。[③]现在，我国从总体上来说处在了近代以来最好的发展时期，世界也正在经历一百多年来没有过的大变局，两者相互激荡并同步交织。我们必须坚持以马克思主义为指导，坚持马克思主义中国化时代化，以便更科学地、更好地着眼于全球视野坚持和拓展中国道路。

2.以亚太为桥梁构建人类命运共同体

着眼于全球视野坚持和拓展中国道路，必须以亚太为桥梁推动构建人类命运共同体。在百年巨变的时代坚持和拓展中国道路，必须将中国的前进方向、发展目标同世界的前进方向、发展目标紧密地联系起来，同频共振，在指引和引领世界前进方向、发展目标的过程中也更好更快地发展自己。习近平总书记关于构建人类命运共同体问题形成了一个清晰而合理的行动路线图，这就是以建设亚太命运共同体为桥梁，推动构建整个人类命运共同体。

关于“人类命运共同体”的内涵是什么，2017年12月习近平总书

---

① 《习近平在中共中央政治局第四十三次集体学习时强调 深刻认识马克思主义时代意义和现实意义 继续推进马克思主义中国化时代化大众化》，《人民日报》2017年9月30日第1版。

② 《习近平在中共中央政治局第四十三次集体学习时强调 深刻认识马克思主义时代意义和现实意义 继续推进马克思主义中国化时代化大众化》，《人民日报》2017年9月30日第1版。

③ 《习近平在中央外事工作会议上强调 坚持以新时代中国特色社会主义外交思想为指导 努力开创中国特色大国外交新局面》，《人民日报》2018年6月24日第1版。

记指出："人类命运共同体，顾名思义，就是每个民族、每个国家的前途命运都紧紧联系在一起，应该风雨同舟，荣辱与共，努力把我们生于斯、长于斯的这个星球建成一个和睦的大家庭，把世界各国人民对美好生活的向往变成现实。"[①]可以说，这是关于"人类命运共同体"含义问题最全面最准确的答案。从人类社会历史发展演变来说，各个民族、国家的相互认识、相互接触、相互交往随着科学技术的进步而越来越多，也越来越密切。各个国家、民族之间是应该风雨同舟、荣辱与共，还是自私自利、自相残杀，答案似乎不言自明。将地球建成"一个和睦大家庭"，实际上是很多思想家的共同愿望，也是人类共同的理想。习近平总书记阐述的"人类命运共同体"理所应当地应该成为世界各个民族、各个国家人民的共识。进一步地说，"人类命运共同体"不仅仅是未来的理想，也是现实必需。它不仅仅是遥远的未来的目标，而且也是当下的切身的课题和任务。命运与利益息息相关。习近平总书记认为"命运共同体"与"利益共同体"是紧密相连的。2014年9月12日他在上海合作组织成员国元首理事会第十四次会议上指出：我们要"牢固树立同舟共济、荣辱与共的命运共同体、利益共同体意识"[②]。同年11月15日，他在二十国集团领导人第九次峰会上再次提出：二十国集团成员要树立命运共同体、利益共同体的意识。[③]

中国共产党作为领导和推动中国社会持续发展进步的执政党，愿意为建设人类命运共同体、为人类进步事业而奋斗。推动顺利建设整个人类的命运共同体，中国共产党持之以恒地奉献了自己的思考和智慧，并作出不懈努力。如何构建人类命运共同体？习近平总书记经过认真研究考察，提出了一个清晰而又合理的行动路线图。这一行动路

① 习近平：《携手建设更加美好的世界——在中国共产党与世界政党高层对话会上的主旨讲话》，《人民日报》2017年12月2日第2版。

② 习近平：《凝心聚力 精诚协作 推动上海合作组织再上新台阶——在上海合作组织成员国元首理事会第十四次会议上的讲话》，《人民日报》2014年9月13日第3版。

③ 习近平：《推动创新发展 实现联动增长——在二十国集团领导人第九次峰会第一阶段会议上的发言》，《人民日报》2014年11月16日第2版。

线图主要包括构建人类命运共同体的行动重点和基本路径两个方面的内容。

一方面是明确了构建人类命运共同体的行动重点。构建人类命运共同体包括哪些主要内容，其行动重点是什么？中国认为并主张可以从伙伴关系、安全格局、经济发展、文明交流、生态建设等五个方面作出努力，共同推进构建人类命运共同体的伟大历史进程。伙伴关系不是所谓同盟关系，而是平等合作关系，本质上是国与国之间风雨同舟、荣辱与共的命运共同体和利益共同体的关系。建立伙伴关系是中国外交工作中一个重要内容，是中国建立、发展和扩大朋友圈的外交行动的重点目标，是构建人类命运共同体的一个战略基点。在2015年9月第七十届联合国大会上，习近平总书记指出了一条关于国际交往的正确道路："我们要在国际和区域层面建设全球伙伴关系，走出一条'对话而不对抗，结伴而不结盟'的国与国交往新路。"[①]除了建立伙伴关系，中国与各国及国际社会在安全格局、经济发展、文明交流、生态建设等方面进行合作、获得共赢，都是构建人类命运共同体的行动重点和重要内容。实际上，伙伴关系、安全格局、经济发展、文明交流、生态建设等五个方面，与中国特色社会主义事业所涵盖的诸如社会、政治、经济、文化、生态等五个方面，是相对应的，有着一定的对应关系。从一定程度上来说，安全格局属于政治建设领域，经济发展属于经济建设领域，文明交流、生态建设、伙伴关系则分别属于文化建设、生态文明建设和国际社会建设等领域。可以说，推动构建人类命运共同体的内容重点与统筹推进中国特色社会主义"五位一体"总体布局密切相关。可以说，推动构建人类命运共同体的行动重点实际上是统筹推进"五位一体"总体布局在世界范围的延伸和扩展。构建人类命运共同体有利于人类社会的健康发展，从根本上说，也有利于新时代中国特色社会主义的全面发展。

① 习近平：《携手构建合作共赢新伙伴 同心打造人类命运共同体——在第七十届联合国大会一般性辩论时的讲话》，《人民日报》2015年9月29日第2版。

另一方面是指明了构建人类命运共同体的基本途径。这一基本途径就是建设亚太命运共同体，并以此为桥梁，推动构建人类命运共同体。人类分布于地球的各大洲，有这么多的民族、种族和国家。中国是亚洲和太平洋地区的重要国家，构建人类命运共同体可以从我们周边做起，从亚洲和太平洋地区合作率先实践，为全球提供示范。在构建人类命运共同体问题上，亚洲太平洋地区是一个重要地区，也是二战以后尤其是进入21世纪以来经济社会发展越来越充满生机和活力的地区。亚太经合组织是亚洲太平洋地区一个全域性的各经济体的重要国际经济组织。习近平总书记对亚太地区和亚太经合组织发展的方向问题进行了思考，提出了建设“亚太命运共同体”的主张和方案。“亚太命运共同体”新概念是他2013年10月在亚太经合组织工商领导人峰会上首次提出的。他明确提出：“我们要牢固树立亚太命运共同体意识，以自身发展带动他人发展，以协调联动最大限度发挥各自优势，传导正能量，形成各经济体良性互动、协调发展的格局。”[①]在一年以后同样的峰会开幕式上，他进一步提出了关于“坚持亚太大家庭精神和命运共同体意识”为主要内容的“亚太梦想”[②]。所谓“亚太梦想”，指的是“坚持亚太大家庭精神和命运共同体意识”，顺应和平、发展、合作、共赢的时代进步潮流，亚太地区国家共同致力于自身整体的繁荣进步，为人类福祉作出更大贡献，让亚太人民过上更加安宁富足的生活。可以说，以“亚太梦想”为核心内容的亚太命运共同体的提出，是中国为推动树立人类命运共同体意识的重要途径。

建设“亚洲命运共同体”具有重要意义。亚洲是亚太地区人口最多、经济最有活力的地区，构建人类命运共同体和亚太命运共同体，应该也必须从亚洲起步，“通过迈向亚洲命运共同体，推动建设人类命

① 习近平：《深化改革开放 共创美好亚太——在亚太经合组织工商领导人峰会上的演讲》，《人民日报》2013年10月8日第3版。

② 习近平：《谋求持久发展 共筑亚太梦想——在亚太经合组织工商领导人峰会开幕式上的演讲》，《人民日报》2014年11月10日第2版。

运共同体”[①]。2015年3月28日，他在博鳌亚洲论坛年会开幕式上发表的主旨演讲中，提出了亚洲国家共同迈向亚洲命运共同体的行动原则。[②]在迈向和建设亚洲命运共同体具体的行动路径问题上，习近平对中国与亚洲其他国家和地区，以及中国与亚洲的地区组织等关系的发展方向阐述了自己的主张。关于中国与东南亚国家和东南亚国家联盟（东盟）的关系，习近平总书记提出要建设“更为紧密的中国-东盟命运共同体”。2013年10月2日，他接受印度尼西亚和马来西亚媒体联合采访时指出：“中国的命运已经同亚洲各国的命运紧密相连。”[③]10月3日，他到访印度尼西亚，在印尼国会演讲指出，中国愿同东南亚国家联盟共同建设“更为紧密的中国-东盟命运共同体”[④]。2014年11月7日，他在会见柬埔寨首相洪森时提出：中柬关系要不断发展，“结成守望相助的命运共同体”[⑤]。2015年2月11日，他同越共总书记阮富仲通电话时指出：“中越两党、两国和两国人民相互支持、相互帮助，坚持党的领导和社会主义道路，成为具有战略意义的命运共同体。”[⑥]2015年11月6日，他在新加坡的《海峡时报》《联合早报》上发表重要文章指出：中国“深入推进‘一带一路’建设，推动建设更为紧密的中国-东盟命运共同体和亚洲命运共同体”[⑦]。关于中国与中亚国家的关系和

---

① 《习近平出席博鳌亚洲论坛2015年年会开幕式并发表主旨演讲 迈向命运共同体 开创亚洲新未来》，《人民日报》2015年3月29日第1版。

② 《习近平出席博鳌亚洲论坛2015年年会开幕式并发表主旨演讲 迈向命运共同体 开创亚洲新未来》，《人民日报》2015年3月29日第1版。

③ 《习近平主席接受印度尼西亚和马来西亚媒体联合采访》，《人民日报》2013年10月3日第2版。

④ 习近平：《携手建设中国-东盟命运共同体——在印度尼西亚国会的演讲》，《人民日报》2013年10月4日第2版。

⑤ 《习近平会见柬埔寨首相洪森》，《人民日报》2014年11月8日第1版。

⑥ 《习近平同越共中央总书记阮富仲通电话》，《人民日报》2015年2月12日第1版。

⑦ 习近平：《习近平在新加坡媒体发表署名文章 承前启后 继往开来 共创中新关系美好未来》，《人民日报》2015年11月7日第2版。

上海合作组织，习近平总书记在“命运共同体”之外提出了一个“利益共同体”概念。2013年9月3日，他接受五国媒体联合采访时说，上海合作组织成员国已“结成紧密的命运共同体和利益共同体”[①]。同年9月7日，他到访哈萨克斯坦，在纳扎尔巴耶夫大学演讲时提出，中国和中亚国家要“打造互利互赢的利益共同体”[②]。9月13日，他在吉尔吉斯斯坦比什凯克出席上海合作组织峰会时提出：我们要“把上海合作组织打造成成员国命运共同体和利益共同体”[③]。2014年9月12日，习近平总书记在上海合作组织成员国元首理事会会议上指出：我们要“牢固树立同舟共济、荣辱与共的命运共同体、利益共同体意识”[④]。同一天，他会见土库曼斯坦总统别尔德穆哈梅多夫时指出：“两国已成为合作共赢的利益共同体和守望相助的命运共同体。”[⑤]关于中国与阿拉伯国家的关系，习近平总书记2014年6月5日在中国与阿拉伯国家合作论坛部长级会议开幕式上提出：“中阿共建‘一带一路’，应该坚持共商、共建、共享原则。……共享，就是让建设成果更多更公平惠及中阿人民，打造中阿利益共同体和命运共同体。”[⑥]关于中国与东北亚国家的关系，2014年7月4日，他访问韩国并在首尔大学演讲，提

① 《习近平接受土、俄、哈、乌、吉五国媒体联合采访》，《人民日报》2013年9月4日第2版。

② 习近平：《弘扬人民友谊 共创美好未来——在纳扎尔巴耶夫大学的演讲》，《人民日报》2013年9月8日第3版。

③ 《上海合作组织峰会在比什凯克举行 习近平出席并发表重要讲话》，《人民日报》2013年9月14日第1版。

④ 习近平：《凝心聚力 精诚协作 推动上海合作组织再上新台阶——在上海合作组织成员国元首理事会第十四次会议上的讲话》，《人民日报》2014年9月13日第3版。

⑤ 《习近平分别会见哈萨克斯坦总统、土库曼斯坦总统、吉尔吉斯斯坦总统和巴基斯坦总理国家安全和外事顾问》，《人民日报》2014年9月13日第1版。

⑥ 习近平：《弘扬丝路精神 深化中阿合作——在中阿合作论坛第六届部长级会议开幕式上的讲话》，《人民日报》2014年6月6日第2版。

出：中韩要“构建开放融合发展格局，共同打造利益共同体”[①]。

亚太命运共同体建设涉及广泛的国家和地区，在亚洲以外，最重要的是非洲、拉丁美洲、大洋洲等地区。习近平总书记对中国与非洲、拉丁美洲等国家和地区的关系进行过思考和阐述。关于中国与非洲的关系，2013年3月，他就任总书记和国家主席以后首次出访俄罗斯、坦桑尼亚、南非、刚果行程中就包括非洲，并将中国与非洲关系定性为“休戚与共的命运共同体”。3月25日，他在坦桑尼亚的尼雷尔国际会议中心发表演讲，充满深厚情谊地指出：中国与非洲国家“从来都是命运共同体”[②]。3月28日，他同非洲国家领导人举行早餐会时说：“中非是休戚与共的命运共同体。”[③]关于中国与拉丁美洲、加勒比地区国家的关系，2014年7月17日，习近平总书记在中国-拉美和加勒比国家领导人会晤时讲话指出：中拉要“努力构建携手共进的命运共同体”[④]。同一天，他同巴西总统罗塞夫会谈时指出：中巴“政治和战略互信达到前所未有的高水平，利益联系达到前所未有的紧密程度，两国已经成为命运共同体”[⑤]。

构建人类命运共同体必须高度重视和发展中国与一些大国、一些发达国家和国际组织之间的关系。这些关系包括中国与美国的关系，中国与俄国的关系，中国与印度的关系，中国与欧洲国家、欧盟的关系等。在尊重世界文明多样性和发展道路多样化问题上，中国面临的

---

① 习近平：《共创中韩合作未来　同襄亚洲振兴繁荣——在韩国国立首尔大学的演讲》，《人民日报》2014年7月5日第2版。

② 习近平：《永远做可靠朋友和真诚伙伴——在坦桑尼亚尼雷尔国际会议中心的演讲》，《人民日报》2013年3月26日第2版。

③ 《习近平同非洲国家领导人举行早餐会时强调　中非关系发展没有完成时只有进行时》，《人民日报》2013年3月29日第1版。

④ 习近平：《努力构建携手共进的命运共同体——在中国-拉美和加勒比国家领导人会晤上的主旨讲话》，《人民日报》2014年7月19日第2版。

⑤ 《习近平会巴西总统罗塞夫会谈　决定承前启后　继往开来，共创中巴关系更加辉煌灿烂的明天》，《人民日报》2014年7月18日第1版。

一个巨大的挑战，就是如何处理好与我们在道路、制度、文化等方面差异性很大的大国之间的关系。关于中美关系，习近平总书记2013年在加利福尼亚州的安纳伯格庄园同当时的美国总统进行了会晤，希望两国领导人以战略家的智慧和勇气，实现从“跨越太平洋的握手”到开展“跨越太平洋的合作”[①]。宽广的太平洋有足够空间容纳中美两个大国。他强调：“面对经济全球化迅速发展和各国同舟共济的客观需求，中美应该而且可以走出一条不同于历史上大国冲突对抗的新路。”[②]当然，中美建设新型大国关系前无古人，难度很大。习近平总书记坚信，只要双方拿出决心和信心，保持耐心和智慧，一定能够完成这项事业。[③]中美关系是世界上最重要的双边关系之一，我们有一万条理由要把两国关系搞好，不能将两国关系搞坏。关于中俄关系，习近平总书记高度重视巩固和发展中俄友好合作关系，推动两国关系不断发展、提升。俄罗斯是习近平担任国家主席之后首访的国家。中俄现在是全面战略协作伙伴关系，两国关系处在历史上最高的水平。中国和印度都是发展中国家，同处于亚洲，以世界海拔最高的喜马拉雅山山脉为界并各自面向太平洋、印度洋。习近平总书记对发展中印两国关系高度重视。2018年4月，他与印度总理在武汉举行非正式会晤，指出：“中印都是有着璀璨历史文化的国家，两国文化有许多相通之处，中印两国应开展更广领域、更深层次交流，共同致力于东方文明复兴，共同倡导尊重文明多样性，推动不同文明和谐共处。”[④]2019年两人在印度又举行了第二次非正式会晤。虽然中印关系风风雨雨，但两国领导人两次非正式会晤和其他多次会谈，对两国关系的健康发展有着重大的影响。关于中欧关系，习近平总书记认为是“利益高度交

① 《习近平同奥巴马总统举行会晤》，《人民日报》2013年6月9日第1版。

② 习近平：《构建中美新型大国关系》，见中共中央文献研究室编：《十八大以来重要文献选编》上，中央文献出版社2014年版，第305页。

③ 习近平：《构建中美新型大国关系》，见中共中央文献研究室编：《十八大以来重要文献选编》上，中央文献出版社2014年版，第306页。

④ 《习近平会见印度总理莫迪》，《人民日报》2018年4月28日第1版。

融的命运共同体”。2014年3月27日，他在中法建交五十周年纪念大会上指出：“中方愿意同法方一道，牢固树立利益共同体意识，寻找更多利益契合点，深化经济合作。”[①]同年3月29日，他在比利时《晚报》上发表文章指出：“中欧是发展之路上的利益共同体。”[②]同年3月31日，他在会见欧盟委员会主席时强调：“在经济全球化时代，中欧是利益高度交融的命运共同体。”[③]2015年10月22日，他在英国同卡梅伦首相会晤时指出：“世界各国命运紧密相连，已经成为不可分割的命运共同体。”[④]

构建人类命运共同体，必须尊重和鼓励各国人民选择走符合本国实际的发展道路。尊重世界各国的文明多样性和道路多样化，使中国道路与各国人民选择的自身道路交流互鉴，促进世界各国共同发展繁荣，是构建人类命运共同体的应有之义。习近平总书记指出：“世界上没有放之四海而皆准的发展模式，各方应该尊重世界文明多样性和发展模式多样化。”[⑤]他在莫斯科国际关系学院演讲时提出了关于判断道路是否正确问题的鞋子是否合脚论，指出：要“尊重各国人民自主选择发展道路的权利，反对干涉别国内政，维护国际公平正义。‘鞋子合不合脚，自己穿了才知道’。一个国家的发展道路合不合适，只有这个国家的人民才最有发言权”[⑥]。中国坚定地支持世界各个国家的人民探寻符合国情的发展道路，在发展道路上相互汲取智慧，努力实现共同

① 《习近平在中法建交五十周年纪念大会上的讲话》，《人民日报》2014年3月29日第2版。

② 习近平：《中欧友谊和合作：让生活越来越好》，《人民日报》2014年3月30日第2版。

③ 《习近平会见欧盟委员会主席巴罗佐》，《人民日报》2014年4月1日第1版。

④ 《习近平同英国首相卡梅伦再次会晤》，《人民日报》2015年10月24日第1版。

⑤ 习近平：《永远做可靠朋友和真诚伙伴——在坦桑尼亚尼雷尔国际会议中心的演讲》，《人民日报》2013年3月26日第2版。

⑥ 习近平：《顺应时代前进潮流，促进世界和平发展》，见中共中央文献研究室编：《十八大以来重要文献选编》上，中央文献出版社2014年版，第260页。

繁荣。尊重世界各国的文明多样性和发展道路的多样化，这既是人类文明发展的客观规律，也是当今世界和新时代中国的一项伟大事业。只要中国道路能够不断得到坚持和拓展，世界各国之间的和平、发展、合作、共赢就一定能够实现，人类文明就一定能够不断地向前发展，人类命运共同体就一定能够不断建设。

人类命运共同体作为人类社会发展的一个奋斗目标，着眼于全球视野，与中国道路奋斗目标在本质上是一致的。人类命运当然包括14亿中国人民的命运，14亿多中国人民的命运当然会极大地影响到人类命运。中国人民实现美好幸福生活，中华民族实现伟大复兴，中华人民共和国建成社会主义现代化强国，这既是构建人类命运共同体的一个重要组成部分，又能够有力地推动构建人类命运共同体。

3.共建“一带一路”以复兴丝绸之路

着眼于全球视野坚持和拓展中国道路，中国必须继承和弘扬历史上中外经济文化交往的优良传统，复兴丝绸之路，共商共建共享“一带一路”。在全球化时代坚持和拓展中国道路，必须将中国的发展思路、发展战略同世界其他国家的发展思路、发展战略紧密地联系和对接起来，共同发展，在谋划世界发展路径和发展战略的过程中更好更快地发展自己，实现自身发展的目标。2013年9月至10月，习近平总书记先后在中亚内陆最大的国家哈萨克斯坦和东南亚最大国家也是连接太平洋和印度洋的岛国印度尼西亚，首次提出了复兴丝绸之路的宏大构想，共同建设“丝绸之路经济带”和21世纪“海上丝绸之路”，即“一带一路”。

习近平总书记关于复兴丝绸之路、共建“一带一路”倡议思想内涵极为丰富。这一思想内涵概括起来主要有四点。

第一，“一带一路”倡议的提出具有必要性和可行性，有着深刻的时代背景和良好的内外条件。从中国自身来看，中国的发展经过多年的改革开放和社会主义现代化建设，已经站在了一个新的历史起点上，需要在与世界各国的广泛联系中更好地发展自己。可以说，“一带一路”倡议的提出顺应了中国自身发展的新课题和新要求。在2013年12月召开的中央经济工作会议上，习近平总书记认为：共建“一带一路”“符合我国经济发展内生性要求，也有助于带动我国边疆民族地区发展”①。从全球范围来看，世界各国发展和全球治理体系都面临着新的矛盾和新的课题，“一带一路”倡议的提出可以为破解这些矛盾和课题提供中国的智慧和方案。2016年4月，习近平总书记主持中央政治局集体学习时，分析了各方对“一带一路”倡议之所以反响强烈的原因，认为：这个倡议有着久远的历史渊源和深厚的人文基础。②2018年8月27日，中国举行推进“一带一路”建设工作五周年座谈会，习近平在会上进一步阐发了该倡议的时代背景和价值意蕴，强调了它是顺应变革全球治理体系内在要求的产物，为变革全球治理体系提供了新的思路和方案，深刻体现了权责共担和同舟共济的命运共同体意识。③

第二，“一带一路”倡议提出的目的和意图。这一倡议的直接目的：通过加强中国与亚洲欧洲沿线各国的贸易畅通、道路联通、货币流通、政策沟通、民心相通等，使沿线各国的“经济联系更加紧密、相互合作更加深入、发展空间更加广阔”④，并且以点带面、从线到片，逐步构建一个区域大合作的局面。2016年4月，习近平主持政治局集体学习时，阐述了让“一带一路”建设推动中国与各国共同发展

① 《习近平在中共中央政治局第三十一次集体学习时强调 借鉴历史经验创新合作理念 让“一带一路”建设推动各国共同发展》，《人民日报》2016年5月1日第1版。

② 《习近平在中共中央政治局第三十一次集体学习时强调 借鉴历史经验创新合作理念 让“一带一路”建设推动各国共同发展》，《人民日报》2016年5月1日第1版。

③ 《习近平在推进“一带一路”建设工作5周年座谈会上强调 坚持对话协商共建共享合作共赢交流互鉴 推动共建“一带一路”走深走实造福人民》，《人民日报》2018年8月28日第1版。

④ 习近平：《弘扬人民友谊 共创美好未来——在纳扎尔巴耶夫大学的演讲》，《人民日报》2013年9月8日第3版。

的意图，指出："一带一路"是"推行互利共赢的重要平台"[①]。从习近平总书记的系列相关论述来看，倡议"一带一路"共建的最终目的和意图，是为推动构建人类命运共同体擘画和打造一个坚实而庞大的国际合作的基础和平台。2017年12月，他在中国共产党与世界政党高层对话会上讲话表示："我提出'一带一路'倡议，就是要实践人类命运共同体理念。"[②]在倡议共建"一带一路"五周年之际，2018年8月27日，习近平总书记指出：共建"一带一路"不仅是各国经济上的合作，而且是改革和完善全球发展模式和全球治理体系、促进经济全球化健康发展的重要途径。[③]

第三，"一带一路"倡议的内涵和任务。2017年11月，习近平总书记指出："共建'一带一路'倡议的核心内涵，就是促进基础设施建设和互联互通，加强经济政策协调和发展战略对接，促进协同联动发展，实现共同繁荣。"[④]因此，共建"一带一路"的主要任务有两个方面：一个是共同建设"一带一路"国家和地区之间的交通、通讯等基础性工程，使这些基础设施可以相互联通；另一个是加强中国与亚洲、欧洲共建国家和地区之间在发展战略、经济政策等方面的对接和协调，促进共建国家间的联动协同发展，共同实现繁荣。应该说，这两个方面的共建内容是能够获得共建国家和地区的共识和支持的，因此也是完全能够做到并成为现实的。值得注意的是，中国提出的"一带一路"

① 《习近平在中共中央政治局第三十一次集体学习时强调 借鉴历史经验创新合作理念 让"一带一路"建设推动各国共同发展》，《人民日报》2016年5月1日第1版。

② 习近平：《携手建设更加美好的世界——在中国共产党与世界政党高层对话会上的主旨讲话》，《人民日报》2017年12月2日第2版。

③ 《习近平在推进"一带一路"建设工作5周年座谈会上强调 坚持对话协商共建共享合作共赢交流互鉴 推动共建"一带一路"走深走实造福人民》，《人民日报》2018年8月28日第1版。

④ 习近平：《抓住世界经济转型机遇 谋求亚太更大发展 在亚太经合组织领导人峰会上的主旨演讲》，《人民日报》2017年11月11日第2版。

并不限于亚非欧大陆海洋，它可以发展至整个世界。这正如习近平总书记所说的：“一带一路”倡议，“重点面向亚欧非大陆，更向所有伙伴开放”[①]。可以预见，经过坚持不懈的共同努力，未来“一带一路”共建国家和地区一定能够成为交通互联互通、战略协调对接、经济联动发展的共同繁荣的高地。

第四，“一带一路”倡议的实践要求和路线图。中国与其他共建国家和地区建设“一带一路”必须做到共商共建共享。2014年6月5日，习近平首次提出了这一原则要求。他明确指出：“中阿共建‘一带一路’”，应该坚持共商、共建、共享原则。”[②]经过几年的实践，在总结经验的基础上，针对新情况和新问题，习近平对共建“一带一路”提出了一些新的要求。这些要求概括起来说，主要是处理好六个方面的重要关系，包括：中国与共建国家的关系，政府、市场、社会三者之间的关系，经贸合作与人文交流的关系，对外开放与维护国家安全的关系，务实推进与舆论引导的关系，国家总体目标与地方具体目标的关系等。[③]他指出，要与亚洲欧洲等共建国家相互紧密合作，“努力打造利益共同体、责任共同体、命运共同体”[④]。在共建“一带一路”五周年座谈会上，习近平总书记提出了一个新的行动路线图：在过去五年的“一带一路”建设已经完成总体布局、绘就一幅“大写意”的基础上，今后一定要聚焦重点并精雕细琢，共同绘制好“一带一路”共

① 习近平：《抓住世界经济转型机遇 谋求亚太更大发展 在亚太经合组织领导人峰会上的主旨演讲》，《人民日报》2017年11月11日第2版。

② 习近平：《弘扬丝路精神 深化中阿合作》，《人民日报》2014年6月6日第2版。

③《习近平在中共中央政治局第三十一次集体学习时强调 借鉴历史经验创新合作理念 让“一带一路”建设推动各国共同发展》，《人民日报》2016年5月1日第1版。

④《习近平在中共中央政治局第三十一次集体学习时强调 借鉴历史经验创新合作理念 让“一带一路”建设推动各国共同发展》，《人民日报》2016年5月1日第1版。

建的“工笔画”。[①]他强调指出：要推动共建“一带一路”走实走深。

共商共建共享“一带一路”是着眼于全球视野在新的时代条件下继续坚持和不断拓展中国道路的崭新路径，是科学社会主义发展之道在当代中国和世界的实现形式，有利于更好地实现中国道路的奋斗目标，有利于扎实地推进构建人类命运共同体的伟大事业。

总之，着眼于全球视野坚持和拓展中国道路，必须坚持马克思主义指导，继续推动马克思主义的中国化时代化大众化，在马克思主义所指明的历史时代中，回应时代的新课题和新挑战，指引和引领人类前进的正确方向；必须构建人类命运共同体，以明确和确定人类社会发展的正确目标；必须尊重和鼓励各国人民选择走符合本国实际的发展道路，以促进世界沿着正确的发展道路平稳前进；必须重视和处理好与其他大国的关系，以化解和破解人类社会前进道路上各种矛盾、风险和问题；必须共商共建共享“一带一路”，以擘画和设计人类社会实现前进方向和奋斗目标的科学路径。

综上所述，习近平总书记关于中国道路的重要论述，全面而系统地回答了为什么要坚持和拓展中国道路，坚持和拓展什么样的中国道路，怎么样坚持和拓展中国道路，如何着眼于全球视野坚持和拓展中国道路等一系列重大的道路问题，深刻回答了坚持和拓展中国道路的为什么、是什么、怎么样等问题，深刻揭示了新时代坚持和拓展中国道路的规律性要求、价值性追求和可行性路径，在坚持和拓展中国道路的原因、含义、要求等问题上形成了一系列相互联系、相互贯通的理论观点，构成了一个新时代关于坚持和拓展中国道路的完整的科学的理论体系。总的来说，习近平总书记关于中国道路的重要论述内涵丰富，寓意深刻，需要我们在今后的学术实践中继续不断地学习和探讨，才能予以准确理解和正确把握。

---

① 《习近平在推进“一带一路”建设工作5周年座谈会上强调 坚持对话协商共建共享合作共赢交流互鉴 推动共建“一带一路”走深走实造福人民》，《人民日报》2018年8月28日第1版。

第四章　中国道路新时代之思的鲜明特征

思想特征一般来说，是思想的理论主旨、认识主题、核心要义、价值意义、思维方法等特殊性的反映和表现，是同一类思想理论相互比较的结果。道路思想的特征则是这一思想在指引道路方向、确定目标任务、谋划发展思路、明确实现路径、运用思维方法等方面所具有的特殊性的反映和表现。习近平总书记关于中国道路的重要论述是中国共产党关于中国特色社会主义道路理论的重要组成部分，与邓小平、江泽民、胡锦涛等关于中国特色社会主义道路的思想既一脉相承又与时俱进，在指引道路方向、确定目标任务、明确实现路径、运用思维方法等方面具有鲜明的特征。

概括起来，习近平总书记关于中国道路的重要论述具有三个方面的主要特征。

一、在发展方向和目标引领上人民性更浓郁

道路是发展之道及其实现路径的统一。方向是发展之道的核心，目标和任务是发展之道的重要内容，实际上也是方向的具体内涵和集中体现。习近平总书记非常重视方向问题，强调要举旗定向，就是要重视举旗、敢于举旗、正确举旗。旗帜就是方向，旗帜指引方向，举旗才能指明方向。他经常说，方向决定道路（有时也说过方向决定前途），而道路则决定命运。换句话说，命运决定于道路，而道路则决定

于方向，所以，从根本上说，命运是由方向决定的。方向对了，前途命运就会一片光明；方向如果错了，那就会犯重大错误，会犯颠覆性的错误。那么，方向决定于什么，是由什么决定的呢？这是发展道路的一个重大的理论问题和重大的实践问题。道路问题如果说是事关党的事业兴衰成败的首要问题，那么方向问题则是道路问题的第一位问题。

1.人民性是马克思主义道路思想的根本属性

方向决定于民心，决定于人民的愿望和期盼。这既是马克思主义的根本立场，又是马克思主义的基本观点。民心决定方向，从根本上来说，人民的愿望决定发展方向，这本身就是人类社会发展的规律性要求。因为人民是人类社会发展的主体，是人类社会发展的决定性力量，所以一切顺应人民愿望的社会发展必将最终取得成功，一切违背人民愿望的社会演变则注定失败。因此，人民性是马克思主义的根本的立场和属性，同样它也是中国化的马克思主义理论的根本的立场和属性，是中国共产党根本宗旨的本质和核心，是党推进伟大事业根本的出发点和落脚点。在发展道路问题上，无论是马克思主义关于人类自身解放和世界无产阶级解放的道路的思想，还是毛泽东思想关于中华民族独立和中国人民解放的道路的思想，还是邓小平理论、“三个代表”重要思想、科学发展观等关于开辟和发展中国特色社会主义道路的思想等，它们的本质都是具有人民性的，都是一切为了人民、一切依靠人民。

马克思主义早期经典作家关于道路思想的人民性，主要体现在马克思恩格斯在自由竞争资本主义时代资产阶级对工人阶级的剥削引起的阶级矛盾愈演愈烈的情况下，指引工人阶级（无产阶级）寻找自身解放的革命道路，开启了世界无产阶级联合起来、反对资产阶级剥削和资本主义制度的伟大时代；体现在列宁在帝国主义时代寻找和指引俄国工人阶级解放的革命道路，成功地领导了十月革命，建立了世界上第一个由工人阶级掌权的国家，并指引和帮助其他国家的工人阶级开展针对资产阶级等一切剥削阶级的革命斗争。

毛泽东思想关于道路思想的人民性，主要体现在以毛泽东为主要代表的中国共产党人寻找、指引和领导中国工人阶级、农民阶级、城市小资产阶级和民族资产阶级等人民大众打倒资本帝国主义、本国封建主义和以“四大家族”为代表的官僚资本主义反动统治的新民主主义革命道路，创建了人民民主专政的中华人民共和国；体现在寻找、指引和领导工人阶级等人民群众进行中国有史以来最伟大社会变革的社会主义改造道路，建立了社会主义基本制度；体现在寻找、指引和领导工人阶级等人民群众建设中国自己的社会主义道路，实现了中国人民由受“三座大山”的压迫到站起来的历史性的伟大飞跃。

邓小平理论、“三个代表”重要思想、科学发展观等中国特色社会主义理论体系关于道路思想的人民性，主要体现在以邓小平同志、江泽民同志和胡锦涛同志为主要代表的中国共产党人成功地寻找、指引和领导中国人民进行改革开放和社会主义现代化建设，历经千难万险而终于成功地开辟和发展了中国特色社会主义道路，成功地找到了能够实现中国人民富起来的正确道路；主要体现在邓小平通过实现温饱、小康、共同富裕以不断提高全体人民生活水平的发展目的和坚持用人民满意不满意、答应不答应、高兴不高兴等来判断我们工作是非对错的价值标准上；主要体现在江泽民坚持中国共产党必须始终代表中国最广大人民的根本利益和领导全体人民从总体上实现了小康生活上；体现在胡锦涛坚持以人为本和用情为民所系、利为民所谋、权为民所用来指导我们党及领导干部的全部工作并带领全体人民开启全面建设小康社会新征程上。因此，包括邓小平理论、“三个代表”重要思想和科学发展观等在内的中国特色社会主义理论体系关于中国道路的内容具有无可置疑的人民性。

2.习近平总书记关于中国道路重要论述人民性更浓郁的主要表现

习近平总书记关于中国道路的重要论述之所以人民性更浓郁，是因为党的十八大以后，人民性在习近平总书记关于坚持和拓展中国道路的系列重要论述中表现出很强的导向性、针对性和实践性等特征。

第一，开宗明义，把准方向，具有很强的导向性。

习近平刚刚就任总书记，第一次公开亮相，就开宗明义、旗帜鲜明地指明了在新的历史起点上坚持和拓展中国道路的前进方向，指明了人民对美好生活的热切向往是新一届中国共产党领导集体为之而奋斗的目标。[①]这种主要领导人就任之后第一时间开宗明义，将人民的愿望作为新一届党的领导集体的努力方向和奋斗目标，在党的历届领导集体，特别是改革开放以来党的历届领导集体的登台亮相中还是比较突出的。当然，这不是说中国共产党历届领导集体包括改革开放以来党的历届领导集体的施政纲领中人民性比较缺乏或不那么鲜明。恰恰相反，中国共产党历届领导集体包括改革开放以来党的历届领导集体的施政纲领都具有强烈的人民性。这里主要是说，在党的领导集体登台亮相时主要领导人第一时间所宣示的施政纲领中，人民性具有更加浓郁的色彩，给人印象更深刻。

这以后，在很多需要领导人宣示施政方向、明确奋斗目标的重大政治场合，习近平总书记都突出强调人民，强调人民的愿望、地位、作用等。2012年11月底，在十八届中共中央领导集体首次公开活动、参观国家博物馆的展览时，习近平总书记首次宣示了实现中华民族伟大复兴的中国梦。用“中国梦”概括了近代以来中国人民奋斗的愿望和目标。2013年3月，他刚刚当选为国家主席以后发表的讲话明确将

① 习近平：《人民对美好生活的向往，就是我们的奋斗目标》，见中共中央文献研究室编：《十八大以来重要文献选编》上，中央文献出版社2014年版，第70页。

“人民幸福”[①]纳入中国梦的重要目标内涵，并强调：“中国梦归根到底是人民的梦”[②]。在十九大报告中，习近平进一步地深刻阐明了中国共产党伟大奋斗历程的人民性：“中国共产党人的初心和使命，就是为中国人民谋幸福，为中华民族谋复兴。这个初心和使命是激励中国共产党人不断前进的根本动力。”[③]我们要继续向着实现中华民族伟大复兴的宏伟目标奋勇前进。2018年3月，习近平总书记连任国家主席时发表重要讲话，从历史纵深的角度全面而深刻地阐述了中华文明发展进步和中国共产党施政的人民性问题。他明确指出：“人民是历史的创造者，人民是真正的英雄。波澜壮阔的中华民族发展史是中国人民书写的！博大精深的中华文明是中国人民创造的！历久弥新的中华民族精神是中国人民培育的！中华民族迎来了从站起来、富起来到强起来的伟大飞跃是中国人民奋斗出来的！”他强调指出：中国人民具有伟大创造精神、伟大奋斗精神、伟大团结精神、伟大梦想精神等特质和禀赋，这些特质和禀赋“铸就了绵延几千年发展至今的中华文明”，“深刻影响着当代中国发展进步，深刻影响着当代中国人的精神世界”[④]。他极为自豪地指出：有这样伟大的人民、伟大的民族和伟大的民族精神，是我们坚定中国特色社会主义“四个自信”的底气，“也是我们风雨无阻、高歌行进的根本力量”[⑤]。他提出了明确要求：一切国家机关工作

---

① 中共中央文献研究室编：《习近平关于实现中华民族伟大复兴的中国梦论述摘编》，中央文献出版社2013年版，第5、7页。

② 习近平：《在第十二届全国人民代表大会第一次会议上的讲话》，见中共中央文献研究室编：《十八大以来重要文献选编》上，中央文献出版社2014年版，第235页。

③ 习近平：《决胜全面建成小康社会 夺取新时代中国特色社会主义伟大胜利——在中国共产党第十九次全国代表大会上的报告》，人民出版社2017年版，第1—2页。

④ 习近平：《在第十三届全国人民代表大会第一次会议上的讲话》，《人民日报》2018年3月21日第2版。

⑤ 习近平：《在第十三届全国人民代表大会第一次会议上的讲话》，《人民日报》2018年3月21日第2版。

人员都必须始终“把人民放在心中最高的位置”，“全心全意为人民服务”，“为人民利益和幸福而努力工作”[①]。

实践证明，举旗定向、指明方向不可能一劳永逸、一指了之。重大的历史场合、历史节点因其在历史发展进程中所具有的重要性、特殊性和坐标性意义，所以更需要举旗定向，指明方向。习近平总书记注意在重大的历史节点上反复宣示执政的方向和目标，反复强调人民利益至上的根本理念，这在重要节点和关键时刻能够起到一种牢牢把握前进的正确航向的导向性作用。

第二，谆谆教导，不断纠偏，具有很强的针对性。

以人民的愿望和期盼作为新时代中国共产党的前进方向，既需要开宗明义、牢牢把握，还需要谆谆教导、不断纠偏。党的十八大以来，中国共产党领导的党风廉政建设和反腐败斗争的情况表明，一些党员、党员领导干部以权谋私、贪赃枉法，严重背离了党的宗旨和初心，严重违背了党性，严重丧失了人民性。从各级各地纪委全覆盖地巡视、巡察的情况来看，很多地方在党的领导、执政、自身建设等方面还存在问题。这些问题如果不解决，中国共产党就会丧失民心，失去人民的拥护和支持，迷失前进的正确方向。针对这些情况和问题，习近平总书记在党的群众路线教育实践活动工作会议、中央纪委全会、中央党校研修班和学习班的开班式等多个重要场合，立足于党的宗旨和初心，立足于党性和人民性，对全体党员、党员领导干部特别是党的高级领导干部进行谆谆教导，阐述执政为民、全心全意为人民服务的重要性、必要性，在思想认识和行为规范等方面起到了不断纠偏的作用。

党的群众路线教育实践活动是十八大部署的党的建设的重要政治活动，自2013年6月开始，持续一年多时间。在教育实践活动开启的工作会议上，习近平总书记指出：“保持党同人民群众的血肉联系是一

---

① 习近平：《在第十三届全国人民代表大会第一次会议上的讲话》，《人民日报》2018年3月21日第2版。

个永恒课题。”[1]他郑重地强调：“人心向背关系党的生死存亡。”[2]他在次年10月召开的党的群众路线教育实践活动总结大会上，既充分肯定了活动取得的成绩，也指出了一些党组织和党员领导干部在党风廉政建设上仍存在的突出问题：“作风有所好转，‘四风’问题有所收敛，但树倒根存，有些是在高压态势下取得的，仅仅停留在‘不敢’上，‘不想’的自觉尚未完全形成。”[3]“敢不敢”是胆量问题，在高压下是有可能暂时收敛一些，等风头过了，又会“死而复生”；而“想不想”则是思想问题、心理问题，思想和心理的问题是深层次的理想信念问题，说到底还是党性和人民性的问题。如果不从根本上解决“想不想”的理想信念问题，那我们仍然很容易背离党的根本宗旨，遗忘初心和使命，丧失人民性。他强调：“不正之风离我们越远，群众就会离我们越近。”[4]“作风建设是攻坚战，也是持久战。”[5]

纪委是党的监督执纪问责的专门机构，对一些党组织、党员和党员领导干部背离党的宗旨和初心、偏离正确方向的思想和行为可以起到一定的纠偏作用。习近平总书记高度重视纪委的工作。他第一次到中央纪委指导工作，公开报道的是2013年1月举行的十八届中央纪委二次全会。习近平总书记在全会的重要讲话中深刻阐述了中国共产党执政为民的极端重要性，指出：只有“为政清廉才能取信于民，秉公

① 《习近平在党的群众路线教育实践活动工作会议上强调 深入扎实开展党的群众路线教育实践活动 为实现党的十八大目标任务提供坚强保证》，《人民日报》2013年6月19日第1版。

② 《习近平在党的群众路线教育实践活动工作会议上强调 深入扎实开展党的群众路线教育实践活动 为实现党的十八大目标任务提供坚强保证》，《人民日报》2013年6月19日第1版。

③ 习近平：《在党的群众路线教育实践活动总结大会上的讲话》，《人民日报》2014年10月9日第2版。

④ 习近平：《在党的群众路线教育实践活动总结大会上的讲话》，《人民日报》2014年10月9日第2版。

⑤ 习近平：《在党的群众路线教育实践活动总结大会上的讲话》，《人民日报》2014年10月9日第2版。

用权才能赢得人心”[①]。如果中国共产党执政不为民，不能坚决纠正不良风气，任由歪风邪气滋长蔓延，那就会在党和人民群众之间形成“一座无形的墙”，把党和人民隔离开来，党就会失去根基、血脉和力量。[②]因此，必须坚定地反腐败，将“老虎”“苍蝇”等大大小小的腐败分子一起打，坚决查处违反党纪国法的大案要案，还要“切实解决发生在群众身边的不正之风和腐败问题”[③]。他强调指出：“作风是否确实好转，要以人民满意为标准。”[④]对群众不满意的地方要及时进行整改。2014年1月，他在十八届中央纪委第三次全体会议上，重申了关于要处理好保持党同人民群众血肉联系的大问题。这是一个永恒的课题，要常抓不懈。解决这一问题既不可能一劳永逸，也不可能一蹴而就。他强调，党的干部一定要坚定理想信念，牢记党的性质和宗旨。他明确指出：“作风问题都与公私问题有联系，都与公款、公权有关系。公款姓公，一分一厘都不能乱花；公权为民，一丝一毫都不能私用。领导干部必须时刻清楚这一点，做到公私分明、克己奉公、严格自律。”[⑤]2015年1月，他在十八届中央纪委第五次全体会议上讲话，分析了这两年纪委查处案件和巡视发现问题的情况，作出了“反腐败斗争形势依然严峻复杂”[⑥]的清醒判断。因此，“减少腐败存量、遏制

---

① 《习近平在十八届中央纪委二次全会上发表重要讲话强调 更加科学有效地防治腐败 坚定不移把反腐倡廉建设引向深入》，《人民日报》2013年1月23日第1版。

② 《习近平在十八届中央纪委二次全会上发表重要讲话强调 更加科学有效地防治腐败 坚定不移把反腐倡廉建设引向深入》，《人民日报》2013年1月23日第1版。

③ 《习近平在十八届中央纪委二次全会上发表重要讲话强调 更加科学有效地防治腐败 坚定不移把反腐倡廉建设引向深入》，《人民日报》2013年1月23日第1版。

④ 《习近平在十八届中央纪委二次全会上发表重要讲话强调 更加科学有效地防治腐败 坚定不移把反腐倡廉建设引向深入》，《人民日报》2013年1月23日第1版。

⑤ 《习近平在十八届中央纪委三次全会上发表重要讲话强调 强化反腐败体制机制创新和制度保障 深入推进党风廉政建设和反腐败斗争》，《人民日报》2014年1月15日第1版。

⑥ 《习近平在十八届中央纪委五次全会上发表重要讲话强调 深化改革巩固成果积极拓展 不断把反腐败斗争引向深入》，《人民日报》2015年1月14日第1版。

腐败增量、重构政治生态的工作艰巨繁重”，必须持之以恒地、坚持不懈地反对腐败和开展党风廉政建设，“党风廉政建设和反腐败斗争永远在路上”[①]。习近平总书记指出，党风廉政建设和反腐败斗争要深入推进，就一定要把“破”和“立”这两篇文章做好。在反腐倡廉建章立制的“立”的方面，必须着重抓好健全党内监督制度、健全选人用人管人制度、深化体制机制改革、完善国有企业监管制度等四个方面的制度建设。2016年1月，习近平总书记在十八届中央纪委六次全会上谆谆嘱咐道：“民心是最大的政治，正义是最强的力量。正所谓‘天下何以治？得民心而已！天下何以乱？失民心而已！’”[②]民心决定方向，方向决定道路，道路决定命运。因此，得民心则得天下，失民心则失天下。他强调：一定要除恶务尽。“如果不除恶务尽，一有风吹草动就会死灰复燃、卷土重来，不仅恶化政治生态，更会严重损害党心民心。”他提到有人说这次反腐败如果仍然出现反弹和回潮，“那人民就失望了。所以，军令状不是随便立的，我们说到就要做到”[③]。2019年1月，他在十九届中央纪委三次全会上发表重要讲话，强调：“坚持用新时代中国特色社会主义思想武装头脑，经常对表对标，及时校准偏差。”[④]这里的对表对标、校准偏差，既是指向党中央和习近平总书记重要讲话精神看齐，更是要求不断地检查纠正自己在人民性问题上偏离偏差的思想和行为。习近平总书记在2016年初提出的政治意识、大局意识、核心意识、看齐意识“四个意识”，其着眼点是政治意识，其

---

① 《习近平在十八届中央纪委五次全会上发表重要讲话强调 深化改革巩固成果积极拓展 不断把反腐败斗争引向深入》，《人民日报》2015年1月14日第1版。

② 习近平：《在第十八届中央纪律检查委员会第六次全体会议上的讲话》，《人民日报》2016年5月3日第2版。

③ 习近平：《在第十八届中央纪律检查委员会第六次全体会议上的讲话》，《人民日报》2016年5月3日第2版。

④ 《习近平在十九届中央纪委三次全会上发表重要讲话强调 取得全面从严治党更大战略性成果 巩固发展反腐败斗争压倒性胜利》，《人民日报》2019年1月12日第1版。

落脚点是看齐意识，其主体是大局意识，其关键是核心意识，说到底，是要求各级领导干部在顺应民心民意、全心全意为人民服务这个党的根本宗旨上能够不断地在思想意识上与党中央和习近平总书记保持一致，能够不断地从人民性的政治高度认真检查和纠正自己在工作中可能出现的偏离和偏差的思想和行为，使他们能够不断地牢记为中国人民谋幸福、为中华民族谋复兴的初心和使命。

习近平总书记在党的群众路线教育实践活动的工作会议、中央纪委历次全会等重要政治场合的讲话，直奔背离党性和人民性的问题而去，有很强的针对性；讲话立意高远，有很强的教育性；讲话结合伟大事业和伟大工程不断前进的要求，反复强调党的初心和使命，有很强的纠偏性。这些重要讲话正是因为有着很强的针对性、教育性和纠偏性，所以在保证十八大以后党的伟大事业、伟大工程及其各项工作的人民性上具有很强的指导意义。

第三，谋篇布局，不懈努力，具有很强的实践性。

在发展方向和目标任务的引领上具有更浓郁的人民性，不仅仅表现在道理的阐述上，更重要的是要将人民性体现在治国理政的实践中。以习近平同志为核心的党中央坚定不移地顺应人民的良好愿望，创新我国发展的思想和理念，统筹推进“五位一体”总体布局、协调推进“四个全面”战略布局，推动党和国家事业发展取得了历史性的成就，促进了社会主要矛盾发生历史性转化，不断地增强人民的获得感、幸福感和安全感。

为了实现中国人民的根本利益，以习近平同志为核心的党中央统筹推进“五位一体”总体布局，协调推进“四个全面”战略布局，这是新一代中共中央领导集体在坚持和拓展中国道路上的谋篇布局。这一谋篇布局，一方面从横向上来说，是充分体现了必须全面发展中国特色社会主义的客观规律性的要求，充分体现了全面满足人民物质文化需要的价值性目标；另一方面从纵向上来说，是充分体现了中国共产党实现全面建成小康社会目标的坚定意志，充分体现了党的新一代领导集体为实现人民美好生活需要而坚持不懈、持之以恒的行动努力。中国社会的主要矛盾在十八大以后发生转变，开始了自“人民日益增长的物质文化需要同落后的社会生产之间的矛盾”往“人民日益增长的美好生活需要和不平衡不充分的发展之间的矛盾”的逐步转变，实现了中国人民愿望、需求的转型升级，是党和人民辛勤工作、奋力拼搏的结果。民之所望、政之所向。以习近平同志为核心的党中央在谋划和制定新一代领导集体第一个五年规划纲要时明确了要以人民为中心来发展。党的十八届五中全会在制定第十三个五年规划建议时，正式提出了以人民为中心的发展思想，并且强调要把这一思想落到改革和发展的实处。党的十八届五中全会还顺应人民的愿望和我国经济从高速度增长向高质量发展转变的要求，及时提出了创新、协调、绿色、开放、共享的新发展理念，建设现代化经济体系，以更好地满足人民的美好生活需要。新发展理念是以人民为中心的发展思想的充分体现和集中凝练。创新、协调、绿色、开放、共享都是着眼于人民根本利益的发展理念。创新理念从根本上说是为了实现人民美好幸福生活，协调理念、绿色理念和开放理念实际上都是为了处理好经济与社会、人与自然、国内与国外等人民利益增进过程中所面临的突出矛盾，共享理念更是直接为了全体人民能够共同分配、共同享有全社会共同创造的财富和共同增进的权利。习近平总书记明确指出：“共享理念实质就是坚持以人民为中心的发展思想，体现的是逐步实现共同富裕的要求。共同富裕，是马克思主义的一个基本目标，也是自古以来我国人民的一个基本理想。”[①]在奔向美好生活的新时代进程中，人民的获得感、幸福感、安全感越来越强烈。坚持和拓展中国道路的人民性的方向也扎扎实实地落到了实处。

总之，习近平总书记关于在新的历史起点上坚持和拓展中国道路的重要论述具有更浓郁的人民性。这一“更浓郁的人民性”主要体现

① 习近平：《深入理解新发展理念》，见中共中央党史和文献研究院编：《十八大以来重要文献选编》下，中央文献出版社2018年版，第169页。

在导向性、针对性和实践性三个方面。导向性、针对性和实践性都是指向着人民性，都是归结到为了实现中国人民的美好生活，不断增强中国人民的获得感、幸福感和安全感。

二、在发展思路和路径设计上战略性更突出

发展之道需要实现路径，两者有机统一才能构成道路。没有科学、合理、可行、有效的实现路径，发展之道也只不过是空中楼阁。换句话说，中国道路的发展之道有赖于科学、合理、可行、有效的实现路径才能真正变为现实，取得成功。科学、合理、可行、有效四个方面是实现路径的基本要求。从坚持和拓展中国道路的实现路径来说，科学是指实现路径体现了中国社会的发展规律，符合中国社会发展的规律性要求；合理是指实现路径合乎科学社会主义的基本原理，符合中国特色社会主义的价值性追求；可行是指实现路径能够契合中国社会已有的基础和条件，完成目标任务的方法和方式具有现实可行性；有效是指实现路径能够保证顺利实现中国特色社会主义一个个阶段性的目标和任务。科学性、合理性、可行性和有效性四个方面概括起来可以归结为战略性。从一定程度上说，战略性实际上是中国道路在实现路径上具有科学性、合理性、可行性、有效性的集中体现，是建立在科学性、合理性、可行性、有效性的基础上的一个综合性要求。不具备科学性、合理性、可行性、有效性的所谓战略，不是真正意义上的战略，因而也不可能具有这里所指的真正意义上的战略性。从一定程度上说，战略性是习近平总书记坚持和拓展中国道路在发展思路和实现路径方面的鲜明特征。

1.战略性是中国共产党推进社会革命的鲜明特征

中国共产党推进革命、建设、改革事业的一个鲜明特征就是战略性。毛泽东领导中国革命和建设始终注意从战略上考虑和解决问题。

他关于中国革命战争的战略问题的论述，关于中华民族抗日战争战略防御、战略相持和战略进攻等三个阶段问题的论述，关于战略上藐视敌人、战术上重视敌人问题的论述，关于开展抗美援朝战争战略考量问题的论述，关于论社会主义建设十大关系问题的论述，关于“三个世界”及其关系的论述等，都是从战略上考虑和解决问题的鸿篇巨制。

党的十一届三中全会以来，中国共产党擘画和推动中国社会的变革和发展，同样一直注重从战略上思考问题和解决问题。邓小平在设计中国实现社会主义现代化的战略目标和战略步骤时提出了著名的“三步走”战略。这一战略经过党的十二大到十三大正式通过，即从1981年开始以后的70年间，具体划为到20世纪90年代末、到20世纪末和到21世纪中叶三个阶段性目标，分“三步走”基本实现社会主义现代化。江泽民在邓小平“三步走”战略和完成前两步阶段性战略目标的基础上，制定了21世纪前50年的新“三步走”战略，在党的十五大上获得通过。这一战略的主要内容是将21世纪前50年分为第一个10年、第二个10年和此后的30年三步，最后实现社会主义现代化。胡锦涛科学论述和全力推进了关于紧紧抓住21世纪头20年的重要战略机遇期，一心一意谋发展、聚精会神搞建设，阐述了关于科学发展的战略思想，以全面建设小康社会，为实现现代化创造更加坚实的基础。这些关于发展战略的理论充分体现了改革开放以后中国共产党擘画和建设中国特色社会主义发展思路和实现路径的战略性，正确而有力地指导了中国的现代化进程，使中国在2010年跃升为世界上国内生产总值仅次于美国的第二大国家，并使中国成为带动世界经济发展的第一大贡献国家，显示了这些战略思想在指导新时期中国发展思路和实现路径上的科学性、合理性、可行性和有效性。

2. 习近平总书记关于中国道路的重要论述战略性的主要表现

习近平总书记关于中国道路的重要论述一个鲜明的特征，就是在发展思路和实现路径的擘画和设计上具有更突出的战略性，有着更宏大的战略思维和更强大的战略定力。在发展思路的擘画和设计上，这一思想强调发展思路要有战略性，要用战略思维去思考和解决前进道路上的矛盾和问题。因为我们现在所遇到的很多矛盾和问题是牵一发而动全身的矛盾和问题，是难啃的硬骨头，满足于零敲碎打、被动应付是解决不了这些矛盾和问题的。在实现路径的擘画和设计上，这一思想强调实现路径要有战略定力，发展既要有实现“两个一百年”的宏伟的战略目标，更要有科学、合理、可行、有效的战略举措。这些战略举措的成功实践充分证明，它们符合新时代中国社会发展变化的规律性要求，具有科学性；符合马克思主义关于科学社会主义的基本原理和基本原则，具有合理性；契合新时代中国发展具体的条件、环境等实际，具有可行性；能够一步步地完成一个又一个阶段性的发展目标和发展任务，具有有效性。可以说，战略思维和战略定力是习近平总书记关于中国道路重要论述具有突出而鲜明的战略性的充分体现。

第一，中国特色社会主义在新时代的基本方略是具有战略性的治国理政的行动纲领。

新时代中国特色社会主义的基本方略是具有战略性的治国理政的行动纲领，从实践上回应了新时代的重大时代课题和坚持拓展中国道路的基本命题。如果说，习近平新时代中国特色社会主义思想，尤其是“八个明确”，从中国道路视角来说，解决的主要是新时代中国发展之道的问题；那么，新时代坚持和发展中国特色社会主义的基本方略，也就是“十四个坚持”，从中国道路视角来说，解决的主要是新时代中国发展之道的实现路径问题。“十四个坚持”的每一个方面都是坚持和拓展中国道路的重大战略举措，都是在坚持中有拓展、在拓展中有坚持，它们相互联系、相互作用，共同构成了一个完整的系统的新时代中国特色社会主义发展方略。

在“十四个坚持”中，头三个“坚持”解决的是发展方向谁来把握、发展为了什么、发展动力是什么三个根本的实践要求问题。发展方向必须由中国共产党来领导和把握（所谓“把方向”），发展目标必须顺应人民群众对美好幸福生活的向往来确定，发展动力必须通过全面深化改革来增进。因此，坚持党对一切工作的领导、坚持以人民为中心、坚持全面深化改革三个方面是基本方略中最重要的三大战略举措。第四至第九个“坚持”解决的是各个方面发展任务如何完成的问题，从政治、经济、文化、社会、生态“五位一体”总体布局上构成了基本方略的主体结构。第十至第十四个“坚持”解决的主要是安全、统一、外交、党建等重要问题。只要始终坚定地坚持新时代中国特色社会主义的基本方略，我们就一定能够不断地坚持和拓展中国道路。

第二，协调推进“四个全面”战略布局是破解党和国家工作中突出矛盾的战略行动。

“四个全面”战略布局的协调推进是新时代中国特色社会主义的重要战略行动，是新时代中国共产党为了实现“两个一百年”奋斗目标——既立足于全面建成小康社会，又着眼于全面建设社会主义现代化强国——以破解当前党和国家事业发展中存在的突出矛盾和重点难题为核心内容的战略行动。全面深化改革、全面依法治国、全面从严治党三大具有战略性的举措，既是为了在建党一百年全面建成小康社会，更是为了在新中国成立一百年全面建成社会主义现代化强国和中华民族伟大复兴；既是协调推进“四个全面”战略布局的核心要素，也是新时代坚持和发展中国特色社会主义基本方略内容的重要组成部分。全面深化改革与全面依法治国是一对姊妹关系，一方面，我们要不断地改革体制机制，使中国特色社会主义制度不断地得到完善和发展，国家治理体系和治理能力现代化不断地得到推进；另一方面，我们要不断地将被实践证明已经是成功的、有效的做法和经验固定下来，不断推进中国特色社会主义法治体系建设，以最终建成社会主义法治国家。换句话说，这两者实际上是一对“变化”与“固化”的辩证关系，构成了新时代的“变法”。全面从严治党则是构成了新时代中国共产党自身建设新的伟大工程的具有鲜明的时代特色的重大战略举措，目的是要建设一个能够始终前进在时代发展的前列、得到全国各族人民衷心的拥护和支持、勇于和善于进行自我革命、经得起困难和风险考验的生机勃勃的马克思主义执政党。

协调推进“四个全面”战略布局实际上是党的十八大以后以习近平同志为核心的党中央打的战略性的攻坚战，是先后两场重大的战略决战，奋力打开了新时代中国特色社会主义新局面，为全面建成社会主义现代化强国奠定了坚实的物质基础、政治基础和制度基础。

第三，立足于两个大局谋划中国道路的坚持和拓展。

习近平总书记关于中国道路重要论述的突出的战略性，关于擘画和设计发展思路上的战略思维，关于擘画和设计发展路径上的战略定力，都源自习近平总书记在坚持和开拓新时代中国特色社会主义道路时所具有的更纵深的历史视野和更广阔的全球视域。习近平总书记2019年5月21日在江西南昌召开推动中部地区崛起工作座谈会上讲话强调：“领导干部要胸怀两个大局，一个是中华民族伟大复兴的战略全局，一个是世界百年未有之大变局，这是我们谋划工作的基本出发点。”[①]关于“两个大局”的重要论断，充分体现了习近平总书记思考、谋划坚持和拓展中国道路问题的历史视野和全球视域，充分体现了他谋划党和国家工作大局的突出的战略性考量。

习近平总书记谋划党和国家工作大局的战略性考量主要体现在两个方面：一方面从历史视野来说，习近平总书记擘画了一系列国家级区域发展战略，包括推动京津冀协同发展、长江三角洲区域一体化发展、粤港澳大湾区建设、长江经济带发展、黄河流域生态保护和高质量发展等区域性发展战略。这些国家级区域发展战略的设计、谋划和推动都充分体现了习近平总书记所具有的长远的历史视野和巨大的历史耐心。例如：关于京津冀协同发展战略，习近平总书记亲自设计和谋划了建设通州、疏解北京非首都功能，在河北白洋淀地区选址确定建设雄安新区等。他将雄安新区建设定位为“千年大计”，要求一定要

① 《习近平总书记江西考察并主持召开座谈会微镜头》，《人民日报》2019年5月23日第2版。

一茬接着一茬干，稳扎稳打，保持历史耐心，努力建设高水平的社会主义现代化城市。[①]设立和建设雄安新区是深入推进京津冀协同发展战略的重大决策部署，“对于集中疏解北京非首都功能，探索人口经济密集地区优化开发新模式，调整优化京津冀城市布局和空间结构，培育创新驱动发展新引擎”[②]，有着深远的历史意义和重大的现实意义。关于长江经济带，习近平总书记强调指出：要共抓大保护，不搞大开发；强调要正确把握总体谋划和久久为功的辩证关系，坚定不移地将一张蓝图干到底。他认为，长江经济带的发展是一个巨大的系统工程，一定要先做好顶层设计，然后以钉钉子的精神，脚踏实地、坚持不懈才能抓出成效。[③]关于黄河流域生态保护和高质量发展，他指出：“保护黄河是事关中华民族伟大复兴的千秋大计。”他强调：“黄河文化是中华文明的重要组成部分，是中华民族的根和魂。”[④]我们要系统保护和守好黄河文化遗产，深入挖掘其蕴含的丰富的时代价值，“讲好‘黄河故事’，延续历史文脉”，进一步坚定文化自信，为实现中国梦凝聚强大的精神力量。

另一方面从全球视域来说，习近平总书记关于共建“一带一路”倡议是新时代中国共产党坚持和拓展中国道路的一个伟大构想。它立足于亚欧非三大洲，着眼于包括美洲、大洋洲等在内的整个世界，通过交通、信息、贸易、文化等的互联互通，而不是通过殖民主义、帝国主义、霸凌主义的侵略战争和贸易制裁，将中国与亚欧非等联系起来，擘画了一幅和平、发展、合作和共赢的全球共同发展的愿景，其

---

① 《习近平主持中共中央政治局常务委员会会议 听取河北雄安新区规划编制情况的汇报》，《人民日报》2018年2月23日第1版。

② 《中共中央、国务院决定河北雄安新区设立》，《人民日报》2017年4月2日第1版。

③ 《习近平在深入推动长江经济带发展座谈会上强调 加强改革创新战略统筹规划引导 以长江经济带发展推动高质量发展》，《人民日报》2018年4月27日第1版。

④ 习近平：《在黄河流域生态保护和高质量发展座谈会上的讲话》，《奋斗》2019年第20期，第10页。

最终目的还是要为推动构建人类命运共同体搭建平台、奠定基础。共建“一带一路”是习近平总书记亲自谋划、亲自部署、亲自推动的重大倡议，是我国在新的历史条件下实行高水平对外开放的重大举措。作为推动构建人类命运共同体的重要抓手，共建“一带一路”不仅为世界经济增长开辟了新空间，为国际贸易和投资搭建了新平台，而且为完善全球经济治理拓展了新实践，为增进各国民生福祉作出了新贡献。

习近平总书记关于中国道路的重要论述概括起来说，在发展思路和实现路径的设计上确实具有战略思维和战略定力。这不仅仅表现在新时代中国特色社会主义的基本方略，协调推进“四个全面”战略布局和能立足于两个大局谋划中国道路的坚持和拓展等方面；而且还体现在共商共建共享“一带一路”，实施创新驱动发展，实施乡村振兴，建设雄安新区疏解北京的非首都功能，推动京津冀协同发展、长江三角洲区域一体化发展、粤港澳大湾区建设、长江经济带发展、黄河流域生态保护和高质量发展等一系列国家级重大发展战略，体现在落实总体国家安全观，提升南海防卫能力，与一些国家和国际组织建设战略伙伴关系等重要方面。这些发展之道的实现路径，具有科学性、合理性、可行性、有效性，很好地坚持和拓展了中国道路。

三、在理论思维和方法运用上辩证性更鲜明

1.辩证性是马克思主义思维方法的重要特征

唯物辩证法是马克思主义认识世界的根本方法。科学回答关于中国道路的重要问题，需要辩证的理论思维和正确的研究思路，需要宽广的考察视野和科学的研究方法。在马克思主义看来，对待自然界和人类社会的问题不能用片面的、孤立的、静止的眼光看待，而是应该用全面的、系统的、发展的眼光去分析和解决。因为无论是自然界还

是人类社会，都是一个整体的、系统的、变化的统一体，所以，如果我们片面地、孤立地、静止地看待它们，就不可能发现自然界和人类社会的真正秘密，不可能发现自然界和人类社会的本质和规律，也就不可能真正推动现实社会向前发展。全面地、系统地、发展地分析和解决自然界和人类社会的现象和问题，体现了唯物辩证法的要求，唯物辩证法是认识和改造世界的根本方法。毛泽东正是科学运用唯物辩证法，才正确地认识和破解了中国关于民主革命和社会主义革命等一系列重大的理论和实践难题。

党的十一届三中全会以来，在勇敢开辟和不断发展中国特色社会主义道路的进程中，以邓小平同志、江泽民同志和胡锦涛同志等为主要代表的中国共产党人创新发展了马克思主义理论，在思维方法上都体现了很强的辩证性。邓小平关于解放思想与实事求是关系问题的论述，关于坚持四项基本原则与坚持改革开放两个基本点关系问题的论述，关于工作上一系列“两手抓，两手都要硬”问题的论述，关于“一个国家、两种制度”关系问题的论述，等等，都是唯物辩证法的充分体现和运用。江泽民关于改革、发展、稳定等中国社会主义现代化建设中十二个重大关系问题的论述，关于市场在配置资源上起基础性作用与政府发挥宏观调控作用的关系问题的论述，关于依法治国与以德治国关系问题的论述，等等，也是唯物辩证法的充分体现和运用。胡锦涛关于科学发展与社会和谐关系问题的论述，关于党内民主与人民民主关系问题的论述，关于建设学习型、服务型、创新型的马克思主义执政党问题的论述，等等，同样是唯物辩证法的充分体现和运用。这些辩证的论述指引了中国成功开辟和不断发展中国特色社会主义道路。

2. 习近平总书记关于中国道路的重要论述辩证性更鲜明的主要表现

习近平总书记关于中国道路的重要论述之所以辩证性更鲜明，是因为这一论述能够更鲜明地从理论和实践、历史和现实、国内和国际等三个方面的结合上来思考和解决坚持和拓展中国道路的重要问题。习近平总书记2017年7月在省部级主要领导干部“学习习近平总书记重要讲话精神，迎接党的十九大”专题研讨班开班式上指出：科学认识和正确把握我国社会发展，“要坚持辩证唯物主义和历史唯物主义的方法论，从历史和现实、理论和实践、国内和国际等的结合上进行思考”[①]。这里说的“三个结合”，是他一贯倡导和坚持运用的思维和方法，实际上也是点明了解答中国道路基本问题的正确思路和科学方法。

第一，从历史和现实相贯通上认识中国道路的必然性和合理性。

习近平总书记强调要从历史和现实相贯通上思考和解答中国道路基本问题，不能静止地看待当代中国的发展，而是要认识到现实道路与历史演变的相关性，认识到中国道路形成发展的历史必然性和现实合理性。历史和现实是相互贯通的，是源和流的关系，“当代中国是历史中国的延续和发展”[②]，这是我们考察、理解和把握现实中国的一个重要方法。要弄清当代中国“从哪里来”，就必须对历史的中国有一个正确的态度和科学的认识。习近平总书记提出，正确对待历史和传统“是我们必须把握好的一个重大课题”[③]。他指出：对五千多年的中华文明，我们“应该多一份尊重，多一份思考”[④]。在他看来，一个不记

① 《习近平在省部级主要领导干部“学习习近平总书记重要讲话精神，迎接党的十九大”专题研讨班开班式上发表重要讲话强调 高举中国特色社会主义伟大旗帜 为决胜全面小康社会实现中国梦而奋斗》，《人民日报》2017年7月28日第1版。

② 《习近平致信祝贺中国社会科学院中国历史研究院成立强调 总结历史经验揭示历史规律把握历史趋势 加快构建中国特色历史学学科体系学术体系话语体系》，《人民日报》2019年1月4日第1版。

③ 习近平：《在纪念孔子诞辰2565周年国际学术研讨会暨国际儒学联合会第五届会员大会开幕会上的讲话》，《人民日报》2014年9月25日第2版。

④ 《习近平在中共中央政治局第十八次集体学习时强调 牢记历史经验历史教训历史警示 为国家治理能力现代化提供有益借鉴》，《人民日报》2014年10月14日第1版。

得“来路”的民族，绝对“是没有出路的民族”[①]。记得“来路”，才能找到“出路”。只有坚持从历史走向未来，才能做好今天的事业。他认为，中华文明几千年来独特的发展历史决定了中国当代只能走中国特色社会主义道路。他指出，独特的文化传统、独特的历史命运和独特的基本国情，“注定了我们必然要走适合自己特点的发展道路”[②]。这三个“独特”的重要论断深入阐述了中华文明发展道路内部蕴藏着的特殊性，深刻揭示了当代我们走中国特色社会主义道路的历史必然性，深刻揭示了当代中国发展道路的现实合理性。因为，“数千年来，中华民族走着一条不同于其他国家和民族的文明发展道路”[③]。中国文明发展的特色不是今天才有的，而是几千年来一直如此。脱离了中国的历史和文化，是难以正确认识现实中国的；而从历史大视野来把握现实中国，就能够认识和理解中国道路生成的历史必然性和现实合理性。

第二，从理论和实践相结合上认识中国道路的科学性和可行性。

习近平总书记强调要从理论和实践相结合上思考和解答中国道路的基本问题，不能形而上地片面地看待当代中国的发展，而是要认识到创新实践与创新理论的互动性，认识到中国道路的科学性和可行性。习近平总书记指出：要学习掌握认识与实践辩证关系的原理，正确运用实践第一的辩证唯物主义的观点和方法，推进实践基础上的理论创新。要“坚持理论指导和实践探索辩证统一，实现理论创新和实践创

① 习近平：《在纪念红军长征胜利80周年大会上的讲话》，《人民日报》2016年10月22日第2版。

② 《习近平在全国宣传思想工作会议上强调 胸怀大局把握大势着眼大事 努力把宣传思想工作做得更好》，《人民日报》2013年8月21日第1版。

③ 《习近平在中共中央政治局第十八次集体学习时强调 牢记历史经验历史教训历史警示 为国家治理能力现代化提供有益借鉴》，《人民日报》2014年10月14日第1版。

新良性互动，在这种统一和互动中发展21世纪中国的马克思主义”[①]。他认为：党领导的革命、建设、改革的伟大实践，是接续奋斗的历史过程，“是一项救国、兴国、强国，进而实现中华民族伟大复兴的完整事业”[②]。中国共产党正是在不断推进伟大事业的实践进程中，创造性地发展和丰富了中国特色社会主义。中国特色社会主义，“是科学社会主义理论逻辑和中国社会发展历史逻辑的辩证统一，是根植于中国大地、反映中国人民意愿、适应中国和时代发展进步要求的科学社会主义”[③]。中国特色社会主义道路，据此可以说，是一个理论逻辑与实践逻辑相统一的发展道路，具有科学性和可行性。习近平总书记希望中国的哲学社会科学工作者能够从理论和实践结合上阐释当代中国的发展和变革，指出：“从我国改革发展的实践中挖掘新材料、发现新问题、提出新观点、构建新理论”，加强对改革开放和现代化建设实践经验的系统总结和分析研究，“提炼出有学理性的新理论，概括出有规律性的新实践”[④]。这实际上就是要求我们从理论与实践相结合上理解和把握当代中国，理解和把握中国道路丰富的发展经验。只有这样，我们才能揭示中国道路的本质和规律，才能推进中国道路的不断拓展。

第三，从国内和国际相关联上认识中国道路的世界性和独特性。

习近平总书记强调要从国内和国际相关联上思考和解答中国道路的基本问题，不能孤立地看待当代中国的发展，而是要认识到中国发展与世界发展的联系性，认识到中国道路的世界性和独特性。经济全球化的时代，一个国家，尤其是一个大国，不可能独善其身、独行其

---

① 习近平：《辩证唯物主义是中国共产党人的世界观和方法论》，《求是》2019年第1期，第8页。

② 习近平：《在纪念毛泽东同志诞辰120周年座谈会上的讲话》，《人民日报》2013年12月27日第2版。

③ 《习近平在新进中央委员会的委员、候补委员学习贯彻党的十八大精神研讨班开班式上发表重要讲话》，《人民日报》2013年1月6日第1版。

④ 习近平：《在哲学社会科学工作座谈会上的讲话》，《人民日报》2016年5月19日第2版。

道，必须在不断地、积极地优化国际环境中谋得自身的发展。中国是一个文明大国，随着改革开放的全面深化和日益扩大，随着社会主义现代化建设的快速推进，它的价值和影响一定会越来越具有世界性和外部性。中国特色社会主义道路是一条需要不断开放的发展道路。习近平总书记早在2013年1月就提出，要“更好统筹国内国际两个大局，坚持开放的发展、合作的发展、共赢的发展，通过争取和平国际环境发展自己，又以自身发展维护和促进世界和平”；并强调：要树立世界眼光，“更好把国内发展与对外开放统一起来，把中国发展与世界发展联系起来，把中国人民利益同各国人民共同利益结合起来”[①]，以更加积极的姿态参与国际事务，共同应对全球性挑战。习近平总书记的系列阐述，实际上是要求我们在全球文明发展中认识和理解中国道路的价值和意义，认识和理解中华文明、中国智慧的世界意义和独特贡献。

正确的思维和科学的方法，是回答和解决我们前进道路上遇到的困难和问题的利器。从历史和现实、理论和实践、国内和国际的结合上回答中国特色社会主义问题，是习近平总书记阐述继续坚持和拓展中国道路问题的三个基本的思维特征，为解答中国道路的基本命题点明了正确的思路和科学的方法。

总之，习近平总书记关于中国道路的重要论述在指引道路方向、确定目标任务、明确实现路径、运用思维方法等重要方面具有鲜明的特征。这些鲜明特征最主要表现在三个方面：在发展方向和目标任务的引领上具有更浓郁的人民性，在发展思路和实现路径的设计上具有更突出的战略性，在理论思维和论证方法的运用上具有更鲜明的辩证性。应该说，人民性、战略性和辩证性不是习近平总书记关于中国道路重要论述独有的特征，它们是中国共产党关于道路理论的基本特征，是中国共产党开辟和拓展新民主主义革命道路、社会主义改造道路、社会主义建设道路、中国特色社会主义道路等道路理论所具有的共同

---

① 《习近平在中共中央政治局第三次集体学习时强调 更好统筹国内国际两个大局 夯实走和平发展道路的基础》，《人民日报》2013年1月30日第1版。

特征，也是中国共产党能够实现中国人民站起来、富起来的成功密码。在人民性、战略性和辩证性等方面习近平总书记关于中国道路的重要论述之所以更浓郁、更突出和更鲜明，是因为新时代中国的发展、中国社会的现代化、中国人民的愿望需要、中华民族的复兴等拥有了与过去时代不同的时代背景、国际环境、条件基础、矛盾课题和目标内涵等。中国发展面临的是时代环境更开放、矛盾问题更复杂、目标任务更艰巨、人民需要更提升等课题。中国共产党、中华人民共和国、中华民族、中国人民、中国社会等发展主体的诉求内涵也进一步地充实、丰富和提升。这些对以习近平同志为核心的党中央在党的十八大以后新的历史起点上坚持和拓展中国道路提出了新的更高的要求。因此，坚持和拓展中国道路只有在思想理论上和行动纲领上具有更浓郁的人民性、更突出的战略性和更鲜明的辩证性，才有可能全面而有效地应对和战胜这些新的挑战。总之，更浓郁的人民性、更突出的战略性、更鲜明的辩证性等三个方面的主要特征，是我们准确理解和全面把握习近平总书记关于中国道路重要论述的含义、价值和地位等的关键，也是准确理解和全面把握新时代中国共产党领导人民实现由富起来到强起来伟大飞跃的关键。

第五章　中国道路新时代之思的突出贡献

思想理论的价值主要体现在同一个认识和实践的主题和领域里，它能够创新和发展原有的思想认识和知识结构，能够引领实践的进一步发展和创新。习近平总书记关于中国道路的重要论述，坚持和发展了中国共产党关于中国特色社会主义道路的理论，引领了中华民族为伟大复兴而奋斗的新征程，贡献了世界上发展中国家关于现代化道路选择的中国智慧，有着突出的理论价值和实践意义。

一、发展了中国共产党关于中国道路的理论

中国共产党关于中国道路的理论是党成立以来，历经邓小平、江泽民、胡锦涛、习近平等党的历届领导人对开辟和发展中国特色社会主义道路的实践经验的科学总结。习近平总书记关于中国道路的重要论述是中国共产党关于中国特色社会主义道路理论的重要组成部分和最新理论成果。习近平总书记关于中国道路的重要论述与邓小平、江泽民、胡锦涛等关于中国道路的理论是一脉相承的。它们在当代中国的发展方向、基本路径等方面从根本上说是一致的。之所以说习近平总书记关于中国道路的重要论述发展了邓小平、江泽民、胡锦涛等关于中国道路的理论，主要是因为存在着两个方面的因素：一是实践的不断拓展，二是认识的不断深化。对新的实践经验的科学总结和对当代中国发展规律的认识深化使得以习近平同志为核心的党中央在党的

十八大以来关于中国道路的阐释和解读在时代课题和发展主题、发展思想和发展理念、发展目标和实现路径等很多重要领域有了新的创新和发展。

1. 拓展了改革开放以来党的理论和实践的主题

在发展主题和时代课题上，习近平总书记关于中国道路的重要论述引导和推动了时代的前进和重大时代课题的转换，拓展了改革开放以来中国共产党的理论与实践的主题。发展主题即理论和实践的主题，它与重大时代课题密切相关。发展主题或理论和实践的主题既是重大时代课题的核心问题，又引领着重大时代课题的方向；重大时代课题既是理论和实践的主题的具体化，又不断深化着理论和实践的主题。

中国共产党在改革开放以来将中国特色社会主义确定为理论和实践的新主题。改革开放以来，历次党代会都是以理论和实践相结合的视角和方法不断地阐述这一主题。从改革开放新时期第一次党的代表大会即十二大邓小平在大会的开幕词中首次明确提出了“建设有中国特色的社会主义”这一重大命题开始，经过十三大报告的“沿着有中国特色的社会主义道路前进”，十四大报告的“加快改革开放和现代化建设步伐，夺取有中国特色社会主义事业的更大胜利”，十五大报告的“高举邓小平理论伟大旗帜，把建设有中国特色社会主义事业全面推向二十一世纪”；到十六大报告的“全面建设小康社会，开创中国特色社会主义事业新局面”，十七大报告的“高举中国特色社会主义伟大旗帜，为夺取全面建设小康社会新胜利而奋斗”；再到十八大报告的“坚定不移沿着中国特色社会主义道路前进，为全面建成小康社会而奋斗”，十九大报告的“决胜全面建成小康社会，夺取新时代中国特色社会主义伟大胜利”。虽然每次党代会报告的着力点有所不同，但中国特色社会主义的主题可以说是一脉相承、一以贯之。

重大时代课题既以中国特色社会主义主题为核心问题，又以自身的发展演变不断地推动了中国特色社会主义主题的深化和具体化。改革开放以来，重大时代课题经历了由“什么是社会主义、怎样建设社会主义”这一时代之问，到“坚持和发展什么样的中国特色社会主义、怎样坚持和发展中国特色社会主义”这一时代之问的转变。两个“时代之问”是中国特色社会主义这一主题的具体化，更是展现了中国特色社会主义这一主题的逐步拓展和逐步深化。“什么是社会主义、怎样建设社会主义”时代课题的产生，既是中国社会主义改造取得胜利的必然结果，又是中国开启建设社会主义历程的客观要求。这一重大时代课题，是邓小平鲜明地提出并回答的，又是江泽民、胡锦涛等继续深入回答的。正是因为邓小平、江泽民、胡锦涛等中国共产党人从理论与实践两个方面的结合正确解答了“什么是社会主义、怎样建设社会主义”的时代课题，中国共产党关于中国特色社会主义主题的认识和理解才能够不断地深化，中国特色社会主义事业才能够不断地发展进步。以习近平同志为核心的党中央在党的十八大以来通过实干兴邦，推动了中国特色社会主义进入了新时代，这在客观上就要求提出“坚持和发展什么样的中国特色社会主义、怎样坚持和发展中国特色社会主义”新的时代课题。正是因为以习近平同志为核心的党中央从理论与实践相结合上科学地回答了新时代之问，形成了关于“八个明确”和“十四个坚持”的理论结晶，新时代中国特色社会主义思想才能够产生，新时代中国特色社会主义事业才能够取得更大的进步。

时代课题实际上也是道路问题。如果说“什么是”“什么样”问的是“发展之道”，那么“怎样建设”“怎样坚持和发展”问的就是“实现路径”。从“什么是社会主义”到“坚持和发展什么样的中国特色社会主义”，实际上是对发展之道认识的深化；从“怎样建设社会主义”到“怎样坚持和发展中国特色社会主义”，实际上是对实现路径认识的拓展。之所以说习近平总书记关于中国道路的重要论述及重要思想拓展了改革开放以来中国共产党的理论与实践的主题，主要是因为新时代之问从“发展之道”和“实现路径”两个方面深化了中国特色社会主义理论主题的认识，拓展了中国特色社会主义这一实践主题的发展空间。

2. 明确了以人民为中心的发展思想和新发展理念

在发展思想和发展理念上，习近平总书记关于中国道路的重要论述适应世界新一轮科技革命和产业革命的趋势，顺应新时代中国社会主要矛盾转化的要求，明确了以人民为中心的发展思想和五大新发展理念。自中国共产党成立以来，中国共产党的发展思想和发展理念都是将人民群众的利益放在首位。从邓小平提出的关于人民拥护不拥护、赞成不赞成、高兴不高兴、答应不答应的衡量我们工作好不好的标准和包括是否有利于提高人民的生活水平在内的“三个有利于”判断改革开放是否正确的标准，到江泽民提出的中国共产党始终代表中国先进生产力的发展要求、代表中国先进文化的前进方向、代表中国最广大人民的根本利益的“三个代表”，到胡锦涛提出的情为民所系、权为民所用、利为民所谋和以人为本、全面协调可持续的科学发展观等，都充分体现了中国共产党的性质和宗旨，充分体现了“以经济建设为中心”的基本路线的核心要求，推动了我国经济和社会持续发展。

之所以说习近平总书记关于中国道路的重要论述在发展思想和发展理念上创新了中国共产党关于中国道路的理论，主要是有两个方面的原因：一方面是新时代对新发展提出了新的实践要求，以破解新的发展难题；另一方面是新时代对改革开放以来经济社会发展的实践经验有了新的认识。具体地说，一方面，新时代新发展提出了新的实践要求。新时代是世界新一轮科技革命和产业革命酝酿突破并必将出现突破、世界经历百年未有之大变局的时代，同时又是我国社会主要矛盾已经发生转化、经济体系和社会结构需要转型升级以迈向高质量发展和现代化社会的时代。在这样一个新时代，执政党的发展思想和发展理念亟须创新，以实现新时代更好更快的发展。另一方面，改革开放已经持续四十多年，“以经济建设为中心”推动了我国经济持续增长，我国的经济总量和经济实力、综合国力和人民生活水平都有了很大的提升。但这种经济增长在开始阶段大多是以粗放型方式带来的，也在一定程度上付出了资源浪费、环境污染等方面的代价。这样的经济增长并未充分体现改革开放以来中国共产党关于发展的思想和要求。以习近平同志为核心的党中央提出了以人民为中心的发展思想和创新、协调、绿色、开放、共享的新发展理念，这既是正确地回应新时代新发展提出的新的实践要求，实现我国经济社会的创新发展、协调发展、绿色发展、开放发展、共享发展；也是科学总结改革开放以来经济发展的经验和教训，对当代中国发展的“中心”问题的新思考和再认识，更加明确了发展的根本立场和根本目的。

需要注意的是，“以人民为中心”和“以经济建设为中心”这两个“中心”既相互区别又相互联系。从相互区别来说，两种思想观点和政策主张不属于一个层面。“在习近平新时代中国特色社会主义思想中，‘以人民为中心’和‘以经济建设为中心’，两者并非处于同一个层面，如果并列放在一起，会发生矛盾和冲突，导致人们思想认识的混乱和对实践指导的断裂。”[①]如果说“以经济建设为中心”的思想观点和政策主张主要是指党和国家工作的内容和重点的层面，那么“以人民为中心”的思想观点和政策主张则主要是指党和国家工作的根本立场和基本目的层面。两者层面不同，其思想观点和政策主张的重要性显然也就不一样。因此，从层面上来说，“以人民为中心”的思想观点和政策主张应该高于“以经济建设为中心”的思想观点和政策主张。从相互联系来说，两种思想观点和政策主张在社会主义初级阶段这一历史时期不但不存在直接的冲撞，而且有着密切的联系。这种密切联系主要表现在两个方面：一方面从思想内涵来说，“以人民为中心”的思想观点和政策主张虽然比“以经济建设为中心”的思想观点和政策主张拥有更丰富、更深刻的内涵，但它毕竟又包含了“以经济建设为中心”的思想观点和政策主张。因为在社会主义初级阶段的现实条件下，我

---

① 秦宣：《习近平新时代中国特色社会主义思想的主题、内容和逻辑结构》，《马克思主义研究》2020年第4期，第33页。

们如果不坚持“以经济建设为中心”的思想观点和政策主张，那就不可能真正坚持和做到“以人民为中心”；另一方面从实践要求来说，“以人民为中心”的思想观点和政策主张虽然是对“以经济建设为中心”的思想观点和政策主张的拓展和超越，但也是对“以经济建设为中心”的思想观点和政策主张的继续坚持。因为在社会主义初级阶段的历史条件下，“以人民为中心”还是要求我们继续坚持“以经济建设为中心”。新时代当然要继续坚持“以经济建设为中心”，继续坚持党在社会主义初级阶段的基本路线，继续推动经济社会持续健康发展；同时发展更要“以人民为中心”，以实现更好的发展，真正满足人民日益增长的美好生活需要。

3.确立了新时代的目标体系及其实现路径

在发展目标和实现路径上，习近平总书记关于中国道路的重要论述推动中华民族实现了从站起来、富起来到强起来的历史性飞跃，确立了以中国梦和人类命运共同体为主要内涵的目标体系；形成了统筹推进“五位一体”总体布局、协调推进“四个全面”战略布局、统揽“四个伟大”强国方略、统揽国内国外相结合的“一带一路”倡议，为实现中国梦和构建人类命运共同体找到了科学可行的实现路径。新中国成立特别是改革开放以来，中国共产党先后提出了关于“四个现代化”“富强民主文明和谐的社会主义现代化国家”“小康生活”“小康社会”“全面小康社会”“‘两个一百年’奋斗目标”等发展目标，先后形成了关于“三步走”和“新三步走”等战略安排。中国特色社会主义的建设布局也经历了从“两个文明”“三位一体”“四位一体”到党的十八大概括的“五位一体”的演进过程。这些发展目标和战略安排、建设布局等实现路径，推动了我国实现了从站起来到富起来的伟大飞跃。

之所以说习近平总书记关于中国道路的重要论述在发展目标和实现路径方面发展了中国共产党关于中国道路的理论，是因为随着现代化建设实践的深入发展和对现代化目标理解的逐步深化，以习近平同志为核心的党中央进一步丰富了社会主义现代化的目标内涵，进一步描绘了实现“两个一百年”发展目标，尤其是实现第二个百年奋斗目标的战略安排，进一步完善了“两个一百年”奋斗目标的实现路径。具体来说，有两个方面。

一方面从丰富目标内涵来说，习近平总书记对中国共产党关于第二个百年奋斗目标有很多新阐释，这集中体现在党的十九大报告中。十九大报告中的新阐释主要体现在两点：一是在关于新时代含义中提到了“全面建设社会主义现代化强国”“逐步实现全体人民共同富裕”“奋力实现中华民族伟大复兴中国梦”“不断为人类作出更大贡献”[①]等目标；二是在关于基本路线中提到了“建设成为富强民主文明和谐美丽的社会主义现代化强国”[②]。习近平总书记在报告中从国家、人民、民族、世界等多个维度，尤其是增加了民族、世界两个维度，提升了国家实现社会主义现代化的强度，提高了全体人民生活水平的程度，特别是将实现中华民族伟大复兴与为人类作出更大贡献结合在一起，极大地丰富了第二个百年奋斗目标的内涵，将改革开放以来中国共产党关于现代化的目标内容大大地丰富和拓展了。从规划战略安排来说，战略目标被分解成两个具体的阶段性目标。2020年全面建成小康社会后，分两步走：到2035年基本实现社会主义现代化，再到本世纪中叶全面建成社会主义现代化强国。这一战略安排进一步细化和明确了“三步走”发展战略和“新三步走”战略安排的最后三十年发展任务。

另一方面从完善实现路径来说，统筹推进“五位一体”总体布局、协调推进“四个全面”战略布局、统揽“四个伟大”强国方略、统揽

① 习近平：《决胜全面建成小康社会　夺取新时代中国特色社会主义伟大胜利——在中国共产党第十九次全国代表大会上的报告》，人民出版社2017年版，第13—14页。

② 习近平：《决胜全面建成小康社会　夺取新时代中国特色社会主义伟大胜利——在中国共产党第十九次全国代表大会上的报告》，人民出版社2017年版，第15页。

国内国外的“一带一路”建设等，其实现路径的完善和创新，不仅仅是表现在“五位一体”总体布局、“四个全面”战略布局、“四个伟大”强国方略和“一带一路”倡议等主体内容方面，而且更重要的是表现在诸如“统筹推进”“协调推进”“统揽”等重要方法方面。虽然“五位一体”总体布局在党的十八大已经提出，但并没有明确关于“统筹推进”的要求。以习近平同志为核心的党中央在这个方面的创新，主要是提出了“五位一体”总体布局必须要“统筹推进”。同样，在治国理政的展开过程中逐步形成的“四个全面”战略布局，实践要求必须要“协调推进”；“四个伟大”强国方略、建设“一带一路”等也都必须要“统揽”。这些诸如“统筹推进”“协调推进”“统揽”等重要方法，充分体现了整体性、系统性、协同性的实践辩证法。只有高度注重推进改革和发展的整体性、系统性、协同性，我们才能有效地实现中国道路要达到的既定目标。

综上所述，习近平总书记从发展主题和时代课题、发展思想和发展理念、发展目标和实现路径等方面，极大地丰富和发展了中国共产党关于中国特色社会主义道路的理论，使这一理论发展到了一个新阶段和新境界。正是在这些基础上，习近平总书记关于中国道路的重要论述是中国共产党关于中国道路理论的最新成果。

二、指引了实现中华民族伟大复兴的新征程

道路说到底就是明道指路，就是明确什么是发展之道，方向在哪里，目标是什么，任务有哪些；就是指引实现路径，确定基本路线，制定基本方略，形成基本思路。党的十八大以来，随着习近平总书记关于中国道路重要论述的逐步形成和发展，我们逐步明确了什么是新时代中国的发展之道，明确了新时代中国发展的方向、目标和任务是什么；逐步明晰了新时代中国实现伟大目标的基本路径，完善了基本路线、基本方略和基本思路。我们紧紧围绕全面建成小康社会、社会

主义现代化强国这“两个一百年”奋斗目标，按照社会主义初级阶段基本路线以及在新时代坚持和发展中国特色社会主义的基本方略，破解了一个个重大实践难题，一步步接近民族复兴的伟大目标。

1.更加坚定了中国特色社会主义道路自信

实现中华民族伟大复兴必须坚定中国道路自信。习近平总书记关于中国道路的重要论述深刻分析中国道路的历史渊源和历史逻辑，将必由之路建立在历史必然的基础上，从历史文化的深刻基因和深厚底蕴的角度，立足于深厚而坚实的文化自信的基础，更加坚定了对中国特色社会主义道路的坚定信心。

中国共产党在改革开放实践中逐步形成了坚持中国特色社会主义的道路自信、理论自信和制度自信。在此基础上，党的十八大以来，习近平总书记较为集中地阐述了中国道路的历史渊源和文化底蕴，拓展和深化了对中国特色社会主义文化自信的认识，将道路自信等奠定在更广泛、更深厚、更坚实的历史文化基础上，进一步提出文化自信。2014年9月24日，习近平总书记在纪念孔子诞辰2565周年国际学术研讨会暨国际儒学联合会第五届会员大会开幕会上的讲话指出，“优秀传统文化是一个国家、一个民族传承和发展的根本”，绝对不能丢掉，否则国家和民族的精神命脉就会被割断。“当代中国是历史中国的延续和发展，当代中国思想文化也是中国传统思想文化的传承和升华”，只有深入了解中国的文化血脉，准确把握中国人被滋养的文化土壤，才能真正地理解现在的中国和中国人。他强调指出：“只有坚持从历史走向未来，从延续民族文化血脉中开拓前进，我们才能做好今天的事业。”①历史传统和文化基因是中国道路的重要渊源。中国道路存在着历史必然性，这种历史必然性又决定了当代中国继续坚持走中国道路的现实必须，决定了中国道路是新时代发展中国的必由之路，决定了

① 习近平：《在纪念孔子诞辰2565周年国际学术研讨会暨国际儒学联合会第五届会员大会开幕会上的讲话》，《人民日报》2014年9月25日第2版。

我们坚定中国特色社会主义的道路自信。

习近平总书记关于中国道路历史渊源和文化自信的论述，意义重大，寓意深刻，为实现中华民族伟大复兴的实践和坚定中国道路的坚定信心提供了有力支持和正确指导。历史蕴藏着现实状况的密码。真正的科学理论应该是建立在全面正确地考察历史的基础上的。马克思主义之所以是科学的理论体系，是因为它完全是建立在能够正确认识和深刻揭示人类社会历史演变的客观规律的基础上的。马克思和恩格斯不仅系统研究了资本主义社会的发展历程，而且深入考察了前资本主义社会的演变历史，包括原始部落社会的历史，家庭、私有制和国家起源的历史等。总的来说，迄今为止，中国化的马克思主义理论主要是建立在对近代以来中国社会发展历程，包括半殖民地半封建社会、新民主主义社会和社会主义初级阶段等的科学考察基础上的。虽然毛泽东强调过从孔夫子到孙中山都要认真总结，但中国的马克思主义理论还没有像马克思恩格斯分析研究整个人类社会发展史那样全面系统地分析研究几千年来中华文明发展史。因此，21世纪的马克思主义必须为科学分析当代世界发展史、中华文明发展史并解释其发展规律作出贡献。只有这样，21世纪的马克思主义才能真正地在中国得以发展。习近平总书记对历史渊源和历史研究的重视，其意义和意图在于要创建中国特色的哲学社会科学，并将中国特色社会主义的道路自信、实现中华民族伟大复兴的实践建立在真正的科学研究和规律揭示的基础之上。

2.正确指导了决胜全面建成小康社会进程

实现中华民族伟大复兴，全面建成小康社会是必须首先完成的伟大历史任务。习近平总书记关于中国道路的重要论述，为全面建设社会主义现代化国家的新征程提供了正确的指导。

虽然经过四十多年的改革开放和现代化建设，特别是党的十八大以后创造了良好的条件，如期全面建成小康社会已经奠定了坚实的基础，但前进道路并不平坦，面临着诸多艰巨的考验和困难。党的十九大明确指出，2017年至2020年是全面建成小康社会的“决胜”阶段，而这一阶段与“十三五”时期高度重合。习近平总书记针对全面建成小康社会，尤其是如何“决胜”全面建成小康社会问题，提出了很多重要论述。这些论述有很强的说理性和指导性。他在党的十九大报告中强调指出：决胜全面建成小康社会，已经有了很好的基础，但还要“坚决打好防范化解重大风险、精准脱贫、污染防治”[①]三大攻坚战。三大攻坚战所面对的顽固堡垒是我们全面建成小康社会进程中尤其是在决胜阶段面临的最大的短板和弱项。只有打好这三大攻坚战，我们才能保质保量地如期全面建成小康社会。

防范化解重大风险问题在三大攻坚战中具有特殊的复杂性和尖锐性，被排列在首位。习近平总书记指出：决胜全面建成小康社会阶段，“可能是我国发展面临的各方面风险不断积累甚至集中显露的时期”[②]。树大招风，一个国家发展得越快，面临的挑战和风险就可能越多越复杂。他指出：“如果发生重大风险又扛不住，国家安全就可能面临重大威胁，全面建成小康社会进程就可能被迫中断。”[③]必须把防风险摆在党和国家工作的突出位置，力争不出现重大风险，或在出现重大风险时能够扛得住、过得去。他特别提醒：“各种风险往往不是孤立出现

① 习近平：《决胜全面建成小康社会　夺取新时代中国特色社会主义伟大胜利——在中国共产党第十九次全国代表大会上的报告》，人民出版社2017年版，第27—28页。

② 习近平：《以新的发展理念引领发展，夺取全面建成小康社会决胜阶段的伟大胜利》，见中共中央文献研究室编：《十八大以来重要文献选编》中，中央文献出版社2016年版，第833页。

③ 习近平：《以新的发展理念引领发展，夺取全面建成小康社会决胜阶段的伟大胜利》，见中共中央文献研究室编：《十八大以来重要文献选编》中，中央文献出版社2016年版，第833页。

的，很可能是相互交织并形成一个风险综合体。”[①]他强调：我们决不能掉以轻心。为此，2019年1月21日，中央专门举办了省部级主要领导干部层面的关于坚持底线思维、着力防范和化解重大风险的研讨班，习近平总书记就防范化解各领域重大风险进行了分析，提出了明确要求。他提出，“既要高度警惕‘黑天鹅’事件，也要防范‘灰犀牛’事件；既要有防范风险的先手，也要有应对和化解风险挑战的高招；既要打好防范和抵御风险的有准备之战，也要打好化险为夷、转危为机的战略主动战”[②]。万万没有想到，当年年底至2020年春天，一场重大风险不期而至：新冠疫情在全球蔓延。这是“第二次世界大战结束以来最严重的全球公共卫生突发事件”[③]之一。面对突如其来的疫情，以习近平同志为核心的党中央高度重视、沉着冷静、科学决策、迅速应对、全面部署，领导和指挥全国人民坚决而迅速地打赢了疫情防控的人民战争、总体战、阻击战。习近平总书记自2020年1月7日主持政治局常委会会议对疫情防控工作提出要求开始，亲自指挥和部署，从提高认识、明确要求、总揽全局、完善机制等方面领导这场特殊的战役。1月20日，他批示要求高度重视湖北武汉市等地近期陆续发生的疫情，“采取切实有效措施，坚决遏制疫情蔓延势头”[④]，确保广大人民群众度过一个安定祥和的新春佳节。1月22日，他明确要求湖北省对人员外流实施全面严格管控。1月25日，他主持召开政治局常委

---

① 习近平：《以新的发展理念引领发展，夺取全面建成小康社会决胜阶段的伟大胜利》，见中共中央文献研究室编：《十八大以来重要文献选编》中，中央文献出版社2016年版，第834页。

② 《习近平在省部级主要领导干部坚持底线思维着力防范化解重大风险专题研讨班开班式上发表重要讲话 提高防控能力着力防范化解重大风险 保持经济持续健康发展社会大局稳定》，《人民日报》2019年1月22日第1版。

③ 习近平：《在教育文化卫生体育领域专家代表座谈会上的讲话》，《人民日报》2020年9月23日第2版。

④ 《习近平对新型冠状病毒感染的肺炎疫情作出重要指示强调 要把人民群众生命安全和身体健康放在第一位 坚决遏制疫情蔓延势头》，《人民日报》2020年1月21日第1版。

会会议，决定党中央成立应对疫情工作领导小组，并向湖北等疫情严重地区派出中央指导组。习近平总书记将疫情防控定位为“疫情防控阻击战”[①]，必须打赢。[②]2月3日，他主持政治局常委会会议，研究加强疫情防控工作，指出：“做好疫情防控工作，直接关系人民生命安全和身体健康，直接关系经济社会大局稳定，也事关我国对外开放。”[③]习近平总书记指出：“这次疫情是对我国治理体系和能力的一次大考，我们一定要总结经验、吸取教训。要针对这次疫情应对中暴露出来的短板和不足，健全国家应急管理体系，提高处理急难险重任务能力。”[④]疫情暴露出了城市公共环境的治理仍然存在短板和死角，要彻底排查整治。他批评了疫情防控工作中的形式主义、官僚主义现象。2月10日，他在北京调研指导疫情防控工作，进一步把这场疫情防控定位为“人民战争、总体战、阻击战”[⑤]。2月14日，习近平主持中央全面深化改革委员会会议，部署深化重大疫情防控体制和机制的改革工作。他指出：要针对这次疫情暴露出来的短板和不足，“完善重大疫情防控体制机制，健全国家公共卫生应急管理体系”[⑥]，要求把生物安全纳入国家安全体系，全面提高国家生物安全治理能力。他提出要及时

① 《中共中央政治局常务委员会召开会议研究新型冠状病毒感染的肺炎疫情防控工作》，《人民日报》2020年1月26日第1版。

② 《中共中央政治局常务委员会召开会议研究新型冠状病毒感染的肺炎疫情防控工作》，《人民日报》2020年1月26日第1版。

③ 习近平：《在中央政治局常委会会议研究应对新型冠状病毒肺炎疫情工作时的讲话》，《求是》2020年第4期，第5页。

④ 习近平：《在中央政治局常委会会议研究应对新型冠状病毒肺炎疫情工作时的讲话》，《求是》2020年第4期，第5页。

⑤ 《习近平在北京市调研指导新型冠状病毒肺炎疫情防控工作时强调 以更坚定的信心更顽强的意志更果断的措施 坚决打赢疫情防控的人民战争总体战阻击战》，《人民日报》2020年2月11日第1版。

⑥ 《习近平主持召开中央全面深化改革委员会第十二次会议强调 完善重大疫情防控体制机制 健全国家公共卫生应急管理体系》，《人民日报》2020年2月15日第1版。

发布信息，与世界卫生组织和各个相关国家保持密切联系，像保护本国公民一样保护外国在华公民，肩负起一个大国的国际责任。习近平总书记关于打赢疫情防控的人民战争、总体战和阻击战的系列重要论述和工作部署，迅速化解了这场突如其来的重大风险，保证了人民安全和国家安全，保持了国民经济在短暂的下降以后继续发展，是指导防范和化解重大风险攻坚战的鲜活的成功范例，保证了决胜全面建成小康社会的最后胜利。

精准脱贫是决胜全面建成小康社会阶段三大攻坚战中如期完成的历史任务。党的十八大以来，以习近平同志为核心的党中央把贫困人口脱贫作为全面建成小康社会的标志性指标和底线任务，打响了前所未有、举世无双的脱贫攻坚战。2015年11月，在“十三五”时期即将开始之际，中央召开扶贫开发工作会议，明确提出，确保到2020年底，农村贫困人口实现脱贫，贫困县全部摘帽，区域性整体贫困问题得到解决。为推动脱贫攻坚工作，习近平总书记走遍了六盘山区、秦巴山区、武陵山区、乌蒙山区、滇桂黔石漠化区、滇西边境山区、大兴安岭南麓山区、燕山-太行山区、吕梁山区、大别山区、罗霄山区等全国11个山区集中连片特困地区，主持召开了六个跨省区脱贫攻坚座谈会，对脱贫攻坚工作的目标、重点、方法等问题作了很多重要论述。第一次是2015年2月13日在延安，他指出，没有陕甘宁等老区的全面小康和贫困人口脱贫致富，全面建成小康社会是不完整的。第二次是2015年6月18日在贵阳主持召开涉及武陵山、乌蒙山、滇桂黔集中连片特困地区扶贫攻坚座谈会，他提出，“十三五”时期扶贫开发工作进入啃硬骨头、攻坚拔寨的冲刺期。要在精准扶贫、精准脱贫上下更大功夫，做到扶持对象、措施到户、项目安排、资金使用、因村派人（第一书记）和脱贫成效精准。要实施通过扶持生产和就业发展一批、移民搬迁安置一批、低保政策兜底一批、医疗救助扶持一批等“四个一批”的扶贫攻坚行动计划，实现贫困人口精准脱贫。第三次是2016年7月20日在银川主持召开东西部扶贫协作座谈会，他指出，西部地区特别是民族地区、边疆地区、革命老区、集中连片特困地区贫困程度深、扶贫成本高、脱贫难度大，是脱贫攻坚的短板。必须采取系统的政策和措施，做好东西部扶贫协作和对口支援工作，全面打赢脱贫攻坚战。第四次是2017年6月23日在太原召开深度贫困地区脱贫攻坚座谈会，他指出：加快深度贫困地区脱贫攻坚，一定要“坚持中央统筹、省负总责、市县抓落实的管理体制，坚持党政一把手负总责的工作责任制，坚持专项扶贫、行业扶贫、社会扶贫等多方力量、多种举措有机结合和互为支撑的‘三位一体’大扶贫格局，以解决突出制约问题为重点，以重大扶贫工程和到村到户帮扶措施为抓手，以补短板为突破口，强化支撑保障体系，加大政策倾斜力度，集中力量攻关，万众一心克难，确保深度贫困地区和贫困群众同全国人民一道进入全面小康社会”[①]。第五次是2018年2月12日在成都召开打好精准脱贫攻坚战座谈会，集中研究脱贫攻坚之策。习近平总书记概括了六条扶贫攻坚的实践经验，指出：要“把提高脱贫质量放在首位”[②]；强调“打赢脱贫攻坚战，中华民族千百年来存在的绝对贫困问题，将在我们这一代人的手里历史性地得到解决。这是我们人生之大幸。让我们共同努力，一起来完成这项对中华民族、对整个人类都具有重大意义的伟业”[③]。第六次是在重庆2019年4月16日召开脱贫攻坚跨省区座谈会，主题是解决“两不愁三保障”的突出问题。习近平总书记指出：“到2020年稳定实现农村贫困人口不愁吃、不愁穿，义务教育、基本医疗、住房安全有保障，是贫困人口脱贫的基本要求和核心指标，直接关系攻坚战质量。总的看，‘两不愁’基本解决了，‘三保障’还存

---

① 习近平：《在深度贫困地区脱贫攻坚座谈会上的讲话》，《人民日报》2017年9月1日第2版。

② 《习近平在打好精准脱贫攻坚战座谈会上强调 提高脱贫质量聚焦深贫地区扎扎实实把脱贫攻坚战推向前进》，《人民日报》2018年2月15日第1版。

③ 《习近平在打好精准脱贫攻坚战座谈会上强调 提高脱贫质量聚焦深贫地区扎扎实实把脱贫攻坚战推向前进》，《人民日报》2018年2月15日第1版。

在不少薄弱环节。”[①]习近平总书记强调：“我国总体上已基本实现了全面建成小康社会的目标，但还有一些短板，最大的短板是脱贫攻坚。”脱贫攻坚战已经进入了“决胜的关键阶段”，我们要防止松懈和滑坡。“各地区各部门务必一鼓作气、顽强作战，不获全胜决不收兵。”[②]他指出：在世界上所有发展中国家里，“只有中国实现了快速发展和大规模减贫同步，贫困人口共享改革发展成果，这是一个了不起的人间奇迹”[③]。习近平总书记关于打赢精准脱贫攻坚战的系列重要论述，阐发了脱贫攻坚的必要性和重要性，阐明了脱贫攻坚的重点和关键，阐述了脱贫攻坚的方法和抓手等，有力地推动了精准扶贫攻坚工作，确保了全面建成小康社会的顺利实现。

污染防治也是三大攻坚战之一。习近平总书记高度重视污染防治工作，2018年5月19日在全国生态环境保护大会上讲话强调：坚决打好污染防治攻坚战，推动生态文明建设迈上新台阶。他指出：“打好污染防治攻坚战时间紧、任务重、难度大，是一场大仗、硬仗、苦仗。”[④]他在提出打好攻坚战基本原则和基本要求之后，进一步提出“要加快构建生态文明体系”[⑤]。这一体系包括生态文化体系（以生态价值观念为准则）、生态经济体系（以产业生态化和生态产业化为主体）、目标责任体系（以改善生态环境质量为核心）、生态文明制度体系（以治理体系和治理能力现代化为保障）和生态安全体系（以生态

① 习近平：《在解决“两不愁三保障”突出问题座谈会上的讲话》，《奋斗》2019年第16期，第8页。

② 习近平：《在解决“两不愁三保障”突出问题座谈会上的讲话》，《奋斗》2019年第16期，第9页。

③ 习近平：《在解决“两不愁三保障”突出问题座谈会上的讲话》，《奋斗》2019年第16期，第6页。

④《习近平在全国生态环境保护大会上强调 坚决打好污染防治攻坚战 推动生态文明建设迈上新台阶》，《人民日报》2018年5月20日第1版。

⑤《习近平在全国生态环境保护大会上强调 坚决打好污染防治攻坚战 推动生态文明建设迈上新台阶》，《人民日报》2018年5月20日第1版。

系统良性循环和环境风险有效防控为重点)。他将生态环境提高到“是关系党的使命宗旨的重大政治问题，也是关系民生的重大社会问题”[①]的高度。这对打赢污染防治攻坚战、加快构建生态文明体系在认识上有很强的指导作用，在实践上有很大的推动作用。

在习近平新时代中国特色社会主义思想尤其是习近平总书记关于中国道路重要论述的引领下，防范化解重大风险、精准脱贫、污染防治等全面建成小康社会的三大攻坚战到2020年底取得了决定性、历史性的胜利，为开启全面建成社会主义现代化强国的伟大征程奠定了坚实的基础。

3.科学引领全面建成社会主义现代化强国新征程

实现中华民族的伟大复兴，必然要求在全面建成小康社会的基础上，必须开启全面建设社会主义现代化国家的新的伟大征程。习近平总书记关于中国道路的重要论述必将继续科学指引我们完成全面建成社会主义现代化强国的伟大历史任务。

2021年初至2022年党的二十大召开前的关键时期，我们要通过研究制定并开始实施国民经济和社会发展第十四个五年规划（2021—2025年），明确到2025年的发展目标和具体举措，开启全面建设社会主义现代化国家新征程。“十四五”规划是我国开启全面建设社会主义现代化国家新征程的第一个五年规划，意义十分重大。一方面要扎扎实实地做好开启全面建设社会主义现代化国家新征程的各项工作，另一方面又要为全面建成社会主义现代化强国奠定更加坚实的基础。

建成社会主义现代化国家是一个新的伟大历史任务。它包括：按照新时代中国特色社会主义发展的第一个阶段的战略安排，到2035年基本实现社会主义现代化；按照新时代中国特色社会主义发展的第二个阶段的战略安排，到2049年实现第二个百年奋斗目标，在基本实现

① 《习近平在全国生态环境保护大会上强调 坚决打好污染防治攻坚战 推动生态文明建设迈上新台阶》，《人民日报》2018年5月20日第1版。

现代化的基础上全面建成社会主义现代化强国。根据党的十九大的设计，新时代中国特色社会主义发展第一个阶段的发展目标：到2035年，在全面建成小康社会的基础上，基本实现社会主义现代化。党的十九届五中全会在十九大报告的基础上根据形势的发展变化充实和调整了其主要任务，包括我国经济实力、科技实力和综合国力大幅跃升，全体人民共同富裕和人的全面发展取得更为明显的实质性进展等。[①]这些任务要在十五年内用三个五年发展规划（即“十四五”规划、“十五五”规划、“十六五”规划）来完成。完成到2035年的目标和任务，中国的经济实力和综合国力将显著提升，战略环境将发生巨大变化。据国务院发展研究中心“未来15年国际经济格局变化和中国战略选择”课题组预测和测算：“以GDP衡量，中国将于2030年超过美国成为全球第一大经济体。”“到2035年，世界上最大的7个经济体可能只剩下一个欧洲国家（德国）……日本经济排名预计在第五位左右”，“发展中国家GDP规模将超过发达经济体，在全球经济和投资中的比重接近60%。……全球经济增长的重心将从欧美转移到亚洲，并外溢到其他发展中国家和地区”[②]。在基本实现社会主义现代化基础上的新时代中国特色社会主义发展第二个阶段的发展目标：到2049年新中国成立一百年时，富强民主文明和谐美丽的社会主义现代化强国全面建成。这是党的十九大的战略安排和战略擘画，也是新时代中国社会发展的大逻辑大趋势。

全面建成社会主义现代化强国，跻身创新型国家前列是前提和关键。习近平总书记强调：必须更好地坚持以人民为中心的发展思想，贯彻落实创新、协调、绿色、开放、共享的新发展理念，紧紧抓住新一轮科技革命和产业革命的历史性机遇，加快增强我国的科技实力。

① 《中国共产党第十九届中央委员会第五次全体会议公报》，《人民日报》2020年10月30日第1版。

② 国务院发展研究中心课题组：《未来国际经济格局变化和中国战略选择》，《经济日报》2018年12月20日第13版。

2013年9月，他在主持中央政治局集体学习时明确提出："即将出现的新一轮科技革命和产业变革与我国加快转变经济发展方式形成历史性交汇，为我们实施创新驱动发展战略提供了难得的重大机遇。"[①]机会稍纵即逝。我们必须增强忧患意识，不能等待、观望和懈怠。2018年5月，他在中国科学院第十九次院士大会、中国工程院第十四次院士大会上讲话指出：我们必须清醒认识到，有的历史性交汇期可能产生同频共振，有的也可能擦肩而过。"科学技术从来没有像今天这样深刻影响着国家前途命运，从来没有像今天这样深刻影响着人民生活福祉。""实践反复告诉我们，关键核心技术是要不来、买不来、讨不来的。只有把关键核心技术掌握在自己手中，才能从根本上保障国家经济安全、国防安全和其他安全。"他强调："中国要强盛、要复兴，就一定要大力发展科学技术，努力成为世界主要科学中心和创新高地。我们比历史上任何时期都更接近中华民族伟大复兴的目标，我们比历史上任何时期都更需要建设世界科技强国！"[②]2018年10月，他在中央政治局集体学习时提出，要加强领导、做好规划、明确任务、夯实基础，推动我国新一代人工智能健康发展。

全面建成社会主义现代化强国，必须创新现代化实现路径，以大智慧、大格局进一步拓展我国现代化的发展空间，"做好空间规划顶层设计"[③]，从战略全局上谋划好我国现代化建设的大格局。2019年8月26日，习近平总书记强调：全国区域经济布局"要面向第二个百年目

---

① 《习近平在中共中央政治局第九次集体学习时强调 敏锐把握世界科技创新发展趋势 切实把创新驱动发展战略实施好》，《人民日报》2013年10月2日第1版。

② 习近平：《在中国科学院第十九次院士大会、中国工程院第十四次院士大会上的讲话》，《人民日报》2018年5月29日第2版。

③ 习近平：《以新的发展理念引领发展，夺取全面建成小康社会决胜阶段的伟大胜利》，见中共中央文献研究室编：《十八大以来重要文献选编》中，中央文献出版社2016年版，第829页。

标，作些战略性考虑”[①]。改革开放以后，我国逐步形成了纵贯南北的京津冀、长三角、珠三角三大沿海城市群，成为带动全国发展的主要空间载体。此外，东北、中原、长江中游、成渝等地区也各有一亿多人口等条件，在习近平总书记看来，也“完全有条件形成相对完整的产业体系和大市场，成为带动发展的新空间”[②]。2015年10月，在党的十八届五中全会讨论“十三五”规划建议时，习近平总书记指出：“‘一带一路’倡议、京津冀协同发展、长江经济带建设三大战略，是今后一个时期要重点拓展的发展新空间，要有力有序推进。”[③]对京津冀协同发展，习近平总书记一直高度关注，多次召开会议讨论问题和推动工作。2019年1月，他在京津冀考察，主持召开了京津冀协同发展座谈会，要求下更大气力推动京津冀协同发展取得新的更大进展。他对推动京津冀协同发展提出了六个方面的要求：紧紧抓住积极稳妥有序疏解北京非首都功能这个“牛鼻子”不放松；保持历史耐心和战略定力，高质量高标准推动雄安新区规划建设；以北京市级机关搬迁为契机，高质量推动北京城市副中心规划建设等。[④]习近平总书记在提出关于“一带一路”倡议、京津冀协同发展、长江经济带发展等重大战略之后，又进一步地推动了长三角区域一体化发展、粤港澳大湾区建设、海南省经济特区建设、黄河流域生态保护和高质量发展等成为国家重点拓展的发展新空间。2018年4月，他在庆祝海南建省办经济

① 习近平：《推动形成优势互补高质量发展的区域经济布局》，《求是》2019年第24期，第4页。

② 习近平：《以新的发展理念引领发展，夺取全面建成小康社会决胜阶段的伟大胜利》，见中共中央文献研究室编：《十八大以来重要文献选编》中，中央文献出版社2016年版，第829页。

③ 习近平：《以新的发展理念引领发展，夺取全面建成小康社会决胜阶段的伟大胜利》，见中共中央文献研究室编：《十八大以来重要文献选编》中，中央文献出版社2016年版，第829页。

④《习近平在京津冀三省市考察并主持召开京津冀协同发展座谈会时强调 稳扎稳打勇于担当敢于创新善作善成 推动京津冀协同发展取得新的更大进展》，《人民日报》2019年1月19日第1版。

特区30周年大会上讲话宣布：支持海南建设自由贸易试验区和中国特色自由贸易港，打造全面深化改革开放试验区、国家生态文明试验区、国际旅游消费中心、国家重大战略服务保障区，“争创新时代中国特色社会主义生动范例，让海南成为展示中国风范、中国气派、中国形象的靓丽名片”①。同年11月，他在上海正式宣布：“将支持长江三角洲区域一体化发展并上升为国家战略……同‘一带一路’建设、京津冀协同发展、长江经济带发展、粤港澳大湾区建设相互配合，完善中国改革开放空间布局。”②2019年8月26日，在中央财经委员会第五次会议上，习近平总书记明确指出：“党的十八大以来，党中央提出了京津冀协同发展、长江经济带发展、共建‘一带一路’、粤港澳大湾区建设、长三角一体化发展等新的区域发展战略。下一步，我们还要研究黄河流域生态保护和高质量发展问题。”③随着我国现代化建设的深入推进，区域经济发展出现了一些新机遇和新挑战，必须要深入研究现有区域发展政策的重大的战略性调整问题。显然，“一带一路”建设、长江经济带发展、黄河流域生态保护和高质量发展、京津冀协同发展、长江三角洲区域一体化发展、粤港澳大湾区建设等国家战略，不仅仅是完善中国改革开放空间布局，更重要的是完善了中国迈向现代化强国的发展战略空间布局，在原有的京津冀、长三角、珠三角三大沿海城市群的基础上进一步扩大、拓展和提升了全国现代化发展的战略大格局。

概括起来说，习近平总书记关于中国道路的重要论述，更加坚定了中国特色社会主义的道路自信，正确指引并实现了中国在新的历史起点上全面建成小康社会。可以预见，这一重要论述也必将能够继续

---

① 习近平：《在庆祝海南建省办经济特区30周年大会上的讲话》，《人民日报》2018年4月14日第2版。

② 习近平：《共建创新包容的开放型世界经济——在首届中国国际进口博览会开幕式上的主旨演讲》，《人民日报》2018年11月6日第3版。

③ 习近平：《推动形成优势互补高质量发展的区域经济布局》，《求是》2019年第24期，第4页。

指引中国全面建成社会主义现代化强国和中华民族伟大复兴的前进道路和伟大征程。

三、贡献了发展中国家道路选择的中国智慧

习近平总书记关于中国道路的重要论述除了对新时代中国的发展变革具有重大的理论价值和实践意义，还有着极大的外部效应、溢出效应，为广大发展中国家的现代化道路的选择提供了中国智慧。

1. 现代化不是单选题

现代化是人类社会进入工业化时代以后发展的大趋势，但现代化的进程却历经坎坷、波澜起伏。三百多年来，世界上已经成功实现了现代化的国家寥寥无几，主要集中在西欧北美等少数地区。大多数国家还是处在发展中或落后贫穷的状态。一个国家实现现代化的关键是在参考别国成功经验的同时，能够寻找到一条真正适合本国基本国情的道路。可以说，现代化的道路问题是所有发展中国家和贫穷落后国家现代化的首要问题。

习近平总书记2016年1月21日在埃及开罗阿拉伯国家联盟总部演讲指出："现代化不是单选题"，"在发展道路的探索上，照搬没有出路，模仿容易迷失，实践才出真知"[①]。他在十九大报告中提出：进入新时代，"意味着中国特色社会主义道路、理论、制度、文化不断发展，拓展了发展中国家走向现代化的途径，给世界上那些既希望加快发展又希望保持自身独立性的国家和民族提供了全新选择，为解决人

① 习近平：《共同开创中阿关系的美好未来——在阿拉伯国家联盟总部的演讲》，《人民日报》2016年1月22日第3版。

类问题贡献了中国智慧和中国方案”[①]。在新中国成立70周年即将到来之际，他再次强调：实践反复证明，中国共产党将马克思主义的基本原理运用于解决中国具体实际问题的实践进程，“在古老的东方大国建立起保证亿万人民当家作主的新型国家制度，使中国特色社会主义制度成为具有显著优越性和强大生命力的制度，保障我国创造出经济快速发展、社会长期稳定的奇迹，也为发展中国家走向现代化提供了全新选择”[②]。在西方资本主义自身矛盾重重的情况下，由于中国在社会主义道路上快速推进工业化并成为世界主要经济大国，所以，科学总结了中国现代化成功经验的中国特色社会主义道路理论尤其是习近平总书记关于新时代中国道路的系统论述，就为发展中国家探索和选择正确的现代化道路贡献了中国智慧。

习近平总书记关于中国道路的重要论述之所以贡献了发展中国家现代化道路选择的中国智慧，主要是有两方面原因：一方面是欧美资本主义现代化道路在苏联解体和冷战结束以后以“华盛顿共识”为标榜对俄罗斯东欧、拉美非洲、中亚蒙古等地一路攻城略地，却由于进入21世纪以来美国等西方国家以及曾经模仿他们模式的一些国家自身矛盾重重、危机四伏而显示出这条道路问题不少，再也不能说这一道路是世界现代化唯一成功之路；另一方面是进入新时代以来，中国特色社会主义在实现民族复兴和强起来的新征程上高歌猛进，影响愈益广泛。美国等西方一些国家对我们防范、打压，反而愈益显示出新时代中国道路具有旺盛的无法遏制的生命力，对发展中国家和贫穷落后国家展示出越来越强烈的吸引力。

---

① 习近平：《决胜全面建成小康社会　夺取新时代中国特色社会主义伟大胜利——在中国共产党第十九次全国代表大会上的报告》，人民出版社2017年版，第16页。

② 习近平：《坚持、完善和发展中国特色社会主义国家制度与法律制度》，《求是》2019年第23期，第6页。

2.发展中国家复制欧美道路屡遭失败

人类最早实现现代化的道路是以英国、美国等为代表的欧美现代化道路。这条道路的具体形式虽多种多样，但核心和本质是一致的，即生产资料私有制，多党制，三权分立，地方自治，崇尚自由民主、个体至上等价值观。欧美现代化道路是英国、法国、德国、美国等西欧北美国家，经过所谓地理大发现、文艺复兴、宗教改革、政治革命、独立战争、南北战争、科技革命、工业革命、对外扩张、世界大战、战后重建、全球治理体系构建等一连串的历史演变而自然生成的文明成果，有其自身的历史逻辑、理论逻辑和实践逻辑。英国、美国先后主导世界建立了以他们为核心的政治、经济、金融和文化等体系。在欧美现代化道路的影响下，一些落后国家和地区经过学习、模仿和改造也在一定程度上成功地实现了现代化，如亚洲的日本、韩国、新加坡等。但就总体而言，世界上这样的国家和地区不多，因为每个国家都有一些自己的特点。任何现代化道路都是有着历史传承、文化传统、现实条件等基础和前提的，不可能存在放之四海而皆准的模板。欧美资本主义现代化道路可能是适合欧美一些国家基本国情的现代化道路，离开了这些国家特殊的基础和条件，历史事实表明，它就无法存活，甚至可能带来混乱。

苏联解体、冷战结束以后，俄罗斯东欧、拉美非洲、中亚蒙古等一些国家纷纷转而实施所谓“华盛顿共识”。这一“共识”以新自由主义为理论基础，其基本主张是“私有化”“市场化”“自由化”“民主化”。但不少国家很快就因此陷入经济衰退、党派对抗、社会动荡、民不聊生的泥潭之中。在这种情况下，有的国家重新在寻找能够适合自身国情的发展道路，有的至今在泥潭中难以自拔。俄罗斯是重新寻找自身发展道路的典型，它逐步走上了一条新的道路：“从计划到市场经济的转轨采取的是政治和经济体制改革同步甚至政治改革先行的办法，在宪政民主框架建立之后，用激进的方式实现对旧经济制度的破除和新经济制度的确立，再以渐进的方式对新制度形成和发展过程中所出现的摩擦和不适进行修补和调整。”[①]俄罗斯在探索新道路的过程中，重新适度地加强了国有经济、中央集权、独立自主和主权完整等。其他一些国家则仍然步履维艰、困难重重。

进入21世纪以后，美国等一些西方国家内部深层次的社会矛盾、族群矛盾日益暴露出来，发生了一连串严重事件。美国2001年发生“9·11”事件并开始阿富汗、伊拉克战争，2007年发生次贷危机并引爆次年国际金融危机，2017年初特朗普总统上台并宣布实行“美国第一”、“退群”、贸易战和建造美墨边境墙等。英国2016年举行公投，2020年1月31日正式“脱欧”。法国马克龙总统2017年5月上台后民众抗议和罢工不断，2018年11月爆发“黄马甲运动”并持续一年多（起因是提高燃油税），2019年12月又爆发“25年来最大规模的罢工，80万人走上街头”[②]，超过200场示威，导致“90%的高铁停驶，巴黎16条地铁线路中的11条关闭，旅游景点埃菲尔铁塔和凡尔赛宫受到波及也不得不关闭。事件的起因是法国总统马克龙计划改革法国的养老金体系”[③]。拉丁美洲的智利2019年10月发生以学生为主的抗议者持续不断地打砸抢烧，造成近20人死亡，导致原定11月和12月在圣地亚哥举办的APEC领导人非正式会议和气候大会被迫取消，起因是首都圣地亚哥地铁早晚高峰各两个小时时段的票价上涨30比索（约合人民币0.30元）。厄瓜多尔2019年10月大批土著居民从各地向首都基多进发，举行大规模示威活动，抗议政府取消对汽油等燃油的价格补贴，引发了该国十多年来最严重的社会动荡，总统莫雷诺被迫宣布临时迁都。哥伦比亚2019年11月发生伴随着打砸抢烧的大罢工，全国约一半人口

① 徐向梅：《由乱而治——俄罗斯政治历程（1990—2005）》，中央文献出版社2006年版，第302页。

② 赵灵敏：《世界潮流正在发生历史性转变》，2019年12月17日，https://nf-people.infzm.com/article/9788。

③ 赵灵敏：《世界潮流正在发生历史性转变》，2019年12月17日，https://nf-people.infzm.com/article/9788。

即2500万左右的人参与了罢工，抗议政府计划减少退休金、降低最低工资。[①]2020年新冠疫情在欧美发生以后，由于政府应对失误，疫情迅速蔓延扩大，造成了美国等很多发达国家经济严重衰退，引起了这些国家普通劳动群众的强烈不满和严重抗议。

这一连串事件发生的深层次原因主要是阶层群体之间收入差距拉大，中下阶层群众就业生活困难，社会矛盾开始恶化。美国很多制造业工厂从20世纪70年代开始为了降低成本逐渐转移到发展中国家，原来的一些工业小镇日益凋敝成了所谓"铁锈地带"，不少一家之主的男性职工丢了工作，丧失了尊严。以加州硅谷为代表的高科技产业虽利润极大，但创造的就业少。"Facebook上市后估值超过1000亿美元，但只雇佣不到3000人，财富越来越向极少数掌握了某种科技能力的精英集中。"[②]"哈佛大学研究指出，1970—2016年间，欧洲劳动生产率增长了250%，工资却未同步增长。麦肯锡集团研究显示，2009—2016年意大利、英国90%的家庭收入停滞甚至下降，英国100家上市公司CEO平均薪酬2010年时是普通工人的160倍，2014年达183倍，英国当前的社会不公程度甚至超过了19世纪时的水平。"[③]截至2019年，智利虽然人均GDP近1.6万美元，但"金字塔顶尖的1%人群分享着全国1/3的财富，而该国一半工人的月收入仅为40万比索（约合3983元人民币）或更低"[④]。另一个重要原因是因移民问题、难民问题而使族群矛盾恶化。随着经济全球化的复杂演变和区域经济一体化的逐步深入，"新自由主义要求的边界开放，商品、资本和人员的自由流动与仍建立

① 赵灵敏：《世界潮流正在发生历史性转变》，2019年12月17日，https://nf-people.infzm.com/article/9788。

② 赵灵敏：《世界潮流正在发生历史性转变》，2019年12月17日，https://nf-people.infzm.com/article/9788。

③ 袁野、姚亿博：《民粹主义何以在西方不断坐大?》，《瞭望》2018年第46期，第53页。

④ 赵灵敏：《世界潮流正在发生历史性转变》，2019年12月17日，https://nf-people.infzm.com/article/9788。

在民族国家基础上的社会福利体系之间存在冲突，即卡尔·波兰尼所说的‘脱嵌’，造成难以弥合的贫富分化和社会分裂，2008年爆发的国际金融危机更是大大激化了矛盾”[①]。极端主义和恐怖主义威胁欧洲一些国家。“布鲁塞尔、巴黎和尼斯、柏林和巴伐利亚州等欧洲本土都开始遭受到极端主义和恐怖主义威胁。北欧的瑞典也难以幸免，数据显示，发生在其难民庇护场所的暴力事件已经从2014年的148起上升为2015年的322起。”2018年9月，德国“趋势调查”显示，“多数民众对过去3年的难民政策持批评态度，69%的人认为，难民融入社会以及进入就业市场迄今不成功，政府在预防暴力和犯罪问题上存在缺陷”[②]。这导致了“传统主流政党在民众心目中的信任度也在不断下降，越来越多的欧洲人不信任自己国家的政府（61%）和议会（60%），均比2017年增加2个百分点”[③]。在这种情况下，一场以“反抗现行体制”[④]为诉求的民粹主义运动在欧美兴起。美国出现了关注分配问题的趋势和思潮。“秉持民主社会主义理念的桑德斯，在上次美国大选中还是异类，到了这次，他提出的大幅提高最低工资、大学免费、抑制大企业等主张，已经成了民主党的主流观点，华裔候选人杨安泽更进一步，提出了全民基本收入的主张，也就是无条件为所有人发钱。”[⑤]这个时候，西方民主政治尤其是竞争性选举制度反而“成为扩

---

① 袁野、姚亿博：《民粹主义何以在西方不断坐大?》，《瞭望》2018年第46期，第53页。

② 袁野、姚亿博：《民粹主义何以在西方不断坐大?》，《瞭望》2018年第46期，第53页。

③ 袁野、姚亿博：《民粹主义何以在西方不断坐大?》，《瞭望》2018年第46期，第53页。

④ 袁野、姚亿博：《民粹主义何以在西方不断坐大?》，《瞭望》2018年第46期，第53页。

⑤ 赵灵敏：《世界潮流正在发生历史性转变》，2019年12月17日，https://nf-people.infzm.com/article/9788。

大分歧、制造分裂的工具”①。“特朗普就是利用了‘铁锈地带’人们的不满才得以入主白宫的。”②所以，欧美、拉美等一些国家的社会矛盾、族群矛盾不但得不到缓解，反而愈演愈烈。正如陈曙光所说，欧美现代化道路“本质上是以造就资本现代性社会为核心目标的现代化运动”③。在这种情况下，那些发展中国家、贫穷落后国家对欧美现代化道路自然产生了迷惑和质疑。

3. 新时代中国道路的成功经验影响广泛

中国道路进入新时代以后可以说是高歌猛进。中华人民共和国成立以后特别是改革开放以来，成功地开辟和发展了中国特色社会主义道路。与欧美现代化道路不同，中国道路的核心内容是：经济上，将以公有制经济为主体与多种所有制经济共同发展结合起来，将按劳分配的主要分配方式与多种分配方式结合起来，将社会主义基本制度与市场经济体制结合起来；政治上，将中国共产党领导与人民当家作主、多党合作和政治协商、民族区域自治、基层群众自治等结合起来；思想文化上，将自由与纪律、民主与集中结合起来，崇尚自强不息、厚德载物、公平正义、诚信友善、包容和谐等价值观。

中国道路在保持社会基本稳定基础上快速实现工业化、城市化、现代化，所取得的成就举世瞩目，而且其外溢效应也越来越显著。2015年11月30日，国际货币基金组织（IMF）批准人民币加入特别提款权（SDR）货币篮子。人民币占10.92%，高于日元的8.33%和英镑的8.09%，仅次于美元的41.73%和欧元的30.93%。麦肯锡全球研究院于2019年底发布了一份题为《中国与世界》的研究报告。据该报告提供

---

① 袁野、姚亿博：《民粹主义何以在西方不断坐大?》，《瞭望》2018年第46期，第54页。

② 赵灵敏：《世界潮流正在发生历史性转变》，2019年12月17日，https://nf-people.infzm.com/article/9788。

③ 陈曙光：《现代性建构的中国道路与中国话语》，《哲学研究》2019年第11期，第22—23页。

的数据：中国的经济实力增长迅速，从生产总值来说，2018年达到美国的66%，约占全球总量的16%；从投资来说，中国2015年至2017年是世界第二大外商直接投资来源国和第二大外商直接投资目的地。从全球贸易来说，中国于2013年成为最大的商品贸易国。在186个国家和地区中，“33个国家的第一大出口目的地是中国，65个国家的第一大进口来源地是中国”①。从企业实力来说，2018年“《财富》世界500强上榜企业中有110家来自中国大陆和中国香港，接近美国的126家”②。“2014—2016年间，经济利润排名全球前1%的企业当中有10%是中国企业。”③从科技投入来说，中国“国内研发开支从2000年的90亿美元增长到2018年的2930亿美元，位居世界第二，仅次于美国”④。中国人民的生活水平迅速提升。中国“已成为全球第一大留学生和游客来源地（留学生总计60.84万人，为2000年的16倍；2018年中国出境游达到近1.5亿人次，为2000年的14倍）”⑤。“中国城镇消费者的支出水平正在向世界其他国家靠拢。中国城镇消费者用于可支配性支出的收入也在增多。食品支出在中国家庭总消费中的占比从2000年的50%降低到了2017年的25%，已经与发达国家如今的城镇居民消费水平相差无几——日本为26%，韩国为29%，美国为17%。”⑥中国是汽车、酒类、奢侈品、手机等许多品类全球第一大市场，占全球消费总

---

① 麦肯锡全球研究院：《麦肯锡2019中国报告（完整版）》，2020年1月6日，https://www.sohu.com/a/365151713_115124。

② 麦肯锡全球研究院：《麦肯锡2019中国报告（完整版）》，2020年1月6日，https://www.sohu.com/a/365151713_115124。

③ 麦肯锡全球研究院：《麦肯锡2019中国报告（完整版）》，2020年1月6日，https://www.sohu.com/a/365151713_115124。

④ 麦肯锡全球研究院：《麦肯锡2019中国报告（完整版）》，2020年1月6日，https://www.sohu.com/a/365151713_115124。

⑤ 麦肯锡全球研究院：《麦肯锡2019中国报告（完整版）》，2020年1月6日，https://www.sohu.com/a/365151713_115124。

⑥ 麦肯锡全球研究院：《麦肯锡2019中国报告（完整版）》，2020年1月6日，https://www.sohu.com/a/365151713_115124。

额约30%。[①]“在20个行业当中，中国有17个行业的消费份额在全球总消费中占比超过20%。此外，中国在全球服务消费中的占比也在上升。”[②]中国消费正经历广泛的升级。“麦肯锡2018年全球消费者信心调查显示，中国有26%的受访者整体处于消费升级状态，而全球另外10个顶尖经济体的平均比例为17%。”[③]国际社会对中国经济和社会的发展前景普遍看好，认为到2030年中国人民的收入水平会大幅增长，消费能力也会进一步增强。“58%的中国家庭有望跻身‘大众富裕’或以上阶层，这一比例将超过韩国目前的55%。”[④]“根据各方的一致预测，中国从当下到2030年这段时间的消费增长可能将高达约6万亿美元，相当于美国与西欧的总和，是印度与整个东盟国家的约两倍。中国可以通过进口更多优质商品来满足中产阶级消费者日益增长的期望，同时刺激国内消费。世界其他国家也将从中获益。在将发展重心转向附加值更高的产业以后，中国会从新兴经济体进口更多劳动密集型商品、从发达经济体进口更多优质商品，从而帮助其他经济体创造更多就业。”[⑤]麦肯锡全球研究院是国际上有巨大影响力的研究机构。这份报告发布的数据和观点充分反映了改革开放以来尤其是进入新时代以后中国在工业化、城市化、现代化进程中所取得的历史性成就。这些成就充分表明了新时代中国工业化、城市化、现代化的经验是成功的。这些成功经验充分说明了中国经验、中国道路是欧美现代化之外的一

---

① 麦肯锡全球研究院：《麦肯锡2019中国报告（完整版）》，2020年1月6日，https://www.sohu.com/a/365151713_115124。

② 麦肯锡全球研究院：《麦肯锡2019中国报告（完整版）》，2020年1月6日，https://www.sohu.com/a/365151713_115124。

③ 麦肯锡全球研究院：《麦肯锡2019中国报告（完整版）》，2020年1月6日，https://www.sohu.com/a/365151713_115124。

④ 麦肯锡全球研究院：《麦肯锡2019中国报告（完整版）》，2020年1月6日，https://www.sohu.com/a/365151713_115124。

⑤ 麦肯锡全球研究院：《麦肯锡2019中国报告（完整版）》，2020年1月6日，https://www.sohu.com/a/365151713_115124。

种新的经验和新的道路，充分展示了一种新的智慧。“中国道路不仅带来了经济的高速发展，还带来了稳定的社会秩序和人民安居乐业。特别是在全球经济增长乏力的背景下，中国经济一枝独秀。与此同时，中国积极承担国际责任，树立起了负责任大国形象。这种种的表现，都使得中国道路越来越受到国际社会的关注，越来越受到世界的广泛认同。”[①]中国经验、中国道路、中国智慧为一些发展中国家和地区在现代化道路选择上提供了一定的参考和借鉴。

中国特色社会主义进入新时代以来，美国等西方国家对中国防范、抹黑和打压，这反而愈益说明了新时代中国道路所具有的旺盛的无法遏制的生命力。美国总统特朗普2017年1月上台后，虽然4月6日邀请习近平主席访问美国（佛罗里达州海湖庄园）、11月8日对中国进行国事访问，两位国家元首进行了友好会谈，但是当年12月特朗普总统发布的美国“国家安全战略”报告却描述了一个“大国竞争”的新时代，前所未有地把中国作为其主要威胁和主要战略竞争对手。这在中美两国关系史上前所未有。欧盟虽然与美国的外交政策并不完全一致，但在对中国崛起的态度和行动上也动作频频。2019年3月，欧盟委员会发表了一份题为《欧盟—中国战略展望》的文件，在承认中国是其合作伙伴的同时，第一次称中国是其“系统性竞争对手”。2020年9月16日，欧盟委员会主席冯德莱恩向欧洲议会发表欧盟年度国情咨文，认为欧盟与中国的关系最具战略重要性，是欧盟所面对的最具挑战性的关系之一；强调中国是一个谈判伙伴、经济竞争者和系统性对手。

中国能够成为当今世界上综合国力最强、现代化程度最高的国家的最主要对手，这本身就表明了新时代中国道路取得了巨大成就，展示了巨大的发展前景。2018年11月上旬，创新经济论坛（首届）在新加坡举行。美国前国务卿、前国家安全事务助理、彭博创新经济论坛名誉主席亨利·基辛格在论坛上与彭博新闻社总编辑米思伟对话认为：

① 董振华：《论中国道路的内生逻辑及世界历史意义》，《学习时报》2020年4月17日第A1版。

中国几十年来所积累的发展动力和国家实力已经改变了全球经济和商业平衡，已经有能力与美国在诸多领域进行竞争。美国保尔森基金会主席、第74任财政部长亨利·保尔森在论坛发表了题为《处于十字路口的美中关系》主旨演讲，认为："中国的经济增长虽然放缓，依然是世界上增长最快的主要经济体之一，没有哪个国家会与如此重要的国家'离婚'。因此，美国如果想要孤立中国，会面临自我孤立的风险。""美国人越来越相信中国是一个同一级别的竞争者，在推行有敌意的政策，并对美国构成战略挑战。"在他看来，"美国如何与中国打交道，中国如何应对美国，将塑造本世纪的地缘政治格局。美中战略互动是世界上最具影响力的。"[①]美国国家安全政策核心智库新美国安全中心2018年9月发布了一个题为《量子霸权：中国挑战美国创新优势的野心》研究报告。报告认为：中国2016年8月发射世界上第一个量子卫星墨子号已经成为其大国崛起的科学象征，中国在量子科学方面的进步可能会影响未来的军事和战略平衡，甚至可能超越美国传统的军事技术优势。

西方不少政治家、学者等对新时代中国国力的迅速增强和国际影响力的迅速提升是承认的。他们因此而担心中国会挑战美国的国际地位，会改变美国主导的国际秩序。他们的担心是不必要的。习近平总书记早在2013年11月会见21世纪理事会北京会议外方代表时就明确指出："中国坚持和平发展，绝不走国强必霸的道路。随着中国的发展，中国将承担更多的国际责任，更积极参与国际事务及国际体系改革。中国是促进世界和平与发展的建设性力量"；将继续"走同其他国家和谐共生的发展道路"[②]。习近平关于"走同其他国家和谐共生的发

① 任婷婷：《亨利·保尔森关于处于十字路口的美中关系的讲话》，2018年11月7日，http://paulsoninstitute.org.cn/index.php/news/2018/11/07/statement-by-henry-m-paulson-jr-on-the-united-states-and-china-at-a-crossroads/。

② 《习近平会见21世纪理事会北京会议外方代表》，《人民日报》2013年11月3日第1版。

展道路”的阐述是新时代中国继续坚定不移地走和平发展道路的姿态和宣示，是中国实现社会主义现代化、中国人民美好生活和中华民族伟大复兴的必由之路。中国如果要参与国际体系改革，那也是为了让世界更公平公正，为了同其他国家和谐共生，为了推动构建人类命运共同体。

一个国家对发展道路理论的需求，根源于这个国家对发展方向和发展路径的迷茫和困惑。世界的发展又到了一个新的十字路口，不少发展中国家和贫穷落后国家需要能够把握大势、顺应规律、举旗定向、指明出路、指点路径的思想智慧和成功经验。总之，正是因为欧美现代化道路在模式复制过程中屡遭失败，新时代中国道路的成功经验影响日益广泛，所以习近平总书记关于中国道路的重要论述为世界上那些发展中国家探索、寻找和选择实现现代化的道路贡献了中国智慧。

结 论

习近平总书记指出：要把学习贯彻党的创新理论作为思想武装的重中之重，“同学习马克思主义基本原理贯通起来，同学习党史、新中国史、改革开放史、社会主义发展史结合起来，同新时代我们进行伟大斗争、建设伟大工程、推进伟大事业、实现伟大梦想的丰富实践联系起来”①。这实际上是要求我们，学习贯彻习近平新时代中国特色社会主义思想，必须深刻理解和准确把握其历史逻辑、理论逻辑和实践逻辑。同样，探讨习近平总书记关于中国道路的重要论述，也必须深刻理解和准确把握其生成的历史逻辑，深刻理解和准确把握其内在的理论逻辑，深刻理解和准确把握其丰富发展的实践逻辑。

历史逻辑的建构是某种理论在考察相关历史演变事实的过程中对历史演变中各环节各领域的必然联系的发现并进行的分析和论证。习近平总书记关于中国道路的重要论述有着深刻的历史逻辑。这一历史逻辑是由习近平总书记关于中华文明发展道路、关于新民主主义革命道路、关于社会主义革命道路、关于社会主义建设道路和关于中国特色社会主义道路等理论阐述构成的。中华文明发展道路是世界上唯一一条虽历经坎坷、却生生不息和从未中断的文明发展道路，蕴含着其变革开放、自强不息、厚德载物等独特的文化基因和成功的传承逻辑；新民主主义革命道路是世界上唯一一个由工人阶级及其政党领导和推

① 习近平：《在“不忘初心、牢记使命”主题教育总结大会上的讲话》，《人民日报》2020年1月9日第2版。

动的民主主义革命道路，成功地建立了人民民主专政的新民主主义国家；社会主义改造道路是世界上唯一一个通过和平方式在一个几亿农民的国家确立了土地等生产资料公有制的社会主义基本制度、成功完成了向社会主义过渡的社会主义革命道路；社会主义建设道路是初步发挥社会主义基本制度的优越性，在一个几乎一穷二白的工业基础极为薄弱并严重缺乏现代交通运输的农业国家，集中资源和力量建立了较为完整的工业布局和工业体系的建设道路；中国特色社会主义道路是世界上唯一一个通过改革开放发展社会主义社会生产力、增强社会主义国家综合国力、提升全体人民的生活水平的成功的现代化道路。这一系列发展道路是成功的发展道路，有着独特的成功的历史逻辑。新时代坚持和拓展中国道路的缘由、内涵和路径，从根本上说，是建立在数千年来中华文明独特的发展道路、中国特色的工人阶级领导的民主革命道路、中国特色的和平稳定而又深刻巨变的社会主义革命道路、中国特色的成效显著而影响广泛的社会主义现代化道路的基础上的，遵循的是这一系列发展和变革道路的深刻而必然的历史逻辑，是对这一系列发展和变革道路的历史逻辑的继承和发展。

理论逻辑的建构得益于理论内部围绕着某种核心概念而阐述的各层面各环节的思想观点之间构成了既相互区别又相互联系的认识系统。习近平总书记关于中国道路的重要论述有着内在的科学的理论逻辑。它全面而系统地回答了为什么要坚持和拓展中国道路、坚持和拓展什么样的中国道路、怎么样坚持和拓展中国道路、如何着眼于全球视野坚持和拓展中国道路等方面的重大道路问题，深刻揭示了新时代坚持和拓展中国道路的规律性要求和价值性追求，形成了一系列相互联系的理论观点，构成了一个新时代关于中国道路的完整的科学的体系。其理论逻辑是由坚持和拓展中国道路的“为什么”“什么样”“怎么样”这三个方面构建和体现的。这三个方面在新时代中国道路问题的视域中构成了既相互区别又相互联系的认识整体。从相互区别来说，“为什么”“什么样”“怎么样”是三个不同的问题，要求思考和回答为什么要坚持和拓展中国道路、坚持和拓展什么样的中国道路、怎么样坚持和拓展中国道路，即坚持和拓展中国道路的缘由、内涵、路径。其中，弄清缘由是坚持和拓展中国道路的前提，揭示内涵是坚持和拓展中国道路的核心，理清路径是坚持和拓展中国道路的关键，缺一不可。从相互联系来说，“为什么”“什么样”“怎么样”又是三个不可分割、相互作用的问题。思考为什么坚持和拓展中国道路、坚持和拓展什么样的中国道路、怎么样坚持和拓展中国道路，必须将三个方面问题联系起来才能正确回答。不揭示中国道路的内涵，就无法真正弄清坚持和拓展中国道路的缘由和理清坚持和拓展中国道路的路径；不弄清坚持和拓展中国道路的缘由，就无须真正理清坚持和拓展中国道路的路径，也无法真正揭示中国道路的内涵；不理清坚持和拓展中国道路的路径，就无法不断丰富中国道路的内涵和使弄清坚持和拓展中国道路的缘由失去意义。当然，习近平总书记关于中国道路重要论述的理论逻辑是建立在马克思主义关于人类社会发展道路这一大的理论逻辑的基础上的，是马克思主义关于人类社会发展道路这一大的理论逻辑在新时代中国的坚持和体现，是对马克思恩格斯关于人类社会发展和寻求自身解放道路的基本原理、列宁关于探索俄国社会主义建设道路的宝贵经验、毛泽东探索中国式社会主义建设道路正确的理论原则和经验总结、邓小平成功开辟中国特色社会主义道路理论和江泽民、胡锦涛发展中国特色社会主义道路理论等理论逻辑的丰富和拓展，是21世纪马克思主义的道路理论。

实践逻辑的建构是某种理论对现实演进的实践过程中的必然联系的考察、发现、论证和总结。习近平总书记关于中国道路的重要论述有着坚实的实践逻辑。党的十八大以后，面对世界百年未有之大变局，中华民族伟大复兴进入关键期，中国社会主要矛盾发生历史性转化和我国发展全局需要深刻转变等形势和任务，以习近平同志为核心的党中央举旗定向、明道指路、开路架桥，统揽进行伟大斗争、建设伟大工程、推进伟大事业、实现伟大梦想，先后提出并实施协调推进以全面建成小康社会为战略目标和以全面深化改革、全面依法治国、全面从严治党为重大战略举措，协调推进以全面建设社会主义现代化国家为战略目标和以全面深化改革、全面依法治国、全面从严治党为重大战略举措等前后两个战略布局，在决胜全面建成小康社会的良好基础上，乘势而上，迅速而成功地开启了全面建设社会主义现代化国家的新征程，逐步形成了极为丰富的治国理政新的实践经验，成为习近平总书记关于中国道路重要论述生成的丰富而坚实的实践基础。习近平总书记关于中国道路重要论述也是对新时代坚持和拓展中国道路从协调推进全面建设社会主义现代化国家、全面深化改革、全面依法治国、全面从严治党战略布局，到协调推进全面建设社会主义现代化国家、全面深化改革、全面依法治国、全面从严治党战略布局的实践逻辑的准确反映。当然，新时代坚持和拓展中国道路的实践仍然在持续进行，全面建设社会主义现代化国家新征程已经开启，习近平总书记关于中国道路重要论述的实践逻辑也必将随着新实践的发展而不断地拓展和清晰。

从21世纪马克思主义视域来说，习近平总书记关于中国道路重要论述是中国在21世纪坚持并开拓中国特色社会主义道路实践的集中反映和经验总结，是中华文明发展道路在21世纪中国的创新性的继承和发展，是中国创造的21世纪马克思主义的道路理论。习近平总书记关于中国道路的重要论述深刻表明：人类社会探索社会主义道路的伟大进程在经历了19世纪西欧的艰难起步、20世纪俄国和中国等亚非拉国家曲折实践以后，到了21世纪以中国为代表的国家终于取得了历史性的成功。新时代的中国，在习近平总书记关于中国道路的重要论述的引领下，义无反顾地肩负起推动中华文明继续进步的历史使命和时代责任。

主要参考文献

《马克思恩格斯文集》第1卷，北京：人民出版社2009年版。

《马克思恩格斯文集》第2卷，北京：人民出版社2009年版。

《马克思恩格斯文集》第3卷，北京：人民出版社2009年版。

《马克思恩格斯文集》第4卷，北京：人民出版社2009年版。

《马克思恩格斯文集》第10卷，北京：人民出版社2009年版。

《列宁全集》第1卷，北京：人民出版社1955年版。

《列宁专题文集·论社会主义》，北京：人民出版社2009年版。

《毛泽东文集》第7卷，北京：人民出版社1999年版。

《毛泽东文集》第8卷，北京：人民出版社1999年版。

《邓小平文选》第2卷，北京：人民出版社1994年版。

《邓小平文选》第3卷，北京：人民出版社1993年版。

《江泽民文选》第1卷，北京：人民出版社2006年版。

《江泽民文选》第2卷，北京：人民出版社2006年版。

《江泽民文选》第3卷，北京：人民出版社2006年版。

《胡锦涛文选》第2卷，北京：人民出版社2016年版。

《胡锦涛文选》第3卷，北京：人民出版社2016年版。

《习近平谈治国理政》，北京：外文出版社2014年版。

《习近平谈治国理政》（第二卷），北京：外文出版社2017年版。

《习近平关于协调推进“四个全面”战略布局论述摘编》，北京：中央文献出版社2015年版。

习近平：《决胜全面建成小康社会 夺取新时代中国特色社会主义伟大胜利——在中国共产党第十九次全国代表大会上的报告》，北京：人民出版社2017年版。

《十三大以来重要文献选编》上，北京：人民出版社1991年版。

《十八大以来重要文献选编》上，北京：中央文献出版社2014年版。

《十八大以来重要文献选编》中，北京：中央文献出版社2016年版。

《十八大以来重要文献选编》下，北京：中央文献出版社2018年版。

《十九大以来重要文献选编》上，北京：中央文献出版社2019年版。

习近平：《辩证唯物主义是中国共产党人的世界观和方法论》，《求是》2019年第1期。

习近平：《坚持、完善和发展中国特色社会主义国家制度与法律制度》，《求是》2019年第23期。

习近平：《中国共产党领导是中国特色社会主义最本质的特征》，《求是》2020年第14期。

习近平：《在深度贫困地区脱贫攻坚座谈会上的讲话》，《人民日报》2017年9月1日第2版。

习近平：《开放共创繁荣 创新引领未来——在博鳌亚洲论坛2018年年会开幕式上的主旨演讲》，《人民日报》2018年4月11日第3版。

习近平：《在庆祝改革开放40周年大会上的讲话》，《人民日报》2018年12月19日第2版。

《习近平在省部级主要领导干部坚持底线思维着力防范化解重大风险专题研讨班开班式上发表重要讲话 提高防控能力着力防范化解重大风险 保持经济持续健康发展社会大局稳定》，《人民日报》2019年1月22日第1版。

后　记

论著《中国道路的新时代之思》是我主持的继第一个国家社科基金项目“中国改革开放的历史起源研究”之后的第二个国家社科基金项目的最终成果。该项目原名是“习近平总书记关于中国道路思想研究”（项目批准号是17BKS048）。项目于2021年4月29日结项（结项申请是2020年年底），成果鉴定成绩为“良”，结项鉴定时名称被改为“习近平总书记关于中国道路的重要论述研究”（结项证书号20211352）。根据需要，出版时作者对该成果的部分内容和文字进行了调整。

这部论著在撰写过程中得到了合肥工业大学黄志斌教授、南京师范大学王跃教授，以及安徽师范大学王先俊教授、高正礼教授、姚宏志教授、严宏教授、张正光教授、李祥兴教授、章征科教授等中共党史教研室各位同仁的指点、帮助和支持，借此机会表示诚挚的谢意！论著能在安徽师范大学出版社出版，我要感谢张奇才教授、戴兆国教授和编辑陈艳！他们为这本书的出版做了大量繁琐而细致的工作。戴兆国总编辑还为书名作出了富有智慧的贡献。

论著出版得到了国家社科基金项目、安徽师范大学学术出版基金项目（编号为2021xjxm109）的资助，借此机会对两个基金表示感谢！

胡安全

2025年7月11日